PRACTICAL INTRODUCTION TO

Accounting

회계학 실전입문

김정민

도서출판 청람

■ 머리말

본서는 세무공무원 등의 세무 및 회계 전문직 시험준비를 시작하는 학생들이나 회계학의 기초지식은 있지만 여전히 회계학을 어려워하는 학생들을 위하여 회계학을 보다 쉽게 이해하고, 혼자서도 충분히 연습할 수 있도록 쓰여진 실전입문서이다.

본서는 회계학 분야를 크게 재무회계와 원가관리회계로 구분하여, 총 16장으로 구성하였다. 제1장과 제2장은 재무보고의 이론과 회계의 순환과정에 관한 것으로, 여기에서는 회계의 정의와 회계의 기본적인 처리절차에 대해서 학습한다. 필요한 회계의 기본원칙, 가정 및 이론적 기초 등도 같이 정리되어 있다. 제3장에서 제6장까지는 재고자산, 유형자산, 무형자산, 금융자산 등 기업의 주요 자산의 회계처리방법에 관한 것으로, 각 자산의 인식에서부터 평가, 처분에 이르기까지의 일련의 회계처리실무를 배우게 된다. 제7장은 부채의 정의와 대표적인 금융부채인 사채의 회계처리에 관한 것이고, 제8장은 자본의 회계처리에 관한 것이다. 제9장에서는 기업의 거래형태에 따른 수익인식방법을 배우고, 제10장에서는 회계변경과 오류수정을 위한 회계처리방법을 배운다. 제11장에서는 기업의 각 활동별 현금흐름을 계산한다. 제12장에서 제16장까지는 원가관리회계연습으로 제12장에서는 원가의 정의, 분류 및 제조원가를 계산하는 과정에 대해서 배운다. 제13장에서는 특히 제조간접원가의 배부과정에 대해서 배운다. 제14장과 제15장에서는 기업의 생산방식과 사용목적에 따라 다양하게 활용할 수 있는 여러 원가계산방법에 대해서 배운다. 마지막으로 제16장에서는 원가행태에 따라 원가를 분류하고, 이를 활용한 경영의사결정에는 어떠한 것들이 있는지 등을 배운다.

각 장에서는 주제별로 이론 및 회계처리실무를 정리하여 학생들이 학습내용을 요약·정리할 수 있도록 하였다. 또한 각 장의 말미에는 해당 분야의 최근 5년간(2014년도부터 2018년까지)의 7급 및 9급 세무직 공무원시험의 회계학 기출문제를 연습문제로 실어 학생들이 회계학을 좀 더 실감나게 연습할 수 있도록 하였다.

학생들은 본서를 통해서 기존에 자신이 가지고 있던 회계학의 기초지식을 정리할 수 있는 동시에 분야별로 자신의 전공지식을 더욱 심화하여 발전시킬 수 있을 것이다.

2019년 6월

저자 씀

■ 차 례

PART 01 재무제표

Chapter 01 재무보고와 재무제표

Chapter 02 회계의 순환과정

Chapter 03 재고자산

Chapter 06 금융자산

Chapter 07 부채

Chapter 08 자본

Chapter 09 수익인식

Chapter 10 회계변경과 오류수정

Chapter 11 현금흐름표

PART 02 원가관리회계

Chapter 16 원가행태와 경영의사결정

Part 01

재무회계

CHAPTER

01 재무보고와 재무제표

학습목표

본 장에서는 회계의 기초개념에 대해서 개괄한다. 우선, 회계의 정의와 분류, K-IFRS에서 정하고 있는 재무제표의 종류와 이를 작성하기 위한 기본원칙에 대하여 학습한다. 또한 K-IFRS의 '재무보고를 위한 개념체계'에서 정하고 있는 재무보고의 목적, 재무정보의 질적 특성, 재무보고를 위한 기본가정 및 관련 개념 등에 대하여 학습하며 회계이론의 기초를 다진다.

1 회계의 기초

회계(accounting)란 기업이 기업과 이해관계가 있는 사람들에게 자신의 경제활동에 대하여 '설명'하는 것으로, 기업이 일정기간 동안 어느 정도의 경영성과를 거두었는지 혹은 현재 어떠한 재무상태에 있는지 등에 대하여 화폐단위를 사용하여 설명하는 것을 말한다.[1] 회계는 또한, 기업의 경제활동을 기록, 집계, 요약하여 보고하는 시스템을 의미하기도 한다. 이러한 회계는 회계정보를 이용하는 이용자의 유형에 따라 크게 재무회계와 관리회계로 구분한다.

재무회계는 주주, 채권자, 정부당국 등과 같이 기업의 외부에 있는 이해관계자들에게 기업의 경제활동에 관한 정보를 제공한다. 외부의 다양한 이해관계자들을 대상으로 하기 때문에, 재무회계는 일반목적의 재무보고를 실시하고, 회계기준에 따라서 작성한다. 회계기준은 일반적으로 인정된 회계원칙(GAAP: Generally Accepted Accounting Principles)이라고도 하며 우리나라의 상장기업은 한국채택국제회계기준(K-IFRS)을 따르고 있다. 일반목적의 재무보고는 정기적으로 실시한다.

1) 회계는 기업에만 한정하여 사용되는 용어는 아니다. 회계는 경제주체가 자신과 이해관계가 있는 사람들에게 자신의 경제활동에 대하여 '설명'하는 것으로 사회의 모든 경제주체가 포함될 수 있다. 다만, 현대 사회의 대표적인 경제주체가 기업이므로 여기에서는 기업으로 한정하여 설명한다.

관리회계는 작업자, 중간관리자 그리고 최고경영자 등 기업의 내부정보이용자들에게 필요한 경제적 정보를 제공한다. 재무제표와 같은 일정한 보고양식은 없으며, 회계기준과 같은 원칙에서도 비교적 자유롭다. 다만, 내부정보이용자들의 의사결정에 도움이 될 수 있도록 목적적합한 정보가 적시적으로 제공될 수 있도록 한다.

도표 1-1 | 재무회계와 관리회계의 비교

구분	재무회계	관리회계
정보이용자	기업 외부의 이해관계자	기업 내부의 이해관계자
목적	기업의 재무상태와 경영성과를 보고	조직목표 달성을 위한 경영의사결정 지원
보고서	일반목적의 재무제표	제품, 경영전략 등에 대한 재무 및 비재무보고서, 특수목적의 보고서
작성기준	회계기준(예, K-IFRS)	특정 기준 없음 (단, 비용 < 효익의 원가제약기준)
보고주기	주기적 보고	필요에 따라 수시 보고

2 재무제표

(1) 재무제표의 구성

일반목적 재무보고는 기업의 이해관계자가 경제적인 의사결정을 하는 데 유용한 정보를 제공하는 것을 목적으로 한다. 기업과 이해관계가 있는 사람들이란 투자자나 채권자 등 기업의 현재 및 미래의 자원제공자를 지칭하는 것으로, 이들은 회계가 제공하는 정보를 자신들의 한정된 경제적 자원을 기업에 배분할 것인지와 같은 투자의사결정이나 혹은 이미 기업에 제공한 자신들의 경제적 자원을 기업이 어떻게 사용하였는지에 관한 수탁책임을 평가하는 데 이용한다. 재무제표는 재무보고의 핵심 수단으로서, 이를 통하여 기업에 관한 재무정보가 이해관계자들에게 전달된다.

도표 1-2 | 재무제표의 구성

재무제표*
• 재무상태표 • 포괄손익계산서 • 자본변동표 • 현금흐름표 • 주석

* 각각의 재무제표는 전체 재무제표에서 동등한 비중으로 표시한다.

1) 재무상태표

재무상태표는 일정시점의 기업의 자산, 부채 및 자본의 재무상태에 관한 정보를 제공해 주는 보고서이다. 기업이 명확히 식별가능한 영업주기 내에서 재화나 용역을 제공하는 경우, 자산은 유동자산과 비유동자산으로, 부채는 유동부채와 비유동부채로 구분하여 표시한다.

2) 포괄손익계산서

포괄손익계산서는 일정기간 동안의 경영성과를 나타내는 보고서로 일정기간의 순자산 증감내역을 보여준다.

K-IFRS에서는 한 기간 동안에 발생한 당기순이익과 기타포괄손익을 한 보고서에 모두 포함하되 이를 명확하게 구분하도록 하고 있다. 이때 기타포괄손익은 자본거래 이외의 원천에 의하여 순자산의 변화를 초래하는 항목으로 당기순이익에 포함되지 않는 항목들로 구성된다. 예를 들어, 기타포괄손익-공정가치측정 금융자산평가손익, 확정급여제도의 재측정요소, 자산재평가이익 등이 포함된다.

3) 자본변동표

자본변동표는 소유주지분의 변동을 표시하는 재무보고서로 자본의 각 구성요소별로 기초잔액, 변동사항 및 기말잔액을 표시한다.

4) 현금흐름표

현금흐름표는 일정기간 동안의 현금이 어떻게 변화했는가를 보여주는 보고서로 현금의 원천과 사용을 영업활동, 투자활동 및 재무활동으로 구분하여 표시한다.

5) 주석

주석은 기업의 중요한 회계정책과 기타설명을 포함하는 것으로 재무제표의 구성요소이다.

(2) 재무제표의 작성원칙

재무제표를 작성하고 보고하는 책임은 경영자에게 있다. 경영자는 재무제표를 작성할 때 다음의 원칙을 준수해야 한다.

1) 공정한 표시 및 K-IFRS의 준수

재무제표는 기업의 재무상태, 경영성과 및 현금흐름을 공정하게 표시해야 한다. K-IFRS에 따라 작성한 재무제표는 재무상태, 경영성과 및 현금흐름을 공정하게 표시한 것으로 본다.

2) 계속기업의 가정과 발생기준회계의 사용

경영자는 재무제표를 작성할 때 기업을 청산 혹은 중단할 의도가 있거나 경영활동을 계속할 수 없는 상황을 제외하고는 계속기업을 가정하여 재무제표를 작성해야 한다. 또한 현금흐름표를 제외한 나머지 재무제표는 발생기준에 따라서 작성해야 한다.

3) 중요성과 통합표시

재무제표에 보고할 항목은 재무제표를 이용하는 이해관계자들의 경제적 의사결정에 영향을 미치는 정도, 즉 중요성을 고려하여 결정한다. 유사한 항목은 주요 종류별로 구분표시하고, 중요하지 않은 항목은 통합하여 표시할 수 있다.

4) 상계금지

K-IFRS에서 요구하거나 허용하지 않는 한, 자산과 부채, 수익과 비용은 상계하지 않는다. 다만, 동일 거래에서 발생하는 수익과 관련 비용은 거래의 실질을 반영한다면, 상계가능하다.

5) 보고빈도

전체 재무제표는 적어도 1년마다 작성한다.

6) 비교정보

기간별 비교가능성을 제고하기 위하여 선기와 당기를 비교하는 형식으로 보고해야 한다.

7) 표시의 계속성

기간별 비교가능성을 제고하기 위하여 재무제표항목의 표시와 분류는 매기 동일해야 한다.

Question

1-1 기업회계기준서 제1001호 '재무제표 표시'에 따른 재무제표 작성 및 표시의 일반원칙으로 옳지 않은 것은?

① 재무제표는 기업의 재무상태, 재무성과 및 현금흐름을 공정하게 표시해야 한다.
② 경영진이 기업을 청산하거나 경영활동을 중단할 의도를 가지고 있는 경우에도 계속기업을 전제로 재무제표를 작성한다.
③ 유사한 항목은 중요성 분류에 따라 재무제표에 구분하여 표시한다.
④ 기업은 현금흐름 정보를 제외하고는 발생기준회계를 사용하여 재무제표를 작성한다.
⑤ 투자자산 및 영업용자산을 포함한 비유동자산의 처분손익은 처분대금에서 그 자산의 장부금액과 관련 처분비용을 차감하여 표시한다.

| 해답 | ②

3 재무보고를 위한 개념체계

재무보고를 위한 개념체계는 회계정보의 이용자들이 재무보고의 기초개념을 이해할 수 있도록 작성된 것이다. 특히 개별 회계기준들을 전체적으로 이해할 수 있는 근간을 제공하는 역할을 한다.

개념체계의 구체적인 역할은 다음과 같다.

첫째, 회계기준을 제정 또는 개정함에 있어서 준거하는 재무회계의 개념과 이의 적용에 관한 일관성 있는 지침을 제공한다.

둘째, 재무제표 작성자가 회계기준을 해석 · 적용하여 재무제표를 작성 · 공시하거나 특정한 거래나 사건에 대한 회계기준이 미비한 경우에 적용할 수 있는 일관성 있는 지침을 제공한다.

셋째, 외부감사인이 감사의견을 표명하기 위하여 회계기준 적용의 적정성을 판단하거나, 특정한 거래나 사건에 대한 회계기준이 미비한 경우 회계처리의 적정성을 판단함에 있어서 감사의견 형성의 기초가 되는 일관성 있는 지침을 제공한다.

넷째, 재무제표의 이용자가 회계기준에 의해 작성된 재무제표를 해석하는 데 도움이 되는 기본가정과 개념을 제시한다. 이를 통해 재무제표 이용자들의 재무회계에 대한 이해력과 자신감을 제고시킬 수 있다.

다만, 주의할 점은 개념체계는 회계의 근간이 되는 기초개념을 정립하는 것이 목적이기 때문에 그 자체로는 회계기준이 아니고, 만약 개념체계의 내용이 특정 회계기준과 상충되는 경우에는 회계기준이 개념체계에 우선한다.

(1) 구성

재무보고 개념체계는 왜 재무보고를 해야 하는지에 관한 재무보고의 목적을 필두로, 이러한 목적을 달성하기 위하여 갖추어야 할 회계정보의 질적 특성, 자산, 부채, 자본, 수익, 비용과 같은 재무제표 요소의 정의, 인식 및 측정과 기본가정 등으로 구성되어 있다.

(2) 회계정보의 질적 특성

개념체계가 정하는 재무보고의 목적은 기업의 이해관계자인 현재 및 잠재적 투자자와 채권자 등의 자원제공자가 기업에 자원을 제공하는 의사결정을 함에 있어서 합리적인 의사결정을 할 수 있도록 유용한 정보를 제공하는 것이다. 개념체계는 이러한 재무보고의 목적을 달성하기 위하여 회계정보가 가져야 할 질적 특성을 크게 근본적 질적 특성과 보강적 질적 특성으로 나누고, 각 특성별로 어떠한 하위 특성들이 있는지 다음과 같이 열거하고 있다.

우선, 근본적 질적 특성에는 목적적합성과 표현충실성이 있다. 목적적합성이란 의사결정을 하는 데 정보가 있음으로 인하여 정보가 없는 경우보다 유리한 차이를 낼 수 있는 정보의 특성이다. 목적적합한 정보는 의사결정시점에서 과거 및 현재 사건의 평가 또는 미래 사건의 예측에 도움을 주거나 과거의 평가를 확인 또는 수정함으로써 이용자의 경제적 의사결정에 영향을 미친다. 또한 목적적합성은 정보의 중요성에 따라 영향을 받는다.

표현충실성이란 정보가 나타내고자 하거나 나타낼 것으로 기대되는 거래나 사건을 충실하게 표현하는 정도를 의미한다. 충실히 표현된 회계정보가 되기 위해서는 이용자가 의사결정에 필요한 판단을 하는 데 도움이 되는 모든 정보가 제공되어야 하고, 그 정보는 미리 의도된 결과나 성과를 유도할 목적을 가져서는 안 된다. 또한 경제적 현상의 기술에 오류나 누락이 없고, 정보를 생산하는 데 사용된 절차의 선택과 적용에 절차상 오류가 없어야 한다.

만약 회계정보가 동일한 기업의 과거 내용과 현재 내용을 비교할 수 있고, 다른 기업들과도 비교할 수 있도록 제공된다면 이용자의 의사결정에 더욱 유용할 것이다. 나아가 아무리 많은 정보가 있더라도 검증이 불가능하거나 적시성이 없고, 이용자가 이해할 수 없다면 정보로서의 가치는 없을 것이다. 따라서 이러한 특성들은 회계정보가 갖추어야 할 보강적 질적 특성이 된다.

도표 1-3 | 회계정보의 질적 특성

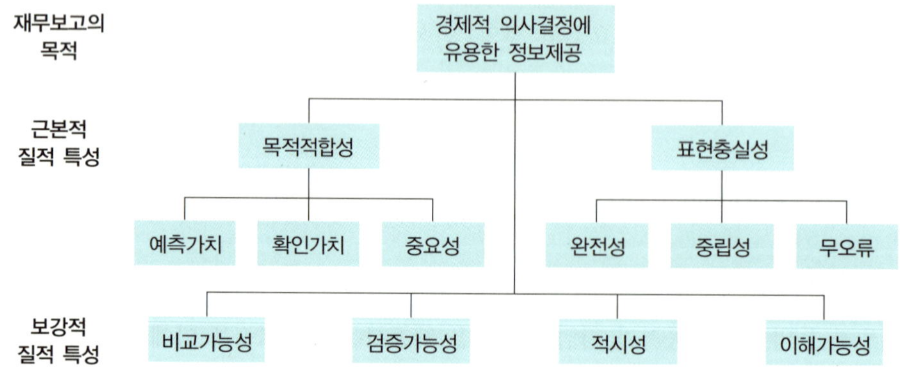

(3) 기본가정: 계속기업의 가정

개념체계에서 재무제표는 계속기업이라는 기본가정에 근거하여 작성한다. 계속기업의 가정이란 기업실체는 목적과 의무를 이행하기에 충분할 정도로 장기간 존속하여, 그 경영활동을 청산하거나 중대하게 축소시킬 의도가 없을 뿐 아니라 청산이 요구되는 상황도 없다는 가정이다. 계속기업의 가정은 발생기준회계, 역사적 원가의 원칙, 유형자산의 감가상각회계 등과 같은 주요한 회계원칙의 근거가 된다.

Question

1-2 한국채택국제회계기준의 '재무보고를 위한 개념체계'에서 규정하고 있는 유용한 재무정보의 질적 특성과 재무보고의 유용성 및 한계에 대한 내용으로 옳지 않은 것은?

① 재무보고서는 정확한 서술보다는 상당 부분 추정, 판단 및 모형에 근거한다.

② 각 주요 이용자들의 정보수요 및 욕구는 다르고 상충되기도 하지만, 기준제정기관은 재무보고기준을 제어할 때 주요 이용자 최대 다수의 수요를 충족하는 정보를 제공하기 위하여 노력한다.

③ 목적적합한 재무정보는 정보이용자의 의사결정에 차이가 나도록 할 수 있다.

④ 완전한 서술은 필요한 기술과 설명을 포함하여 정보이용자가 서술되는 현상을 이해하는 데 필요한 모든 정보를 포함하는 것이다.

⑤ 중립적 서술은 재무정보의 선택이나 표시에 편의가 없는 것을 의미하는 것으로 중립적 정보는 목적이 없고 행동에 대한 영향력이 없는 정보를 의미한다.

| 해답 | ⑤

1-3 유용한 재무정보의 근본적 질적 특성에 대한 설명으로 옳은 것은?

① 정보이용자가 항목 간의 유사점과 차이점을 식별하고 이해할 수 있어야 한다.

② 합리적인 판단력이 있고 독립적인 서로 다른 관찰자가 어떤 서술이 충실한 표현이라는 데, 비록 반드시 완전히 일치하지는 못하더라도, 의견이 일치할 수 있다.

③ 의사결정에 영향을 미칠 수 있도록 의사결정자가 정보를 제때에 이용가능해야 한다.

④ 완벽하게 충실한 표현을 하기 위해서 서술은 완전하고 중립적이며 오류가 없어야 한다.

⑤ 재무정보가 유용하기 위한 근본적 질적 특성은 목적적합성과 적시성이다.

| 해답 | ④

연습문제

01 자산은 '과거 사건의 결과로서 기업이 통제하고 있고 미래 경제적 효익이 기업에 유입될 것으로 기대되는 자원'으로 정의되는데 이에 대한 설명으로 옳지 않은 것은?

▶ 2018년, 국가직 9급

① 과거 사건의 결과라는 것은 미래에 발생할 것으로 예상되는 거래나 사건만으로는 자산을 인식하지 않는다는 것을 의미한다.

② 미래 경제적 효익은 직접 혹은 간접으로 기업의 미래현금흐름 창출에 기여하는 잠재력을 의미한다.

③ 기업이 통제하고 있다는 것은 자산으로부터 발생하는 미래 경제적 효익을 해당 기업만이 누릴 수 있어야 한다는 것을 의미한다.

④ 경제적 효익에 대한 기업의 통제력은 일반적으로 법률적 권리로부터 나오므로 법적인 소유권이 없으면 자산으로 인식할 수 없다는 것을 의미한다.

02 재무제표요소들에 대한 설명으로 옳지 않은 것은? ▶ 2018년, 국가직 9급

① 자본은 기업의 자산에서 부채를 차감한 후의 잔여지분이다.

② 부채는 과거 사건에 의하여 발생하였으며, 경제적 효익을 갖는 자원이 기업으로부터 유출됨으로써 이행될 것으로 기대되는 현재의무이다.

③ 수익은 자본의 증가를 초래하는 특정 회계기간 동안에 발생한 경제적 효익의 증가로서, 지분참여자에 의한 출연과 관련된 것도 포함한다.

④ 비용은 자본의 감소를 초래하는 특정 회계기간 동안에 발생한 경제적 효익의 감소로서, 지분참여자에 대한 분배와 관련된 것은 제외한다.

03 재무제표와 관련된 설명 중 옳은 것만을 모두 고른 것은? ▶ 2018년, 국가직 9급

ㄱ. 현금흐름표는 일정 회계기간 동안의 기업의 영업활동, 투자활동, 재무활동으로 인한 현금의 유입과 유출에 관한 정보를 제공한다.
ㄴ. 재무상태표는 일정시점의 기업의 재무상태에 관한 정보를 제공한다.
ㄷ. 자본변동표는 일정 회계기간 동안의 기업의 경영성과에 관한 정보를 제공한다.
ㄹ. 재무제표의 작성과 표시에 대한 책임은 소유주인 주주에게 있고, 반드시 공인회계사에게 외부검토를 받아야 한다.
ㅁ. 포괄손익계산서에서는 당기순손익에 기타포괄손익을 더한 총포괄손익을 나타낸다.

① ㄱ, ㄴ, ㄷ　　② ㄱ, ㄴ, ㅁ
③ ㄴ, ㄷ, ㄹ　　④ ㄷ, ㄹ, ㅁ

04 한국채택국제회계기준에서 규정하고 있는 재무제표의 작성과 표시에 대한 설명으로 옳은 것은? ▶ 2014년, 국가직 9급

① 자산과 부채를 표시함에 있어 계정과목은 유동과 비유동으로 구분한 다음 유동성이 큰 순서대로 표시한다.
② 부채로 인식하기 위해서는 부채인식 당시에 상환금액 및 상환시기를 확정할 수 있어야 한다.
③ 주석에는 '적용한 유의적인 회계정책의 요약'보다는 '한국채택국제회계기준을 준수하였다는 사실'을 먼저 표시하는 것이 일반적이다.
④ 현금흐름표 작성 시 배당금 수취는 영업 또는 투자활동으로 분류할 수 있으나 배당금 지급은 재무활동으로 분류하여 표시해야 한다.

05 한국채택국제회계기준에 근거한 재무제표 작성과 표시의 일반원칙에 관한 설명으로 옳지 않은 것은? ▶ 2014년, 국가직 9급

① 기업은 현금흐름정보를 제외하고는 발생기준회계를 사용하여 재무제표를 작성한다.
② 한국채택국제회계기준에서 요구하거나 허용하지 않는 한 자산과 부채, 그리고 수익과 비용은 상계하지 아니한다.
③ 재무제표 본문에서 중요하지 않다고 판단하여 구분하여 표시하지 않은 항목은 주석에서도 구분하여 표시할 수 없다.
④ 한국채택국제회계기준이 달리 허용하거나 요구하는 경우를 제외하고는 당기 재무제표에 보고되는 모든 금액에 대해 전기 비교정보를 공시하며, 재무제표를 이해하는 데 목적적합하다면 서술형 정보의 경우에도 비교정보를 포함한다.

06 재무제표 작성과 관련된 설명으로 옳은 것은? ▶ 2015년, 국가직 9급

① 기업의 재무제표는 발생기준회계만을 사용하여 작성하며, 현금기준회계는 사용하지 않는다.
② 포괄손익계산서상의 비용은 성격별 분류법과 기능별 분류법 중에서 매출원가를 다른 비용과 분리하여 공시하는 기능별 분류법만으로 표시해야 한다.
③ 재무제표 표시에 있어 반드시 유사한 항목은 통합하고, 상이한 성격이나 기능을 가진 항목은 구분하여 표시하여야 한다.
④ 한국채택국제회계기준에서 요구하거나 허용하지 않는 한 자산과 부채 그리고 수익과 비용은 상계처리하지 아니한다.

07 재무제표의 작성 및 표시와 관련된 설명으로 옳지 않은 것은? ▶ 2014년, 국가직 7급

① 자산과 부채는 각각 유동과 비유동으로 구분해야 하고 유동성이 큰 항목부터 배열한다.
② 현금및현금성자산은 교환이나 부채 상환목적으로의 사용에 대한 제한기간이 보고기간 후 12개월 이상인 경우에는 유동자산으로 분류하지 않는다.
③ 투자자산의 시장가치가 보고기간(2013년) 말과 재무제표발행 승인일 사이에 하락한 경우, 이를 반영하여 2013년 재무상태표의 투자자산 금액을 수정하지 않는다.
④ 상법 등에서 이익잉여금처분계산서의 작성을 요구하는 경우에는 이익잉여금처분계산서를 주석으로 공시한다.

08 기업회계기준서 제1001호 '재무제표 표시'에 따른 재무제표 작성 및 표시의 일반원칙으로 옳지 않은 것은? ▶ 2015년, 국가직 7급

① 재무제표는 기업의 재무상태, 재무성과 및 현금흐름을 공정하게 표시해야 한다.
② 경영진이 기업을 청산하거나 경영활동을 중단할 의도를 가지고 있는 경우에도 계속기업을 전제로 재무제표를 작성한다.
③ 유사한 항목은 중요성 분류에 따라 재무제표에 구분하여 표시한다.
④ 기업은 현금흐름정보를 제외하고는 발생기준회계를 사용하여 재무제표를 작성한다.

09 기업회계기준서 제1001호 '재무제표 표시'에 따른 상계표시의 내용으로 옳지 않은 것은? ▶ 2015년, 국가직 7급

① 재고자산에 대한 재고자산평가충당금을 차감하여 관련 자산을 순액으로 상계표시한다.
② 충당부채와 관련된 지출을 제3자와의 계약관계에 따라 보전받는 경우, 당해 지출과 보전받는 금액은 상계하여 표시할 수 있다.
③ 투자자산 및 영업용자산을 포함한 비유동자산의 처분손익은 처분대금에서 그 자산의 장부금액과 관련 처분비용을 차감하여 표시한다.
④ 외환손익 또는 단기매매 금융상품에서 발생하는 손익과 같이 유사한 거래의 집합에서 발생하는 차익과 차손이 중요한 경우에는 구분하여 표시한다.

10 재무제표 표시에 대한 설명으로 옳은 것은? ▶ 2018년, 국가직 9급

① 재무상태표에 자산과 부채는 반드시 유동성 순서에 따라 표시하여야 한다.
② 정상적인 영업활동과 구분되는 거래나 사건에서 발생하는 것으로 그 성격이나 미래의 지속성에 차이가 나는 특별손익항목은 포괄손익계산서에 구분해서 표시하여야 한다.
③ 부적절한 회계정책이라도 공시나 주석 또는 보충 자료를 통해 잘 설명된다면 정당화될 수 있다.
④ 재무제표항목의 표시와 분류방법의 적절한 변경은 회계정책 변경에 해당된다.

11 재무제표 작성 및 표시에 대한 설명으로 옳지 않은 것은? ▶ 2017년, 국가직 9급

① 경영진은 재무제표를 작성할 때 계속기업으로서의 존속가능성을 평가해야 한다.
② 기업은 현금흐름정보를 제외하고는 발생기준회계를 사용하여 재무제표를 작성한다.
③ 중요하지 않은 항목은 성격이나 기능이 유사한 항목과 통합하여 표시할 수 있다.
④ 매출채권에 대해 대손충당금을 차감하여 순액으로 측정하는 것은 상계표시에 해당한다.

12 재무상태표의 구성요소에 대한 설명으로 옳지 않은 것은? ▶ 2017년, 국가직 9급

① 자산이란 과거 사건의 결과로 기업이 통제하고 있고 미래 경제적 효익이 기업에 유입될 것으로 기대되는 자원이다.
② 자본은 주주에 대한 의무로서 기업이 가지고 있는 자원의 활용을 나타낸다.
③ 부채란 과거 사건으로 생긴 현재의무로서, 기업이 가진 경제적 효익이 있는 자원의 유출을 통해 그 이행이 예상되는 의무이다.
④ 일반적으로 자본은 자본금, 자본잉여금, 자본조정, 기타포괄손익누계액, 이익잉여금으로 구분한다.

13 유동자산과 유동부채에 대한 설명으로 옳지 않은 것은? ▶ 2018년, 국가직 7급

① 기업의 정상영업주기 내에 실현될 것으로 예상하거나, 정상영업주기 내에 판매하거나 소비할 의도가 있는 자산은 유동자산으로 분류한다.
② 보고기간 후 12개월 이내에 실현될 것으로 예상되는 자산은 유동자산으로 분류한다.
③ 보고기간 후 12개월 이상 부채의 결제를 연기할 수 있는 무조건의 권리를 가지고 있지 않은 부채는 유동부채로 분류한다.
④ 매입채무와 같이 기업의 정상영업주기 내에 사용되는 운전자본의 일부항목이라도 보고기간 후 12개월 후에 결제일이 도래할 경우 비유동부채로 분류한다.

14 자산의 회계처리에 대한 내용으로 옳지 않은 것은? ▶ 2017년, 국가직 7급

① 1년 이내에 소멸되는 소모품은 유동자산이다.
② 자동차회사가 제조한 자동차를 운송하기 위하여 보유하는 차량은 유형자산이고 감가상각을 한다.
③ 커피숍에서 판매를 위해 전시한 커피잔은 재고자산이다.
④ 자체 사용목적으로 건설 중인 건물은 비유동자산이고 감가상각을 한다.

15 재무제표 표시 중 포괄손익계산서에 대한 설명으로 옳지 않은 것은? ▶ 2017년, 지방직 9급

① 기타포괄손익의 항목(재분류조정 포함)과 관련한 법인세비용금액은 포괄손익계산서나 주석에 공시하지 않는다.
② 기업의 재무성과를 이해하는 데 목적적합한 경우에는 당기손익과 기타포괄손익을 표시

하는 보고서에 항목, 제목 및 중간합계를 추가하여 표시한다.

③ 한 기간에 인식되는 모든 수익과 비용항목은 한국채택국제회계기준이 달리 정하지 않는 한 당기손익으로 인식한다.

④ 기업은 수익에서 매출원가 및 판매비와관리비(물류원가 등을 포함)를 차감한 영업이익(또는 영업손실)을 포괄손익계산서에 구분하여 표시한다.

16 비용의 성격별 분류와 기능별 분류에 대한 설명으로 옳은 것은? ▶ 2018년, 국가직 7급

① 비용의 성격별 분류는 기능별 분류보다 재무제표 이용자에게 더욱 목적적합한 정보를 제공할 수 있다.

② 비용의 성격별 분류는 기능별 분류보다 비용을 배분하는 데 자의성과 상당한 정도의 판단이 개입될 수 있다.

③ 비용을 성격별로 분류하는 경우 비용을 기능별 분류로 배분할 필요가 없기 때문에 적용이 간단할 수 있다.

④ 비용의 기능별 분류는 성격별 분류보다 미래현금흐름을 예측하는 데 더 유용하다.

17 상품매매기업이 비용의 기능별 분류법에 따라 단일의 포괄손익계산서를 작성하는 경우 최소한 표시해야 할 항목이 아닌 것은? ▶ 2014년, 국가직 9급

① 법인세비용　　② 매출원가

③ 금융원가　　④ 특별손실

18 포괄손익계산서에 대한 설명으로 옳지 않은 것은? ▶ 2016년, 국가직 7급

① 비용을 기능별로 분류하는 기업은 감가상각비, 기타상각비와 종업원급여비용을 포함하여 비용의 성격에 대한 추가정보를 공시한다.

② 수익과 비용항목의 별도 공시가 필요할 수 있는 상황은 유형자산의 취득, 투자자산의 취득, 소송사건의 해결을 포함한다.

③ 비용은 빈도, 손익의 발생가능성 및 예측가능성의 측면에서 서로 다를 수 있는 재무성과의 구성요소를 강조하기 위해 세분류로 표시하며, 성격별로 분류하거나 기능별로 분류하여 표시한다.

④ 수익과 비용항목이 중요한 경우, 그 성격과 금액을 별도로 공시한다.

19 포괄손익계산서에서 당기순손익과 총포괄손익 간에 차이를 발생시키는 항목은? ▶ 2018년, 국가직 9급

① 확정급여제도 재측정요소　　② 감자차손

③ 자기주식처분이익　　④ 사채상환손실

20 단일 포괄손익계산서를 작성할 때, 당기순손익의 산정 이후에 포함될 수 있는 것만을 모두 고른 것은? ▶ 2016년, 지방직 9급

ㄱ. 단기매매금융자산평가이익
ㄴ. 매도가능금융자산평가손실
ㄷ. 해외사업장 환산외환차이
ㄹ. 유형자산손상차손
ㅁ. 확정급여제도의 재측정요소
ㅂ. 세후 중단영업손익

① ㄱ, ㄴ, ㄹ ② ㄴ, ㄷ, ㅁ
③ ㄴ, ㄷ, ㅂ ④ ㄷ, ㅁ, ㅂ

21 한국채택국제회계기준의 재무보고를 위한 개념체계에서 규정하고 있는 일반목적 재무보고의 유용성 및 한계에 대한 내용으로 옳지 않은 것은? ▶ 2015년, 국가직 9급

① 재무보고서는 정확한 서술보다는 상당 부분 추정, 판단 및 모형에 근거한다.
② 일반목적 재무보고서는 현재 및 잠재적 투자자, 대여자 및 기타채권자가 필요로 하는 모든 정보를 제공한다.
③ 일반목적 재무보고서는 현재 및 잠재적 투자자, 대여자 및 기타채권자가 보고기업의 가치를 추정하는 데 도움이 되는 정보를 제공한다.
④ 각 주요 이용자들의 정보수요 및 욕구는 다르고 상충되기도 하지만, 기준제정기관은 재무보고기준을 제정할 때 주요 이용자 최대 다수의 수요를 충족하는 정보를 제공하기 위하여 노력한다.

22 재무보고를 위한 개념체계에 대한 설명으로 옳은 것만을 모두 고른 것은? ▶ 2016년, 지방직 9급

ㄱ. 자산은 미래 경제적 효익이 기업에 유입될 가능성이 높고 해당 항목의 원가 또는 가치를 신뢰성 있게 측정할 수 있을 때 재무상태표에 인식한다.
ㄴ. 재무정보가 유용하기 위해서는 목적적합해야 하고 나타내고자 하는 바를 충실하게 표현해야 한다.
ㄷ. 비교가능성, 검증가능성, 중요성 및 이해가능성은 목적적합하고 충실하게 표현된 정보의 유용성을 보강시키는 질적 특성이다.
ㄹ. 재무보고를 위한 개념체계와 한국채택국제회계기준이 서로 상충하는 경우에는 개념체계가 우선하여 적용된다.

① ㄱ, ㄴ ② ㄱ, ㄷ
③ ㄴ, ㄷ ④ ㄴ, ㄹ

23 '재무보고를 위한 개념체계'에 대한 설명으로 옳지 않은 것은? ▶ 2016년, 국가직 7급

① 정보이용자들이 미래 결과를 예측하기 위해 사용하는 절차의 투입요소로 재무정보가 사용될 수 있다면, 그 재무정보는 예측가치를 갖는다.

② 회계기준위원회는 중요성에 대한 획일적인 계량 임계치를 정하거나 특정한 상황에서 무엇이 중요한 것인지를 미리 결정할 수 있다.

③ 중요성은 개별기업 재무보고서 관점에서 해당 정보와 관련된 항목의 성격이나 규모 또는 이 둘 모두에 근거하여 해당 기업에 특유한 측면의 목적적합성을 의미한다.

④ 재무정보가 과거 평가에 대해 피드백을 제공한다면(과거 평가를 확인하거나 변경시킨다면) 확인가치를 갖는다.

24 다음 설명에 해당하는 재무정보의 질적 특성은? ▶ 2015년, 국가직 9급

재무정보가 유용하기 위해서는 서술이 완전하고, 중립적이며, 오류가 없어야 한다.

① 목적적합성　② 검증가능성
③ 충실한 표현　④ 비교가능성

25 정보이용자가 어떤 회계정보를 이용하여 의사결정을 할 때 그 정보가 없는 경우와 비교하여 보다 유리한 차이를 낼 수 있는 회계정보의 질적 특성은? ▶ 2015년, 지방직 9급

① 목적적합성　② 표현의 충실성
③ 적시성　④ 비교가능성

26 유용한 재무정보의 질적 특성을 근본적 질적 특성과 보강적 질적 특성으로 구분할 경우 보강적 질적 특성으로 옳지 않은 것은? ▶ 2014년, 국가직 7급

① 비교가능성　② 검증가능성
③ 적시성　④ 예측가능성

27 한국채택국제회계기준의 재무보고를 위한 개념체계에서 규정한 유용한 재무정보의 질적 특성의 내용으로 옳지 않은 것은? ▶ 2015년, 국가직 9급

① 목적적합한 재무정보는 정보이용자의 의사결정에 차이가 나도록 할 수 있다.

② 정보이용자들이 미래 결과를 예측하기 위해 사용하는 절차의 투입요소로 재무정보가 사용될 수 있다면, 그 재무정보는 예측가치를 갖는다.

③ 중립적 서술은 재무정보의 선택이나 표시에 편의가 없는 것을 의미하는 것으로, 중립적 정보는 목적이 없고 행동에 대한 영향력이 없는 정보를 의미한다.

④ 완전한 서술은 필요한 기술과 설명을 포함하여 정보이용자가 서술되는 현상을 이해하는데 필요한 모든 정보를 포함하는 것이다.

28 유용한 재무정보의 근본적 질적 특성에 대한 설명으로 옳은 것은? ▶ 2014년, 지방직 9급

① 정보이용자가 항목 간의 유사점과 차이점을 식별하고 이해할 수 있어야 한다.
② 합리적인 판단력이 있고 독립적인 서로 다른 관찰자가 어떤 서술이 충실한 표현이라는 데, 비록 반드시 완전히 일치하지는 못하더라도, 의견이 일치할 수 있다.
③ 의사결정에 영향을 미칠 수 있도록 의사결정자가 정보를 제때에 이용가능해야 한다.
④ 완벽하게 충실한 표현을 하기 위해서 서술은 완전하고, 중립적이며, 오류가 없어야 한다.

29 재무보고를 위한 개념체계에서 언급하고 있는 기본가정에 대한 설명으로 옳지 않은 것은? ▶ 2014년, 지방직 9급

① 재무제표는 일반적으로 기업이 계속기업이며 예상가능한 기간 동안 영업을 계속할 것이라는 가정하에 작성된다.
② 계속기업의 가정은 재무제표항목들을 역사적 원가로 보고하는 것에 정당성을 부여한다.
③ 유형자산에 대한 감가상각은 기업실체가 계속된다는 가정을 전제로 한다.
④ 경영활동을 청산하거나 중요하게 축소할 의도나 필요성이 있다면 계속기업을 가정한 기준과는 다른 기준을 적용하여 작성하는 것이 타당할 수 있으며, 이때 적용한 기준은 별도로 공시할 필요가 없다.

30 재무정보의 질적 특성에 대한 설명으로 옳지 않은 것은? ▶ 2016년, 지방직 9급

① 유용한 재무정보의 근본적 질적 특성은 목적적합성과 표현충실성이다.
② 재무정보에 예측가치, 확인가치 또는 이 둘 모두가 있다면 의사결정에 차이가 나도록 할 수 있다.
③ 검증가능성은 정보이용자가 항목 간의 유사점과 차이점을 식별하고 이해할 수 있게 하는 질적 특성이다.
④ 적시성은 의사결정에 영향을 미칠 수 있도록 의사결정자가 정보를 제때에 이용가능하게 하는 것을 의미한다.

31 재무정보의 질적 특성 중 중요성에 대한 설명으로 옳은 것은? ▶ 2018년, 지방직 9급

① 근본적 질적 특성인 표현충실성을 갖추기 위한 요소이다.
② 인식을 위한 최소요건으로 정보이용자가 항목 간의 유사점과 차이점을 식별할 수 있게 한다.
③ 의사결정에 영향을 미칠 수 있도록 정보이용자가 정보를 적시에 이용가능하게 하는 것을 의미한다.
④ 기업마다 다를 수 있기 때문에 기업 특유의 측면을 고려해야 한다.

32 재무보고를 위한 개념체계 중 '표현충실성'에 대한 설명으로 옳지 않은 것은?

▶ 2017년, 국가직 7급

① 기업의 경제적 상황을 이해하는 데 필요한 정보를 완전히 포함하도록 해야 한다.
② 특정 정보이용자에게 유리하도록 정보를 선택적으로 제공하지 않아야 한다.
③ 추정치의 경우 추정금액을 정확하게 기술하고 추정절차의 성격과 한계를 설명하도록 한다.
④ 향후 어떤 결과를 초래할 것인지 예측하는 데 도움이 되도록 해야 한다.

33 재무정보의 질적 특성에 대한 설명으로 옳지 않은 것은? ▶ 2017년, 국가직 9급

① 목적적합한 재무정보는 정보이용자의 의사결정에 차이가 나도록 할 수 있다.
② 재무정보가 예측가치를 갖기 위해서는 그 자체가 예측치 또는 예상치일 필요는 없으며, 정보이용자들이 미래 결과를 예측하기 위해 사용하는 절차의 투입요소로 사용될 수 있다면 그 재무정보는 예측가치를 갖는다.
③ 비교가능성은 정보이용자가 항목 간의 유사점과 차이점을 식별하고 이해할 수 있게 하는 질적 특성이다.
④ 오류가 없다는 것은 현상의 기술에 오류나 누락이 없고, 보고정보를 생산하는 데 사용되는 절차의 선택과 적용 시 절차상 오류가 없음을 의미하므로 모든 면에서 완벽하게 정확하다는 것이다.

34 재무상태 또는 성과측정과 관련된 재무제표요소에 대한 설명으로 옳지 않은 것은?

▶ 2014년, 지방직 9급

① 자산은 과거 사건의 결과로 기업이 통제하고 있고 미래 경제적 효익이 유입될 것으로 기대되는 자원이다.
② 부채는 과거 사건에 의하여 발생하였으며 경제적 효익을 갖는 자원이 기업으로부터 유출됨으로써 이행될 것으로 기대되는 현재의무이다.
③ 자본은 기업의 자산에서 모든 부채를 차감한 후의 잔여지분으로 자산과 부채금액의 측정에 따라 결정되며, 자본총액은 기업이 발행한 주식의 시가총액과 같다.
④ 수익은 자산의 유입이나 증가 또는 부채의 감소에 따라 자본의 증가를 초래하는 특정 회계기간 동안에 발생한 경제적 효익의 증가로서, 지분참여자에 의한 출연과 관련된 것은 제외한다.

35 재무제표요소의 측정에 대한 설명으로 옳지 않은 것은? ▶ 2017년, 지방직 9급

① 역사적 원가로 측정하는 경우, 부채는 부담하는 의무의 대가로 수취한 금액으로 기록한다.
② 현행원가로 측정하는 경우, 부채는 현재시점에서 그 의무를 이행하는 데 필요한 현금이나 현금성자산의 할인하지 않은 금액으로 평가한다.

③ 실현가능가치로 측정하는 경우, 자산은 동일하거나 또는 동등한 자산을 현재시점에서 취득할 경우에 그 대가로 지불하여야 할 현금이나 현금성자산의 금액으로 평가한다.
④ 현재가치로 측정하는 경우, 자산은 정상적인 영업과정에서 그 자산이 창출할 것으로 기대되는 미래 순현금유입액의 현재할인가치로 평가한다.

36 '재무보고를 위한 개념체계'에 대한 설명으로 옳지 않은 것은? ▶ 2018년, 국가직 7급

① 자본유지개념에서는 자본유지를 위해 필요한 금액을 초과하는 자산의 유입액만이 이익으로 간주될 수 있다.
② 재무자본유지개념에서의 이익은 해당 기간 동안 소유주에게 배분하거나 소유주가 출연한 부분을 제외하고 기말순자산의 재무적 측정금액(화폐금액)이 기초순자산의 재무적 측정금액(화폐금액)을 초과하는 경우에만 발생한다.
③ 재무자본유지개념이 불변구매력단위로 정의된다면 일반물가수준에 따른 가격상승을 초과하는 자산가격의 증가 부분만이 이익으로 간주된다.
④ 재무자본유지개념은 특정한 측정기준의 적용을 요구하지 않으나, 실물자본유지개념을 사용하기 위해서는 순자산을 역사적 원가기준에 따라 측정해야 한다.

CHAPTER

02 회계의 순환과정

학습목표

본 장에서는 회계의 대상이 되는 거래를 확인하고, 이를 기록, 집계, 요약하여 재무제표로 보고하는 과정에 대하여 학습한다. 특히, 결산기말의 회계처리를 잘 이해하는 것이 중요하다.

1 회계등식

회계는 재무제표의 요소, 즉 자산, 부채 및 자본의 하나 혹은 그 이상의 변동을 가져오는 경제적 사건 중 화폐단위로 객관적인 측정이 가능한 것을 '거래'라고 하고, 이를 회계의 대상으로 한다. 다만, 회계의 거래는 우리가 일반적으로 말하는 거래와는 약간의 차이가 있다. 예를 들어, 도난이나 화재를 일반적인 의미에서는 거래라고 부르지 않지만, 회계에서는 이들을 자산의 감소를 가져오는 경제적 사건으로 보고 회계기록의 대상으로 한다. 한편, 거래당사자 간의 구두상의 약속만으로는 기업의 자산, 부채 혹은 자본에 영향을 끼친다고 볼 수 없기 때문에, 일반적인 의미에서 거래라고 하더라도 이는 회계의 대상이 되지 않는다.

회계의 거래는 자산, 부채 및 자본으로 구성된 회계등식에 따라 기록한다. 우선, 자산이란 기업의 경제적 자원으로, 과거의 사건의 결과로 인하여 현재 기업의 통제하에 있고, 이로 인하여 미래에 경제적 효익이 유입될 것으로 기대되는 것을 말한다. 기업이 경제적 자원인 자산을 보유하기 위해서는 자금이 필요하다. 이때 만약 타인으로부터 자금을 조달하여 미래에 돌려 줄 필요가 있다면, 즉 상환의 의무가 있다면, 이를 부채라고 한다. 즉, 부채는 자산에 대한 타인의 지분이다. 반면, 자산을 상환할 필요가 없는 자금으로 조달하였다면, 이는 자본이라고 한다. 상환을 하지 않아도 되는 것은 이것이 자산에 대한 소유자의 지분이기 때문이다. 따라서 자산의 금액은 자금조달의 원천인

부채와 자본의 합계액과 일치하며, 이는 다음의 회계등식과 같이 표현할 수 있다.

자산=부채+자본

자본은 그 원천에 따라 소유자와의 거래로 인한 자본인 납입자본과 기업이 벌어들인 결과인 가득자본으로 나눌 수 있다. 기업이 경영활동을 수행하여 얻은 것은 수익이라고 하고, 이를 얻기 위하여 사용한 것은 비용이라고 한다.

자본의 원천을 구분하여 위의 회계등식을 다음과 같이 표현할 수 있다.

자산=부채+납입자본+가득자본
=부채+납입자본+기초의 가득자본+수익−비용
=부채+납입자본+기초의 가득자본+당기순이익

Question

2-1 다음은 (주)한국의 기말 현재 각 계정과목에 대한 잔액이다. 이익잉여금은 얼마인가?

현금	₩180	단기대여금	₩120
매출채권	267	대손충당금	2
상품	85	건물	400
매입채무	80	사채	100
자본금	620	이익잉여금	?

| 해답 |

자산=현금 180원+단기대여금 120원+매출채권 265원(267원−대손충당금 2원)+상품 85원+건물 400원=1,050원,

부채=매입채무 80원+사채 100원=180원,

자산−부채=자본=1,050원−180원=870원이다. 따라서

이익잉여금=870원−620원=250원이다.

2 회계순환과정

회계에서는 거래를 분석 · 기록하고, 집계 · 요약하여 기업의 재무제표를 작성하기까지의 일련의 과정을 주기적으로 반복하는데, 이를 회계순환과정이라고 한다.

도표 2-1 | 회계순환과정

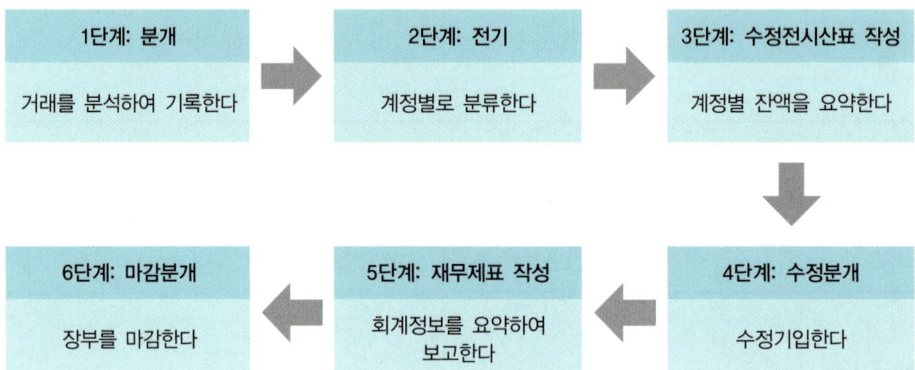

(1) 분개: 회계거래의 분석 및 기록

앞서 설명한 회계등식은 다음과 같다.

자산=부채+자본

회계등식의 좌변(차변)과 우변(대변)은 균형을 이루고 모든 거래는 좌변(차변)과 우변(대변)에 함께 영향을 미치기 때문에 회계등식은 항상 성립한다. 이를 대차평균의 원리라고 하는데, 분개는 이의 원리에 따라서 회계상의 거래를 기록하는 것이다. 재무제표 각 요소에 (+)의 영향을 미치는 항목은 등식의 같은 편에 기입하고, (−)의 영향을 미치는 항목은 등식의 반대 편에 기입한다. 수익은 자본을 증가시키기 때문에 수익이 발생하면 대변에 기록하고, 비용은 자본을 감소시키기 때문에 비용이 발생하면 차변에 기록한다.

도표 2-2 | 거래의 기록: 분개

차변	대변
자산의 증가	자산의 감소
부채의 감소	**부채의 증가**
자본의 감소	**자본의 증가**
비용의 발생	**수익의 인식**

＊예제 2-1

① 3월 5일에 비품을 구입하고 구입대금 10,000원을 3일 후에 지급하기로 하다.

3/5	(차)	비품 (자산의 증가)	10,000	(대)	미지급금 (부채의 증가)	10,000

② 3월 8일에 비품구입대금 10,000원을 현금지급하다.

3/8	(차)	미지급금 (부채의 감소)	10,000	(대)	현금 (자산의 감소)	10,000

(2) 전기: 회계거래의 분류

분개된 모든 계정과목의 금액을 각 계정과목별로 집계하는 절차를 전기라고 한다. 총계정원장이 사용된다.

(3) 시산표의 작성

기업에서 일어난 모든 거래가 올바르게 분개되고 전기되었다면, 대차평균의 원리에 따라 모든 계정의 차변합계와 대변합계는 일치할 것이다. 이를 확인할 수 있도록 시산표를 작성한다. 시산표란 계정과목별 잔액 혹은 총액을 집계하여 요약한 표이다.

(4) 수정: 수정분개

회계에서는 기업을 반대의 증거가 없는 한 무한히 존속하는 계속기업으로 가정한다. 계속기업의 가정하에서 기업의 경영성과를 주기적으로 보고하기 위해서는 무한한 기간을 인위적으로 일정한 단위로 구분해야 한다. 이때 한 기간의 이익계산을 위해서는 두 기간 이상에 걸쳐 발생하는 수익과 비용을 적절하게 배분하여 인식하는 기준이 필요한데, K-IFRS에서는 발생기준을 사용한다. 발생기준에 따라 수익과 비용은 현금의 수취와 지급과는 관계없이 수익은 가득되었을(earned) 때 인식하고, 비용은 발생되었을(incurred) 때 인식한다.

회계기간 말에 수익과 비용을 발생기준에 따라 적절하게 계상하기 위하여 필요한 회계처리를 하게 되는데, 이를 수정분개라고 한다. 수정분개를 해야 하는 항목들은 크게 다음의 세 가지로 구분할 수 있다.

① **발생항목**: 당기에 발생한 수익 혹은 비용이지만, 아직 현금을 받지 못한 미수수익이나 아직 현금을 주지 못한 미지급비용 등을 말한다.

② **이연항목**: 미리 현금을 받았거나, 현금을 주었지만 당기의 수익이 아닌 선수수익이나 당기의 비용이 아닌 선급비용 등을 말한다.

③ **추정항목**: 당기 수익창출에 기여한 비용이지만 정확한 금액을 알 수 없어서 관습에 따라 추정하여 기록, 보고하는 항목으로 감가상각비, 대손상각비 등이 있다.

수정분개가 끝나면 다시 수정후시산표를 작성하여 오류가 없는지를 확인할 수 있다.

Question

2-2 (주)한국의 20×1년 말 소모품 재고액은 50,000원이다. (주)한국은 20×2년 중에 소모품 100,000원어치를 현금으로 구입하고 이를 소모품으로 회계처리하였다. 20×2년 말에 소모품 재고를 실사한 결과, 70,000원의 소모품이 남아 있음을 확인하였다. 이와 관련하여 20×2년 말의 결산수정분개를 하라.

| 해답 |

20×2년 중 소모품 구입 시의 회계처리

(차) 소모품	100,000	(대) 현금	100,000

재고실사 전의 소모품계정잔액=기초재고액 50,000원+기중구입액 100,000원=150,000원

재고실사 결과, 소모품 자산은 70,000원이기 때문에, 장부상의 금액을 80,000원만큼 감소시켜야 하고, 이는 기중에 소모품을 사용한 결과이다. 따라서 다음과 같은 수정분개를 해야 한다.

(차) 소모품비	80,000	(대) 소모품	80,000

2-3 (주)한국의 기말수정사항이 다음과 같을 때, 기말수정분개가 미치는 영향에 대한 설명으로 옳지 않은 것은? (단, 법인세는 무시한다)

• 4월 1일 1년간의 임차료 120,000원을 현금으로 지급하면서 전액을 임차료로 기록하였다.

• 12월에 급여 20,000원이 발생되었으나 기말 현재 미지급상태이다.

---

① 수정후시산표의 차변합계가 20,000원만큼 증가한다.
② 당기순이익이 20,000원만큼 증가한다.
③ 자산총액이 30,000원만큼 증가한다.
④ 부채총액이 20,000원만큼 증가한다.
⑤ 수정후시산표의 대변합계가 20,000원만큼 증가한다.

| 해답 | ②

임차료계상액 120,000원 중 올해 발생한 임차료는 90,000원이므로 임차료비용계상액을 30,000원만큼 감소시킨다. 한편, 올해 발생한 급여 20,000원만큼을 인식하여 비용을 증가시킨다. 두 가지의 기말수정사항을 모두 반영하면 비용이 10,000원만큼 감소하기 때문에 당기순이익은 10,000원만큼 증가할 것이다.

(5) 재무제표의 작성

수정분개를 반영한 잔액으로 재무제표를 작성한다. 수익과 비용계정은 손익계산서에 반영하여 이익을 계산하고, 자산, 부채 및 자본의 계정잔액으로는 재무상태표를 작성하여 기업의 기말 현재의 재무상태를 보고한다.

(6) 장부의 마감

마지막으로 수익과 비용계정의 기말잔액을 집합손익계정으로 대체하여 계정잔액을 '0'으로 만든다. 그리고 집합손익계정의 잔액도 영구계정인 자본계정으로 대체하여 수익과 비용, 집합손익계정의 잔액을 모두 '0'으로 만드는 데, 이러한 일련의 과정을 장부의 마감이라고 한다. 손익계산서에 보고되는 일정기간 동안의 수익과 비용은 장부가 마감되면서 잔액이 사라지기 때문에 임시계정이라고 한다.

한편, 자산, 부채 및 자본의 계정잔액은 재무상태표에 보고되고, 다음 기로 잔액이 이월되기 때문에 영구계정이라고 한다.

연습문제

01 (주)한국은 20×1년 1월 1일 영업을 시작하였다. 20×1년과 20×2년에 발생한 다음 거래들을 참고하여 20×2년 말 재무제표에 자산으로 계상하여야 할 금액은? (단, 일자는 월할계산하며, 금액정보가 없는 자산항목은 계산에 반영하지 않는다) ▶ 2017년, 국가직 7급

일자	내용
20×1년 3월 1일	제품 제작용 기기를 ₩10,000에 구입하면서 운반비 ₩500과 설치비 ₩1,500을 함께 지급하였다. 감가상각은 내용연수 5년, 잔존가액 ₩0으로 정액법을 사용한다.
20×2년 1월 7일	20×1년 말에 주차장으로 사용할 목적으로 토지를 ₩100,000에 구입하고 구입한 토지 위의 사용하지 못하는 건물에 대한 철거비용으로 ₩20,000을 지급하였다. 철거에서 파생된 고철은 ₩5,000에 처분하였다.
20×2년 6월 1일	₩6,000 상당의 소모품을 구입하여 20×2년 12월 31일까지 3/4을 사용하였다.
20×2년 7월 1일	₩100,000 상당의 상품을 매입하여 이 중 ₩10,000 상당의 상품은 불량으로 인하여 반품하고 나머지 상품 중 90%는 20×2년 12월 31일까지 판매하였다.
20×2년 10월 1일	₩20,000의 무상증자를 실시하였다.

① ₩128,100 ② ₩133,100
③ ₩134,100 ④ ₩153,100

02 시산표를 작성함으로써 발견할 수 있는 오류는? ▶ 2015년, 국가직 9급

① 상품을 판매한 거래에 대하여 두 번 분개한 경우
② 거래를 분개함에 있어서 차입금계정의 차변에 기록하여야 하는데 대여금계정의 차변에 기록한 경우
③ 실제거래한 금액과 다르게 대변과 차변에 동일한 금액을 전기한 경우
④ 매출채권계정의 차변에 전기해야 하는데 대변으로 전기한 경우

03 회계기말에 행할 결산수정사항이 아닌 것은? ▶ 2015년, 국가직 9급

① 기중에 사용된 소모품금액을 소모품계정으로부터 소모품비계정으로 대체한다.
② 거래 중인 회사의 부도로 대손이 확정된 매출채권에 대해 대손충당금과 상계처리한다.
③ 건물에 대한 감가상각비를 인식한다.
④ 실지재고조사법에 따라 상품에 대한 매출원가를 인식한다.

04 (주)한국의 기말수정사항이 다음과 같을 때, 기말수정분개가 미치는 영향에 대한 설명으로 옳지 않은 것은? (단, 법인세는 무시한다) ▶ 2015년, 국가직 9급

- 4월 1일 1년간의 임차료 ₩120,000을 현금으로 지급하면서 전액을 임차료로 기록하였다.
- 12월에 급여 ₩20,000이 발생되었으나, 기말 현재 미지급상태이다.

① 수정후시산표의 차변합계가 ₩50,000만큼 증가한다.
② 당기순이익이 ₩10,000만큼 증가한다.
③ 자산총액이 ₩30,000만큼 증가한다.
④ 부채총액이 ₩20,000만큼 증가한다.

05 (주)한국의 2012년 말 소모품재고액은 ₩50,000이다. (주)한국은 2013년 중에 소모품 ₩100,000어치를 현금으로 구입하고 이를 소모품비로 회계처리하였다. 2013년 말에 소모품재고를 실사한 결과 ₩70,000의 소모품이 남아 있음을 확인하였다. 이와 관련하여 2013년 말의 결산수정분개로 옳은 것은? ▶ 2014년, 국가직 9급

① (차) 소모품 ₩20,000 (대) 소모품비 ₩20,000
② (차) 소모품비 ₩20,000 (대) 소모품 ₩20,000
③ (차) 소모품 ₩30,000 (대) 소모품비 ₩30,000
④ (차) 소모품비 ₩30,000 (대) 소모품 ₩30,000

06 (주)한국의 2014년 12월 31일 결산 시 당기순이익 ₩400,000이 산출되었으나, 다음과 같은 사항이 누락되었다. 누락사항을 반영할 경우의 당기순이익은? (단, 법인세는 무시한다) ▶ 2015년, 국가직 9급

- 기중 소모품 ₩50,000을 구입하여 자산으로 기록하였고 기말 현재 소모품 중 ₩22,000이 남아 있다.
- 2014년 12월분 급여로 2015년 1월 초에 지급 예정인 금액 ₩25,000이 있다.
- 2014년 7월 1일에 현금 ₩120,000을 은행에 예금하였다(연이자율 10%, 이자지급일은 매년 6월 30일).
- 2014년도의 임차료 ₩12,000이 미지급상태이다.

① ₩341,000 ② ₩347,000 ③ ₩353,000 ④ ₩369,000

07 (주)한국의 2015년 기초와 기말재무상태표에는 선급보험료가 각각 ₩24,000과 ₩30,000이 계상되어 있다. 포괄손익계산서에 보험료가 ₩80,000으로 계상되어 있다고 할 경우, 2015년에 현금으로 지급한 보험료는? ▶ 2015년, 국가직 7급

① ₩56,000 ② ₩74,000 ③ ₩80,000 ④ ₩86,000

08 다음은 (주)한국의 임차료와 지급어음의 장부마감 전 계정별 원장이다. 장부 마감 시 각 계정별 원장에 기입할 내용으로 옳은 것은? ▶ 2015년, 국가직 9급

임차료		지급어음	
현금 ₩50,000	선급비용 ₩40,000		외상매입금 ₩50,000

① 임차료계정 원장의 차변에 차기이월 ₩10,000으로 마감한다.
② 임차료계정 원장의 대변에 집합손익 ₩10,000으로 마감한다.
③ 지급어음계정 원장의 대변에 차기이월 ₩50,000으로 마감한다.
④ 지급어음계정 원장의 차변에 집합손익 ₩50,000으로 마감한다.

09 다음의 자료를 이용하여 행한 수정분개로 옳지 않은 것은? ▶ 2015년, 국가직 9급

수정전시산표		항목 수정분개사항	
상품 매입	₩100,000 ₩600,000	기말상품재고액	₩300,000
소모품 소모품비	₩200,000 ₩0	소모품 기말재고액	₩50,000
임차료 선급임차료	₩100,000 ₩0	기말 미경과임차료	₩50,000
감가상각비 감가상각누계액-건물	₩0 ₩100,000	당기 건물감가상각비	₩100,000

①	(차) 상품	₩200,000	(대) 매입	₩600,000
	매출원가	₩400,000		
②	(차) 소모품비	₩150,000	(대) 소모품	₩150,000
③	(차) 임차료	₩50,000	(대) 선급임차료	₩50,000
④	(차) 감가상각비	₩100,000	(대) 감가상각누계액-건물	₩100,000

10 (주)한국의 2013년 12월 31일 수정전잔액시산표의 차변합계와 대변합계는 각각 ₩3,000,000이었다. 다음의 사항을 반영한 (주)한국의 수정후잔액시산표의 차변합계는? ▶ 2014년, 국가직 7급

선급임차료의 소멸	₩200,000
건물감가상각비(감가상각누계액 설정법)	450,000
미지급급여	250,000
단기매매증권평가이익	150,000

① ₩3,650,000
② ₩3,850,000
③ ₩3,900,000
④ ₩4,050,000

11 (주)한국의 결산수정사항이 다음과 같은 경우, 기말수정분개가 미치는 영향으로 옳지 않은 것은? (단, 법인세비용에 미치는 영향은 없다고 가정한다) ▶ 2015년, 지방직 9급

- 4월 1일 1년간의 보험료 ₩12,000을 지급하고 전액을 선급보험료계정에 차기하였다.
- 당해 회계연도의 임대료수익 ₩6,000이 발생되었으나 12월 31일 현재 회수되지 않고 다음 달 말일에 회수할 예정이다.

① 수정후잔액시산표의 대변합계는 ₩6,000만큼 증가한다.
② 당기순이익이 ₩3,000만큼 증가한다.
③ 자산총액이 ₩3,000만큼 감소한다.
④ 부채총액은 변동이 없다.

12 결산과정에서 아래의 수정사항을 반영하기 전 법인세비용차감전순이익이 ₩100,000인 경우, 수정사항을 반영한 후의 법인세비용차감전순이익은? (단, 수정전시산표상 재평가잉여금과 매도가능금융자산평가손익의 잔액은 없다) ▶ 2015년, 지방직 9급

- 선급보험료 ₩30,000 중 1/3의 기간이 경과하였다.
- 대여금에 대한 이자발생액은 ₩20,000이다.
- 미지급급여 ₩4,000이 누락되었다.
- 자산재평가손실 ₩50,000이 누락되었다.
- 매도가능금융자산평가이익 ₩16,000이 누락되었다.
- 자기주식처분이익 ₩30,000이 누락되었다.

① ₩56,000　② ₩72,000
③ ₩102,000　④ ₩106,000

13 기말수정사항이 다음과 같을 때, 기말수정분개가 미치는 영향으로 옳지 않은 것은? ▶ 2018년, 국가직 9급

- 기중에 구입한 소모품 ₩1,000,000을 소모품비로 처리하였으나, 기말 현재 남아 있는 소모품은 ₩200,000이다. (단, 기초소모품 재고액은 없다)
- 당기에 발생한 미수이자수익 ₩1,000,000에 대한 회계처리가 이루어지지 않았다.

① 당기순이익이 ₩800,000 증가한다.
② 자산총액이 ₩1,200,000 증가한다.
③ 부채총액은 변동이 없다.
④ 수정후잔액시산표의 차변합계가 ₩1,000,000 증가한다.

14 수정전시산표와 수정후시산표의 비교를 통한 수정분개 추정으로 옳지 않은 것은?

▶ 2017년, 국가직 9급

구분	계정과목	수정전시산표	수정후시산표
㉠	이자비용	₩3,000	₩5,000
	미지급이자	₩1,000	₩3,000
㉡	상품	₩1,500	₩2,500
	매입	₩6,000	₩0
	매출원가	₩0	₩5,000
㉢	선급보험료	₩2,400	₩1,200
	보험료	₩2,000	₩3,200
㉣	선수임대수익	₩1,800	₩1,200
	임대수익	₩1,500	₩2,100

① ㉠ (차) 이자비용 ₩2,000 (대) 미지급이자 ₩2,000
② ㉡ (차) 매출원가 ₩6,000 (대) 매입 ₩7,000
상품 ₩1,000
③ ㉢ (차) 보험료 ₩1,200 (대) 선급보험료 ₩1,200
④ ㉣ (차) 선수임대수익 ₩600 (대) 임대수익 ₩600

15 (주)한국은 2015년 3월 1일에 건물임대 시 1년분 임대료 ₩360,000을 현금으로 수취하고 임대수익으로 처리하였으나 기말에 수정분개를 누락하였다. 그 결과 2015년도 재무제표에 미치는 영향으로 옳은 것은?

▶ 2017년, 지방직 9급

① 자산총계 ₩60,000 과대계상
② 자본총계 ₩60,000 과소계상
③ 부채총계 ₩60,000 과소계상
④ 비용총계 ₩60,000 과대계상

16 (주)한국의 2017년 중 거래가 다음과 같을 때 옳은 것은?

▶ 2018년, 국가직 9급

- (주)한국은 2017년 중 용역을 제공하기로 하고 현금 ₩120,000을 받았다. 2017년 선수용역수익계정의 기초잔액은 ₩30,000이고, 기말잔액은 ₩40,000일 때 2017년도에 인식한 용역수익은?
- (주)한국은 2017년 중 건물임차료로 현금 ₩70,000을 미리 지급하였다. 2017년 선급임차료계정의 기초잔액은 ₩10,000이고, 기말잔액은 ₩30,000일 때 2017년도에 인식한 임차료는?

	용역수익	임차료
①	₩110,000	₩50,000
②	₩110,000	₩70,000
③	₩120,000	₩50,000
④	₩120,00	₩70,000

17 (주)한국의 2017년도 수정전시산표는 다음과 같다.

현금	₩100,000	단기차입금	₩500,000
매출채권	500,000	손실충당금(대손충당금)	40,000
건물	1,000,000	감가상각누계액	200,000
감가상각비	100,000	자본금	500,000
급여	300,000	매출	760,000
합계	₩2,000,000	합계	₩2,000,000

결산수정분개를 위한 자료가 다음과 같을 때, 당기순이익은? ▶ 2018년, 국가직 9급

- 단기차입금에 대한 미지급이자비용 ₩50,000이 있다.
- 매출채권 기말잔액의 10%를 기대신용손실액으로 추정한다.

① ₩200,000 ② ₩260,000
③ ₩300,000 ④ ₩360,000

18 (주)한국은 실지재고조사법을 사용하고 있으며 20×1년 수정전 당기순이익은 ₩1,000,000이다. 다음의 20×1년도 결산정리사항을 반영한 후에 계산되는 (주)한국의 당기순이익은? ▶ 2017년, 국가직 7급

매출채권 현금회수	₩130,000
기말재고상품의 누락	40,000
비용으로 처리한 사무용품 미사용액	70,000
당기손익인식금융자산평가이익	70,000
외상매입금 현금지급	150,000
선수수익의 실현	30,000
이자수익 중 선수분	100,000

① ₩1,010,000 ② ₩1,020,000
③ ₩1,040,000 ④ ₩1,110,000

19 (주)한국이 다음 결산수정사항들을 반영한 결과에 대한 설명으로 옳은 것은?

▶ 2017년, 국가직 7급

〈수정전시산표잔액〉

자산	₩120,000	부채	₩80,000
수익	90,000	비용	70,000

〈결산수정사항〉

- 당기 중 건물을 임대하면서 현금 ₩6,000을 받고 모두 수익으로 처리하였다. 이 중 당기에 해당하는 임대료는 ₩2,000이다.
- 당기 중 보험료 ₩5,000을 지급하면서 모두 자산으로 처리하였다. 이 중 다음 연도에 해당하는 보험료는 ₩2,000이다.
- 차입금에 대한 당기 발생이자는 ₩1,000이다.
- 대여금에 대한 당기 발생이자는 ₩2,000이다.

① 수정후시산표상의 수익은 ₩92,000이다.
② 수정후시산표상의 비용은 ₩78,000이다.
③ 수정후시산표상의 당기순이익은 ₩14,000이다.
④ 수정후시산표상의 자산총액은 ₩121,000이다.

20 (주)한국의 2014년 말 수정전시산표와 결산정리사항은 다음과 같다. 결산정리사항을 반영한 2014년 말 재무상태표상의 자산총액은?

▶ 2017년, 지방직 9급

〈수정전시산표〉

현금	₩92,000	매입채무	₩32,000
매출채권	65,000	대손충당금－매출채권	2,000
상품	5,000	단기차입금	35,000
매입	100,000	미지급금	50,000
건물	300,000	미지급비용	10,000
임차료	10,000	감가상각누계액－건물	30,000
급여	7,500	자본금	250,000
보험료	3,500	이익잉여금	40,000
이자비용	5,000	매출	135,000
		임대수익	4,000
합계	₩588,000	합계	₩588,000

〈결산정리사항〉

- 2014년 말 재고자산은 ₩3,500이다.
- 건물 ₩300,000은 2013년 1월 1일에 취득하였고 정액법(내용연수 10년, 잔존가액 ₩0)으로 상각한다. (단, 건물은 원가모형을 적용한다)
- 보험료 미경과액은 ₩1,750이다.
- 2014년 말 현재 매출채권의 회수가능액을 ₩60,000으로 추정하였다.

① ₩397,250 ② ₩430,000
③ ₩462,250 ④ ₩530,000

21 20×1년 초 설립된 (주)한국의 20×1년 수정전시산표를 근거로 계산한 당기순이익은 ₩300,000이다. 다음 20×1년 중 발생한 거래의 분개에 대하여 결산수정사항을 반영하여 계산한 수정 후 당기순이익은? (단, 결산수정분개는 월단위로 계산한다) ▶ 2018년, 국가직 7급

날짜	기중분개	결산수정사항
3월 1일	(차) 토지 ₩1,000,000 (대) 현금 ₩1,000,000	토지는 재평가모형을 적용하며, 기말 공정가치는 ₩1,050,000
10월 1일	(차) 선급보험료 ₩120,000 (대) 현금 ₩120,000	1년분 화재보험료를 미리 지급함
11월 1일	(차) 현금 ₩90,000 (대) 임대수익 ₩90,000	6개월분 임대료를 미리 받음
12월 1일	(차) 현금 ₩1,000,000 (대) 단기차입금 ₩1,000,000	차입 시 이자율 연 6%, 이자와 원금은 6개월 후 일괄 상환조건

① ₩180,000 ② ₩205,000
③ ₩235,000 ④ ₩255,000

22 (주)한국의 2017년 수정전시산표와 결산수정사항을 근거로 재무상태표에 공시될 자본은?
▶ 2018년, 지방직 9급

〈2017년 수정전시산표〉

현금	₩15,000	매입채무	₩3,000
매출채권	5,000	미지급금	?
재고자산	3,500	단기차입금	25,000
토지	10,000	감가상각누계액	?
건물	50,000	자본금	10,000
소모품	1,500	이익잉여금	21,000
매출원가	2,500	매출	18,000
보험료	500		
급여	1,000		
합계	₩89,000	합계	₩89,000

〈결산수정사항〉

- 광고선전비 ₩1,000이 발생하였으나 결산일 현재 지급하지 않았다.
- 결산일 현재 소모품잔액은 ₩500이다.
- 건물은 2016년 7월 1일 취득하였으며 취득가액 ₩50,000, 내용연수 4년, 잔존가치 ₩10,000, 연수합계법을 적용하여 월할 감가상각한다.
- 토지는 2017년 중 취득하였으며 2017년 결산 시 공정가치모형을 적용한다. 2017년

말 공정가치는 ₩7,000이다.
• 단기차입조건은 무이자조건이며, 매출채권에 대한 대손충당금은 고려하지 않는다.

① ₩5,000 ② ₩22,500
③ ₩26,000 ④ ₩29,000

23 (주)한국의 2017년 이익잉여금 기초잔액은 ₩50,000이었으며, 2017년 중 다음의 거래가 있었다.

• 원가 ₩1,000의 컴퓨터 1대를 ₩5,000에 판매하였으며, 판매대금 중 ₩1,500은 현금으로 수취하였고 잔액은 외상으로 하였다.
• 건물에 대한 감가상각비 ₩200, 기계에 대한 감가상각비 ₩100을 인식하였다.
• 장기차입금에 대한 당기 이자비용 ₩400을 현금지급하였다.
• 배당결의를 하고 배당금 ₩300을 현금지급하였다.

(주)한국의 2017년도 당기순이익과 2017년 말 이익잉여금은 각각 얼마인가?

2018년, 국가직 9급

	당기순이익	이익잉여금
①	₩3,000	₩53,000
②	₩3,000	₩53,300
③	₩3,300	₩53,000
④	₩3,300	₩53,300

24 다음 A~C의 세 가지 거래는 독립적인 거래이다. ㉠~㉢의 금액을 옳게 짝지은 것은? (단, 제시된 자료 외의 자본거래는 없다)

2018년, 지방직 9급

거래	기초자산	기초부채	기말부채	기말자본	총수익	총비용	배당금
A	㉠	₩3,000	₩8,000	₩9,000	₩9,000	₩10,000	₩2,000
B	₩15,000	₩9,000	₩10,000	㉡	₩10,000	₩7,000	₩3,000
C	₩20,000	₩15,000	₩9,000	₩7,000	㉢	₩8,000	₩4,000

	㉠	㉡	㉢
①	₩12,000	₩5,000	₩12,000
②	₩12,000	₩6,000	₩12,000
③	₩15,000	₩5,000	₩14,000
④	₩15,000	₩6,000	₩14,000

25 (주)한국의 20×1년 재무상태 및 영업성과와 관련한 자료가 다음과 같을 때 기말부채는?

▶ 2018년, 국가직 9급

기초자산	₩500	총수익	₩200
기초부채	400	총비용	120
기말자산	700	유상증자	20
기말부채	?	주주에 대한 현금배당	50

① ₩500　② ₩520

③ ₩550　④ ₩570

26 2016년 초에 설립된 (주)한국의 손익 자료가 다음과 같을 때, 2016년도의 당기순이익은? (단, 손상차손은 없다고 가정한다)

▶ 2017년, 국가직 9급

매출	₩2,000,000	단기매매금융자산평가손실	₩200,000
매출원가	500,000	매도가능금융자산평가손실	100,000
유형자산 감가상각비	100,000	유형자산 재평가잉여금	200,000
임대수익	100,000	이자비용	100,000

① ₩1,000,000　② ₩1,100,000

③ ₩1,200,000　④ ₩1,300,000

CHAPTER

03 재고자산

학습목표

재고자산은 정상적인 영업활동과정에서 판매를 목적으로 보유하고 있는 자산으로, 자산금액뿐만 아니라 손익계정에도 영향을 끼치는 중요한 자산이다. 본 장에서는 재고자산의 취득, 기말수량조사, 기말단가결정, 손상평가에 이르기까지 재고자산에 관한 전반적인 회계처리에 대해서 학습한다. 또한 화재 및 재해 등으로 인하여 실지재고조사 이전에 재고자산이 유실된 경우, 이를 추정할 수 있는 방법에 대해서도 배운다.

1 재고자산과 이익의 관계

(1) 재고자산의 의의

재고자산이란 기업이 정상적인 영업활동과정에서 판매할 목적으로 보유하고 있는 자산으로, 판매를 위하여 생산 중인 자산과 생산 또는 용역제공에 사용할 자산들을 포함한다. 재고자산은 기업의 형태나 특성에 따라 상품, 원재료, 저장품, 재공품, 반제품, 제품 등으로 구분한다. 예를 들어, 도소매회사가 외부에서 완성한 재화를 구입하여 이를 재판매할 목적으로 보유하고 있다면 이는 상품으로 분류하고, 제조회사가 직접 제조하여 판매할 목적이라면 재고자산은 원재료, 재공품, 제품 등으로 분류한다.

재고자산은 기업의 정상적인 영업활동을 위하여 보유하는 매우 중요한 자산이다. 또한 재고자산을 판매한 수익은 손익계산서의 매출액이 되고, 이에 직접 대응되는 매출원가를 차감한 금액은 매출총이익이 되어 기업의 경영성과를 측정하는 중요한 성과지표 중 하나가 된다.

도표 3-1 | 매출총이익의 구성

매출액*			×××
매출원가			
	기초재고액	×××	
	당기매입액**	×××	
	기말재고액	(×××)	(×××)
매출총이익			×××
판매비와관리비			(×××)
당기순이익			×××

* 매출액=총매출액-매출할인-매출에누리와환입

**당기매입액=당기총매입액-매입할인-매입에누리와환출+매입운임

※ 매출운임은 판매비와관리비항목으로 처리함.

매출원가는 기초재고액과 당기매입액을 합하여 계산한 판매가능원가에서 기말재고액을 차감하여 결정된다. 따라서 [도표 3-2]와 같은 도식이 성립한다.

도표 3-2 | 재고자산측정의 기본문제

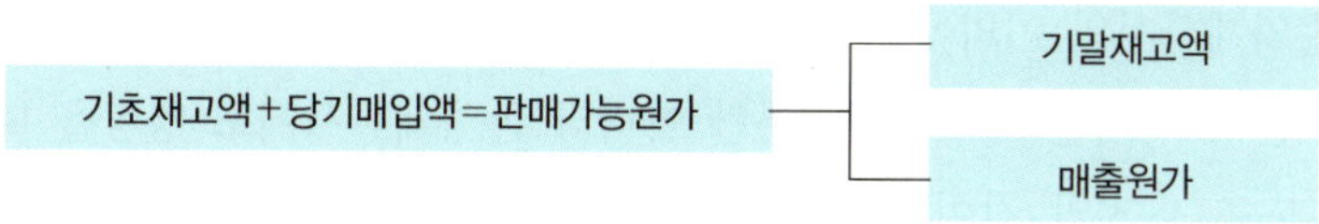

재고자산의 측정이란 판매가능원가를 당기에 판매한 매출원가와 기말에 남아 있는 재고자산으로 배분하는 것이다. [도표 3-2]에서 알 수 있듯이 만약 기말재고액을 알 수 있다면 매출원가는 자동적으로 알 수 있다. 반대의 경우에도 마찬가지로 매출원가를 안다면 기말재고액은 저절로 파악할 수 있다. 일반적으로 매출원가에 비해서 기말재고액를 쉽게 파악할 수 있기 때문에 재고자산의 측정은 기말재고자산의 평가에 초점이 맞추어진다.

Question

3-1 다음 자료를 이용하여 기말상품재고액을 계산하면 얼마인가?

총매출액	₩300,000	매출에누리	₩20,000
총매입액	210,000	매입할인	10,000
매출총이익	100,000	기초상품재고액	35,000

| 해답 |

매출액−매출원가=매출총이익, 즉 매출액−매출총이익=매출원가

매출원가=(300,000원−20,000원)−100,000원=180,000원

따라서 기말상품재고액=기초상품재고액+당기매입액−매출원가의 식이 성립하므로 기말상품재고액은 다음과 같이 계산된다.

35,000원+(210,000원−10,000원)−180,000원=55,000원

(2) 재고자산오류의 영향

기말재고자산의 평가에서는 재무상태표의 자산금액뿐만 아니라 매출원가도 계산되기 때문에 손익계산서의 이익에도 영향을 미치게 된다. 만약 재고자산을 과대계상하거나 과소계상할 경우 이는 재무상태표뿐만 아니라 손익계산서에도 영향을 미치게 된다. 예를 들면, [도표 3−3]과 같이 20×1년에 기말재고평가액을 200원이 아닌 400원으로 잘못하여 200원만큼 과대계상하였다면, 매출원가는 700원이 아닌 500원으로 200원만큼 과소계상된다. 이로 인하여 20×1년의 당기순이익은 300원이 되어, 오류가 없는 경우보다 200원만큼 과대계상된다. 한편, 당기에 과대계상된 기말재고를 발견하지 못한 채 차기로 이월할 경우, 차기인 20×2년의 기초재고는 400원으로 그대로 과대계상되어 다른 오류가 없다면 매출원가도 과대계상되어, 결과적으로 차기의 당기순이익은 0원으로 오류가 없는 경우보다 200원만큼 과소계상된다. 다만, 20×1년의 이익과 20×2년의 이익의 영향을 더하면, '0'이 되는데, 이와 같이 당기의 오류가 차기에 정확히 상쇄되는 오류를 자동상쇄오류라고 한다.

재고자산은 기업의 정상적인 영업활동을 위하여 보유하는 자산이고, 재고자산의 평가금액은 재무상태표뿐만 아니라 이익에도 영향을 끼치기 때문에 기말재고자산의 적절한 평가는 매우 중요하다.

도표 3-3 | 재고자산오류의 영향

	오류가 없는 경우		오류가 있는 경우	
	20×1년	20×2년	20×1년	20×2년
매출	₩1,000	₩1,000	₩1,000	₩1,000
기초재고	100	**200**	100	**400**
당기매입	800	800	800	800
기말재고	**200**	400	**400**	400
매출원가	700	600	500	800
매출총이익	300	400	500	200
판매비와관리비	200	200	200	200
당기순이익	₩100	₩200	₩300	₩0

2 재고자산의 금액결정

(1) 수량의 결정

재고자산의 금액은 재고자산의 수량에 단가를 곱하여 결정한다. 따라서 우선 재고자산의 수량을 파악해야 한다. 재고자산의 수량은 기업의 담당자가 기말에 실지재고를 조사하여 결정하면 되는데, 다만 다양한 거래조건들이 존재할 수 있기 때문에 '소유권 이전여부'를 근거로 재고자산의 포함여부를 결정한다.

1) 미착품

매매계약의 조건에 따라 다르다. 선적지인도조건의 경우는 선적지에서 소유권이 매입자에게 이전되고, 도착지인도조건의 경우는 도착지에서 소유권이 매입자에게 이전된다.

2) 적송품

수탁자가 위탁자를 대신하여 상품을 소비자에게 판매하고, 이의 대가로 수수료를 지급받는 거래를 위탁거래라고 하고, 위탁거래상품을 적송품이라고 한다. 수탁자에게 적송품의 소유권이 이전되지는 않으므로 수탁자의 재고자산으로 처리하면 안 되고, 소비자에게 판매되기까지 위탁자의 재고자산으로 처리한다.

3) 시송품

시송품은 고객이 상품을 미리 사용해 본 후 매입의사를 결정할 수 있도록 고객에게 보내진 상품으로, 고객으로부터 상품을 매입하겠다는 의사표시를 받기 전까지는 판매자의 재고자산에 포함시켜야 한다.

4) 할부판매

할부판매란 상품을 인도한 후 판매대금을 장기간에 걸쳐 회수하는 조건으로 판매하는 것으로, 이 경우 상품의 대부분의 권리와 의무가 상품의 인도와 함께 소비자가 가지게 되므로 일반적으로 판매시점에 판매자의 재고자산에서 제외시킨다.

5) 재구매조건부판매

재구매조건부판매란 상품을 양도하였지만, 미래 일정시점에 해당 상품을 다시 구매하겠다는 계약을 조건으로 하는 판매이다. 이러한 계약은 사실상 해당 상품을 담보로 자금을 차입하는 것으로 보는 것이 경제적 실질에 맞으며, 따라서 판매자의 재고자산에서 제거하면 안 된다.

6) 특별주문품

구매자의 특별주문에 의해 생산된 제품은 일반적으로 생산 완료된 시점에 생산자에게서 구매자에게 이전된 것으로 하고 재고자산에서 제외한다.

Question

3-2 다음은 20×1년 12월 31일 현재 (주)한국의 재고자산과 관련한 자료이다. 재무상태표에 표시되는 재고자산의 금액은 얼마인가?

- 매입을 위해 운송 중인 상품: 300원(FOB선적지기준: 200원, FOB도착지기준: 100원)
- 시송품 중 매입의사가 표시되지 않은 상품: 판매가 260원(원가에 대한 이익률 30%)
- 적송품 중 판매되지 않은 상품: 500원
- 창고재고: 1,200원(수탁상품 200원 포함)

| 해답 |

미착품 중 FOB선적지기준	₩200
시송품 중 매입의사가 표시되지 않은 상품의 원가	200
적송품 중 판매되지 않은 상품	300
창고재고 중 수탁상품 제외	1,000
재고자산 금액	₩1,700

(2) 단가의 결정

재고자산은 판매를 목적으로 보유하는 자산이기 때문에 그 성격상 회계기간 내에 빈번히 취득하여, 구입 또는 제조시점에 따라 취득 당시의 단위당 원가(단가)가 수시로 변할 가능성이 있다. 따라서 기업은 재고자산의 원가흐름을 가정하여 재고자산의 단가를 결정하고, 이에 따라서 판매가능원가를 당기의 매출원가와 기말재고액으로 배분한다. 재고자산의 원가흐름을 가정하는 방법에는 개별법, 평균원가법, 선입선출법, 후입선출법 등이 있다. 원가흐름에 대한 가정은 재고자산의 실제 물적흐름과 일치할 필요는 없으나 한 번 선택한 원가흐름에 대한 가정은 계속적이고 체계적으로 적용해야 한다.

도표 3-4 | 재고자산 가격결정의 예

1) 개별법

개별법은 어느 재고자산이 판매되고 어느 재고자산이 기말재고로 남아 있는지를 실제로 추적·확인하여 재고자산의 단가를 결정하는 방법이다. 예를 들어, [도표 3-4]에서 2개를 판매하였다면, 우선 판매가능재고 3개 중 실제 팔린 재고를 추적한다. 만약 첫 번째의 80원의 재고와 세 번째의 120원의 재고가 판매되었다면, 매출원가는 80원+

120원=200원이 되고, 남은 100원의 재고가 기말재고액이 된다.

개별법에서는 실제수익에 실제원가가 대응되고, 기말재고가 실제원가로 보고되어 재고자산의 원가흐름이 물적흐름과 동일하다. 다만, 개별재고의 추적에 큰 비용이 들고, 재고자산의 단가를 결정할 때 경영자의 자의성이 개입될 여지가 존재한다는 문제점이 있다. 구체적으로 설명하면, 동일한 종류의 상품을 서로 다른 단가로 구입한 경우, 당기순이익을 높이고 싶을 때에는 가장 낮은 단가로 구입한 상품을 판매하고, 당기순이익을 낮추고 싶을 때에는 가장 높은 단가의 상품을 판매하는 방식으로 당기순이익을 조작할 가능성이 있다.

2) 평균법

평균법은 단가가 서로 다른 재고자산을 평균적으로 판매한다는 원가흐름의 가정으로 판매가능원가를 매출원가와 기말재고액에 배분하는 방법이다. 우선 판매가능원가를 가중평균하여 재고자산의 단가를 결정한다. 예를 들면, [도표 3-4]의 경우, 평균단가는 $\frac{80\text{원}+100\text{원}+120\text{원}}{3\text{개}}$=100원/개이다. 이후 이를 수량에 따라 배분하면 매출원가는 100원×2개=200원, 기말재고액은 100원×1개=100원이 된다.

평균법은 총평균원가법과 이동평균원가법이 있다. 총평균원가법은 실지재고조사법을 채택하는 경우에 적용되는 방법으로, 회계기말에 일괄적으로 판매가능원가를 판매가능수량으로 나누어 가중평균단가를 계산하고, 이에 기말재고수량을 곱하여 기말재고액을 구한다. 그리고 판매가능원가에서 기말재고액을 차감하여 매출원가를 구한다. 한편, 이동평균원가법은 계속기록법을 채택하는 경우에 적용되는 방법으로 재고자산을 새로 구입할 때마다 새로운 이동평균단가를 계산하고, 재고자산을 판매할 때마다 이를 판매량에 곱하여 매출원가를 계산한다. 또한 이동평균단가를 남은 재고자산수량에 곱하여 매시점마다의 재고를 계산해 나간다.

평균법은 적용이 간단하면서도 객관적이고, 이익조작의 가능성이 없다는 측면에서 우리나라 기업에서 가장 보편적으로 이용되는 방법이다.

3) 선입선출법

선입선출법(FIFO: First-In, First-Out)은 먼저 매입된 재고자산이 먼저 판매된다는 재고자산 원가흐름의 가정하에서 재고자산의 단가를 결정하고, 매출원가와 기말재고액을 배분하는 방법이다. [도표 3-4]의 예의 경우, 재고자산이 입고된 순서대로 판매되었다고 가정하기 때문에 매출원가는 순서에 따라 80원+100원=180원, 기말재고액은 120원이 된다.

선입선출법의 장점은 비록 가정이기는 하나, 재고자산의 원가흐름이 실제 물적흐름을 충실하게 반영하고 있다는 점이다. 다만, 현행 판매가격으로 측정되는 매출액에 대응되는 매출원가가 오래 전의 단가로 측정되기 때문에 수익·비용 대응의 원칙에 비추어 적절하지 못하다는 단점이 있다.

4) 후입선출법

후입선출법(LIFO: Last-In, First-Out)은 나중에 매입된 재고자산이 먼저 판매된다는 가정하에서 재고자산의 단가를 결정하고, 매출원가와 기말재고액을 배분하는 방법이다. [도표 3-4]의 예의 경우, 매출원가는 120원+100원=220원, 기말재고액은 80원이 된다.

후입선출법의 재고자산의 원가흐름에 대한 가정은 재고자산의 일반적인 물적흐름과는 정반대여서, 실제원가흐름을 충실하게 반영하지 못하는 단점이 있다. 또한 재무상태표에 표시되는 재고자산의 장부가액이 오래 전에 취득한 단가를 반영하고 있어, 다른 방법에 비해 재무상태를 왜곡할 가능성이 크다. 따라서 K-IFRS에서는 후입선출법에 의한 재고자산의 평가를 허용하지 않는다.

재고자산의 취득원가가 계속해서 상승하는 인플레이션 상황을 가정하여 각 방법들을 비교하면 다음과 같다.

기말재고액: 선입선출법 > 이동평균원가법 > 총평균원가법 > 후입선출법
매출원가: 선입선출법 < 이동평균원가법 < 총평균원가법 < 후입선출법
당기순이익: 선입선출법 > 이동평균원가법 > 총평균원가법 > 후입선출법
현금흐름: 선입선출법 < 이동평균원가법 < 총평균원가법 < 후입선출법

Question

3-3 다음은 (주)한국의 20×1년 1월의 재고자산 매입 및 판매와 관련된 자료이다.

일자	매입		판매량
	수량	단가	
1/1	1,000개	₩11	
1/5	1,000개	₩13	
1/10	1,000개	₩15	
1/15			2,500개
1/25	1,000개	₩17	

(1) 실지재고조사법을 사용하고 평균법을 적용할 경우, 기말재고액과 매출원가는 각각 얼마인가?

(2) 계속기록법을 사용하고 평균법을 적용할 경우, 기말재고액과 매출원가는 각각 얼마인가?

| 해답 |

(1) 실지재고조사법하의 평균법(총평균원가법)

• 1월의 판매가능원가 = 1,000개 × 11원 + 1,000개 × 13원 + 1,000개 × 15원 + 1,000개 × 17원
= 56,000원

• 1월 매입한 전체 재고자산의 평균단가 $= \frac{56,000원}{4,000개} = 14원/개$

따라서 기말재고액 = 1,500개 × 14원 = 21,000원이고, 매출원가 = 56,000원 − 21,000원 = 35,000원이다.

(2) 계속기록법하의 평균법(이동평균법)

• 1월 10일까지의 재고자산의 평균단가

$$= \frac{1,000개 \times 11원 + 1,000개 \times 13원 + 1,000개 \times 15원}{1,000개 + 1,000개 + 1,000개} = \frac{39,000원}{3,000개} = 13원/개$$

• 1월 25일 재고자산 매입 시의 평균단가

$$= \frac{500개 \times 13원 + 1,000개 \times 17원}{500개 + 1,000개} = \frac{23,500원}{1,500개} = 15.67원/개$$

따라서 매출원가 = 2,500개 × 13원 = 32,500원이고, 기말재고 = 1,500개 × 15.67원 = 23,500원이다. (혹은 기말재고 = 판매가능액 − 매출원가 = 56,000원 − 32,500원 = 23,500원)

3 재고자산의 평가

재고자산의 평가는 자산이 진부화되거나 가격변화, 손상 등의 이유로 자산의 공정가치가 취득원가보다 하락하는 경우에 평가손실을 인정하여 공정가치로 평가하는 저가법을 따른다. 저가법은 자산의 미래 효용이 감소한 경우에는 그것이 발생한 기간에 비용(손실)처리하는 것이 합리적이라고 보는 보수주의에 근거한다. 저가법에 적용하는 공정가치는 자산의 순실현가능가치로 자산의 예상판매가격에서 예상되는 추가완성원가와 판매원가를 차감한 금액이다.

원재료의 경우, 순실현가능가치 대신에 현시점에서 동일한 원재료를 구매하거나 생산하는 데 필요한 현행대체원가를 최선의 추정치로 본다. 다만, 생산될 제품이 원가 이상으로 판매될 것으로 예상되는 경우에는 생산에 투입될 원재료 및 기타소모품의 가격이 하락하더라도 궁극적으로 기업에 손실이 발생하지 않을 것이기 때문에 이를 평가손실로 감액처리하지 않는다.

재고자산의 평가액은 재고자산의 개별항목, 유사한 재고자산의 집단 또는 전체재고자산을 기준으로 적용할 수 있다. 이때 개별항목을 기준으로 하는 것을 종목별 기준이라고 하는데, 다른 기준들에 비해서 종목별 기준이 재고자산을 가장 보수적으로 낮게 평가하기 때문에, K-IFRS에서는 재고자산의 평가를 종목별 기준에 따라 하도록 하고 있다. 후속기간에 재고자산의 손상을 일으킨 상황이 해소되거나 순실현가능가치가 상승한 명백한 증거가 있는 경우에는 최초의 장부금액을 초과하지 않는 범위 내에서 평가손실을 환입한다.

한편, 재고자산의 장부상 수량과 실제 수량의 차이에서 발생하는 손실을 재고자산감모손실이라고 한다. K-IFRS에서는 재고자산의 평가손실과 감모손실을 발생한 기간의 비용으로 인식하도록 요구하고 있다. 결국 재고자산의 장부금액은 순실현가능가치와 취득원가 중 낮은 금액에 실사수량을 곱한 금액이 된다.

Question

3-4 재고자산평가손실과 정상적 원인에 의한 재고감모손실은 매출원가로, 비정상적인 감모손실은 기타비용으로 보고한다.

판매가능원가	78,000원
계속기록법에 의한 장부상 수량	100개
실지재고조사에 의해 파악된 기말재고수량	90개

재고부족수량 40%는 비정상적인 원인, 나머지는 정상적 원인에 의해 발생됨.

기말재고자산의 원가	@100원
기말재고자산의 순실현가능가치	@ 90원

(1) 기말재고자산의 평가손실은 얼마인가?
(2) 매출원가는 얼마인가?

| 해답 |

(1) 기말재고자산평가손실=90개×(100원−90원)=900원이다.
(2) 재고자산감모손실=(100개−90개)×100원=1,000원이다. 이 중 60%인 600원이 정상적 원인에 의한 재고감모손실이다. 따라서 매출원가=판매가능원가−기말재고자산장부가액+재고자산평가손실+정상적 감모손실이므로 78,000원−10,000원+900원+600원=69,500원이다.

4 재고자산의 추정

재고자산을 정기적으로 실지조사하는 이유는 기말재고액을 평가하거나 장부상의 재고자산과 실제재고자산이 일치하는지를 검증하기 위해서이다. 그러나 화재나 자연재해, 도난 등으로 재고자산이나 재고에 관한 장부가 손상되었을 경우, 그 손실을 추정하기 위해서 재고자산을 추정해야 하는 경우도 있다. 재고자산을 추정하는 방법에는 매출총이익법과 소매재고법(매출가격환원법)이 있다.

(1) 매출총이익법

우선 매출액에 매출원가율을 곱하여 매출원가를 추정한다. 이렇게 추정된 매출원가를 판매가능원가에서 차감하면 기말재고자산을 추정할 수 있다. 매출총이익률이 안정적이라면 이 방법을 이용하여 재고자산을 추정해도 무방할 것이다.

Question

3-5 재고자산과 관련된 자료가 다음과 같을 때, 화재로 소실된 상품의 추정원가는 얼마인가?

- 20×1년 4월 30일 화재가 발생하여 보유하고 있던 상품 중 350,000(원가)만 남고 모두 소실되었다.
- 20×1년 1월 1일 기초재고원가는 440,000원이다.
- 20×1년 1월 1일부터 20×1년 4월 29일까지의 매입액은 900,000원이다.
- 20×1년 1월 1일부터 20×1년 4월 29일까지의 매출액은 1,000,000원이다.
- 해당 상품의 매출원가기준 매출총이익률은 25%이다.

| 해답 |

매출액기준 매출총이익률 $= \dfrac{25}{100+25} = 20\%$

매출총이익은 매출액 1,000,000원의 20%인 200,000원이 되고

따라서 매출원가는 1,000,000원−200,000원=800,000원이 된다.

매출원가 800,000원=440,000원+900,000원−기말재고액이다. 따라서 기말재고액=540,000원이다. 540,000원 중 4월 30일의 화재에서 남은 상품은 350,000원이므로 소실된 상품액은 190,000원이다.

(2) 소매재고법(매출가격환원법)

다양하고 값싼 제품을 대량으로 취급하는 소매업의 경우에는 기말재고를 원가로 측정하는 것이 매우 번거롭지만, 기말재고를 소매가로 결정하는 것은 상대적으로 수월하다. 따라서 다음의 순서로 기말재고의 원가를 추정한다.

① 판매가능재고의 원가와 판매가격에 기초하여 원가율을 계산한다.

② 판매가격으로 측정된 판매가능재고에서 매출액을 차감하여 판매가격으로 측정된 기말재고를 계산한다.

③ ②에서 판매가격으로 측정된 기말재고에 ①의 원가율을 곱하여 원가로 측정된 기

말재고를 산출한다.

소매재고법은 원가율이 유사한 상품집단별로 적용한다. 만약 원가율이 비슷한 상품이 아니라면 추정치는 큰 의미를 가질 수 없다.

Question

3-6 평균소매재고법을 적용하여 추정한 기말재고자산은 얼마인가?

구분	원가	판매가격
기초재고	₩30,000	₩40,000
당기매입	₩50,000	₩60,000
매출액		₩70,000

| 해답 |

$$원가율=\frac{30,000+50,000}{40,000+60,000}=80\%$$

판매가격기준 기말재고액은 40,000원+60,000원−70,000원=30,000원이다.
따라서 원가기준 기말재고자산=30,000원×80%=24,000원이다.

연습문제

01 (주)한국의 2016년 재고자산 자료가 다음과 같을 때, (주)한국의 2016년 매출액은?

▶ 2015년, 국가직 9급

기초상품재고	₩2,000
당기매입액	10,000
기말상품재고	4,000
매출원가에 가산되는 이익률	10%

① ₩6,600 ② ₩7,200
③ ₩8,000 ④ ₩8,800

02 도소매기업인 (주)한국의 2016년 1월 1일부터 12월 31일까지 영업활동과 관련된 자료가 다음과 같을 때, 2016년 매출원가는? (단, 모든 매입거래는 외상매입거래이다)

▶ 2017년, 국가직 9급

기초매입채무	₩43,000
기말매입채무	41,000
매입채무 현금상환	643,000
기초재고자산	30,000
기말재고자산	27,000

① ₩642,000 ② ₩644,000
③ ₩646,000 ④ ₩647,000

03 다음 자료를 이용하여 기초상품재고액을 계산하면?

▶ 2016년, 지방직 9급

총매출액	₩300,000	매출에누리	₩20,000
총매입액	210,000	매입에누리	10,000
매출총이익	100,000	기말상품재고액	55,000

① ₩15,000 ② ₩25,000
③ ₩35,000 ④ ₩45,000

04 (주)한국은 2016년 1월 1일 영업을 개시하였다. 2016년 12월 31일 회계자료가 다음과 같을 때 2016년도 매출총이익은?

▶ 2016년, 국가직 7급

매출총액	₩200,000	매입에누리	₩1,000	임차료	₩5,000
매입총액	100,000	매출운임	5,000	급여	15,000
매입운임	10,000	매출할인	5,000	매입할인	1,000
이자수익	10,000	기말상품재고	15,000	기계처분손실	2,000

① ₩102,000 ② ₩112,000
③ ₩122,000 ④ ₩132,000

05 다음은 (주)한국의 2016년 거래 자료이다. 2016년 말 재무상태표상 매입채무잔액은? (단, 매입거래는 모두 외상거래이다)

▶ 2015년, 국가직 9급

기초매입채무	₩8,000
당기 중 매입채무 현금지급액	35,000
기초상품재고	12,000
기말상품재고	11,000
당기매출액	50,000
매출총이익	10,000

① ₩12,000 ② ₩13,000
③ ₩14,000 ④ ₩15,000

06 상품매매기업인 (주)우리의 결산시점에서 각 계정의 잔액이 다음과 같을 때 매출원가와 매출총이익은?

▶ 2014년, 지방직 9급

기초재고	₩48,000	당기총매입	₩320,000
매입에누리	3,000	매입할인	2,000
매입운임	1,000	매입환출	4,000
당기총매출	700,000	매출할인	16,000
매출에누리	18,000	매출환입	6,000
매출운임	1,000	광고비	39,000
급여	60,000	수선유지비	5,000
기말재고	30,000		

	매출원가	매출총이익
①	₩329,000	₩331,000
②	₩330,000	₩330,000
③	₩332,000	₩328,000
④	₩338,000	₩362,000

07 실지재고조사법을 적용하고 있는 (주)한국은 2013년도 재무제표를 작성하는 중에 2013년 매입이 ₩300 누락되었고, 2013년 기말재고자산이 ₩150 과대평가되었음을 확인하였다. 이와 같은 오류를 수정하지 않았을 경우에 대한 설명으로 옳지 않은 것은? (단, 재고자산회전율은 매출액을 평균재고자산으로 나눈 값으로 하며, 법인세는 무시한다) ▶ 2015년, 국가직 9급

① 2014년 재고자산회전율은 실제보다 증가된다.
② 2013년 당기순이익은 ₩450 과대평가된다.
③ 2014년 당기순이익은 ₩150 과소평가된다.
④ 2013년 재고자산회전율은 실제보다 감소된다.

08 재고자산에 대한 설명으로 옳은 것은? ▶ 2017년, 국가직 9급

① 기초재고자산금액과 당기매입액이 일정할 때, 기말재고자산금액이 과대계상될 경우 당기순이익은 과소계상된다.
② 선입선출법은 기말에 재고로 남아 있는 항목은 가장 최근에 매입 또는 생산된 항목이라고 가정하는 방법이다.
③ 실지재고조사법을 적용하면 기록유지가 복잡하고 번거롭지만 특정시점의 재고자산잔액과 그 시점까지 발생한 매출원가를 적시에 파악할 수 있는 장점이 있다.
④ 도착지인도기준에 의해서 매입이 이루어질 경우, 발생하는 운임은 매입자의 취득원가에 산입하여야 한다.

09 판매자의 기말재고자산에 포함되지 않는 것은? ▶ 2017년, 국가직 9급

① 고객이 구매의사를 표시하지 아니하고, 반환금액을 신뢰성 있게 추정할 수 없는 시용판매 상품
② 위탁판매를 하기 위하여 발송한 후, 수탁자가 창고에 보관 중인 적송품
③ 판매대금을 일정기간에 걸쳐 분할하여 회수하는 조건으로 판매인도한 상품
④ 도착지인도조건으로 선적되어 운송 중인 미착상품

10 다음은 2014년 12월 31일 현재 (주)한국의 재고자산과 관련한 자료이다. 재무상태표에 표시되는 재고자산의 금액은? ▶ 2015년, 국가직 9급

- 매입을 위해 운송 중인 상품: ₩250(FOB선적지기준: ₩150, FOB도착지기준: ₩100)
- 시송품 중 매입의사가 표시되지 않은 상품: 판매가 ₩260(원가에 대한 이익률 30%)
- 적송품 중 판매되지 않은 상품: ₩300
- 창고재고: ₩1,000(수탁상품 ₩100 포함)

① ₩1,550　② ₩1,610
③ ₩1,710　④ ₩1,750

11 (주)대한은 20×1년 12월 초 위탁판매를 위해 (주)민국에게 단위당 원가 ₩1,200인 상품 500개를 적송하면서 운임 ₩30,000을 현금지급하였다. 20×2년 1월 초 위탁판매와 관련하여 (주)대한은 (주)민국에서 다음과 같은 판매현황을 보고받았다.

매출액	400개×@₩1,500=	₩600,000
판매수수료	₩18,000	
운임 및 보관료	₩12,000	(₩30,000)
(주)대한에게 송금한 금액		₩570,000

(주)대한이 위탁판매와 관련하여 20×1년 재무제표에 인식할 매출액과 적송품금액은? (단, (주)대한은 계속기록법을 채택하고 있다) ▶ 2018년, 국가직 7급

	매출액	적송품금액
①	₩570,000	₩120,000
②	₩570,000	₩126,000
③	₩600,000	₩120,000
④	₩600,000	₩126,000

12 (주)대한은 (주)민국에 TV를 위탁하여 판매하고 있다. 2016년 초 (주)대한은 TV 10대(대당 판매가격 ₩1,000,000, 대당 원가 ₩800,000)를 (주)민국에 발송하였으며, 운송업체에 발송비 ₩100,000을 지급하였다. (주)민국은 (주)대한으로부터 2016년 초 수탁한 TV 10대 중 8대를 2016년도에 판매하였다. (주)민국의 위탁판매와 관련하여 (주)대한이 2016년도에 인식할 매출원가는? ▶ 2016년, 국가직 7급

① ₩6,400,000 ② ₩6,480,000
③ ₩6,500,000 ④ ₩8,100,000

13 (주)한국의 2013년 재고자산을 실사한 결과 다음과 같은 오류가 발견되었다. 이러한 오류가 2013년 매출원가에 미치는 영향은? (단, (주)한국은 실지재고조사법을 사용하고 있다) ▶ 2014년, 국가직 7급

- (주)한국이 시용판매를 위하여 거래처에 발송한 시송품 ₩1,300,000(판매가격)에 대하여 거래처의 매입의사가 있었으나, 상품의 원가가 (주)한국의 재고자산에 포함되어 있다. 판매가격은 원가에 30% 이익을 가산하여 결정한다.
- 2013년 중 (주)한국은 선적지인도기준으로 상품을 ₩1,000,000에 구입하고 운임 ₩100,000을 지급하였는데, 해당 상품이 선적은 되었으나 아직 도착하지 않아 재고자산 실사에 누락되었다.
- 2013년 중 (주)한국은 도착지인도기준으로 상품을 ₩1,000,000에 구입하고, 판매자가 부담한 운임은 ₩100,000이다. 이 상품은 회사 창고에 입고되었으나, 기말재고자산 실사에 누락되었다.

① ₩1,100,000 과대계상　② ₩1,200,000 과대계상
③ ₩1,100,000 과소계상　④ ₩1,200,000 과소계상

14 (주)한국의 2015년 기초상품은 ₩2,000이고 당기상품매입액은 ₩15,000이다. 상품에 대해 실지재고조사법을 적용하고 있으며 다음의 자료를 고려하지 않은 기말상품은 ₩2,000이다. (주)한국의 2015년 매출원가는? (단, 상품과 관련된 평가손실과 감모손실은 없다고 가정한다) ▶ 2017년, 지방직 9급

- 반품조건부로 판매한 상품 ₩3,000 중 ₩1,000은 반품률을 합리적으로 추정할 수 있다.
- 2015년 12월 24일에 FOB선적지인도조건으로 매입한 상품 ₩1,000이 2016년 1월 2일에 입고되었다.
- 시용판매한 상품 중 2015년 말 현재 고객이 구입의사를 표시하지 않은 금액은 ₩1,000(판매가)이며 시용매출의 경우 매출총이익률은 10%이다.
- 위탁판매를 하기 위해 발송한 상품 중 기말 현재 수탁자가 보관 중인 적송품은 ₩3,000이다.

① ₩7,100　② ₩8,100
③ ₩9,100　④ ₩11,100

15 (주)대한은 (주)민국에게 판매 위탁한 상품 중 기말 현재 판매되지 않은 상품(원가 ₩10,000)을 기말재고자산에 판매가(₩15,000)로 포함시켰다. 이로 인한 당기와 차기의 순이익에 미치는 영향으로 옳은 것은? ▶ 2016년, 국가직 9급

① 당기에만 순이익이 과대계상된다.
② 당기에만 순이익이 과소계상된다.
③ 순이익이 당기에는 과대, 차기에는 과소계상된다.
④ 순이익이 당기에는 과소, 차기에는 과대계상된다.

16 기말재고자산은 개별법, 평균법 및 선입선출법 등의 방법으로 평가한다. 이와 같은 재고자산의 평가방법에 의하여 영향을 받지 않는 것은? ▶ 2015년, 국가직 9급

① 부채비율　② 당좌비율
③ 이자보상비율　④ 주가이익비율

17 (주)한국은 재고자산에 대해 가중평균법을 적용하고 있으며, 2016년 상품거래 내역은 다음과 같다. 상품거래와 관련하여 실지재고조사법과 계속기록법을 각각 적용할 경우, 2016년도 매출원가는? (단, 상품과 관련된 감모손실과 평가손실은 발생하지 않았다)

▶ 2016년, 국가직 7급

일자	적요	수량	단가	금액
1/1	기초재고	100개	₩8	₩800
3/4	매입	300개	9	2,700
6/20	매출	(200개)		
9/25	매입	100개	10	1,000
12/31	기말재고	300개		

	실지재고조사법	계속기록법
①	₩1,800	₩1,700
②	₩1,750	₩1,700
③	₩1,700	₩1,750
④	₩1,800	₩1,750

18 다음은 (주)한국의 2015년 1월의 상품매매에 관한 기록이다. 계속기록법에 의한 이동평균법으로 상품거래를 기록할 경우 2015년 1월의 매출총이익은? ▶ 2015년, 지방직 9급

일자	내역	수량	매입단가	판매단가
1월 1일	전기이월	150개	₩100	
1월 15일	현금매입	50개	140	
1월 20일	현금매출	100개		₩150
1월 25일	현금매입	100개	150	
1월 28일	현금매출	100개		160

① ₩2,000　② ₩4,000

③ ₩7,000　④ ₩9,000

19 다음은 (주)한국의 재고자산과 관련된 자료이다. 선입선출법으로 평가할 경우 매출총이익은? (단, 재고자산과 관련된 감모손실이나 평가손실 등 다른 원가는 없다) ▶ 2014년, 국가직 7급

일자	구분	수량	단가
10월 1일	기초재고	10개	₩100
10월 8일	매입	30개	110
10월 15일	매출	25개	140
10월 30일	매입	15개	120

① ₩850　② ₩950

③ ₩1,050　④ ₩1,150

20 재고자산의 회계처리에 대한 설명으로 옳지 않은 것은? ▶ 2018년, 지방직 9급

① 재고자산의 취득 시 구매자가 인수운임, 하역비, 운송기간 동안의 보험료 등을 지불하였다면, 이는 구매자의 재고자산의 취득원가에 포함된다.
② 위탁상품은 수탁기업의 판매시점에서 위탁기업이 수익으로 인식한다.
③ 재고자산의 매입단가가 지속적으로 하락하는 경우, 선입선출법을 적용하였을 경우의 매출총이익이 평균법을 적용하였을 경우의 매출총이익보다 더 높게 보고된다.
④ 재고자산의 매입단가가 지속적으로 상승하는 경우, 계속기록법하에서 선입선출법을 사용할 경우와 실지재고조사법하에서 선입선출법을 사용할 경우의 매출원가는 동일하다.

21 재고자산평가손실과 정상적 원인에 의한 재고감모손실은 매출원가로, 비정상적인 감모손실은 기타비용으로 보고하는 경우 다음 자료를 토대로 계산한 매출원가는?

▶ 2014년, 국가직 9급

- 판매가능원가(=기초재고원가+당기매입원가): ₩78,000
- 계속기록법에 의한 장부상 수량: 100개
- 실지재고조사에 의해 파악된 기말재고수량: 90개
- 재고부족수량: 40%는 비정상적 원인, 나머지는 정상적 원인에 의해 발생됨
- 기말재고자산의 원가: @₩100
- 기말재고자산의 순실현가능가치: @₩90

① ₩69,500　② ₩69,300
③ ₩68,400　④ ₩68,600

22 다음은 (주)한국의 재고자산 관련 자료이다. 기말상품의 실사수량과 단위당 순실현가능가치는? (단, 재고자산감모손실은 실사수량과 장부상 재고수량의 차이로 인해 발생한 계정이며, 재고자산평가손실은 취득원가와 순실현가능가치의 차이로 인해 발생한 계정이다)

▶ 2015년, 국가직 7급

- 기초상품재고액(재고자산평가충당금 없음): ₩20,000
- 당기매입액: ₩400,000
- 장부상 기말상품재고액(단위당 원가 ₩2,000): ₩200,000
- 재고자산감모손실: ₩20,000
- 재고자산평가손실: ₩18,000

	기말상품 실사수량	기말상품 단위당 순실현가능가치
①	80개	₩1,800
②	80개	₩2,000
③	90개	₩1,800
④	90개	₩2,000

23 (주)한국의 2016년 기초상품재고는 ₩50,000이고 당기매입원가는 ₩80,000이다. 2016년 말 기말상품재고는 ₩30,000이며, 순실현가능가치는 ₩23,000이다. 재고자산평가손실을 인식하기 전 재고자산평가충당금잔액으로 ₩2,000이 있는 경우, 2016년 말에 인식할 재고자산평가손실은? ▶ 2016년, 국가직 7급

① ₩3,000 ② ₩5,000 ③ ₩7,000 ④ ₩9,000

24 재고자산과 관련된 자료가 다음과 같을 때, 화재로 소실된 상품의 추정원가는?

▶ 2014년, 국가직 9급

- 2013년 4월 30일 화재가 발생하여 보유하고 있던 상품 중 ₩350,000(원가)만 남고 모두 소실되었다.
- 2013년 1월 1일 기초재고원가는 ₩440,000이다.
- 2013년 1월 1일부터 2013년 4월 29일까지의 매입액은 ₩900,000이다.
- 2013년 1월 1일부터 2013년 4월 29일까지의 매출액은 ₩1,000,000이다.
- 해당 상품의 매출원가기준 매출총이익률(=매출총이익÷매출원가)은 25%이다.

① ₩150,000 ② ₩190,000
③ ₩200,000 ④ ₩240,000

25 (주)한국에 당기 중 화재가 발생하여 재고자산과 일부의 회계 자료가 소실되었다. 소실 후 남아 있는 재고자산의 가액은 ₩1,500이었다. 복원한 회계자료를 통하여 기초재고가 ₩2,000, 기중 매입액은 ₩12,000, 기중 매출액은 ₩15,000임을 알 수 있었다. (주)한국의 매출총이익률이 30%인 경우 화재로 소실된 재고자산금액은? ▶ 2014년, 지방직 9급

① ₩2,000 ② ₩2,500
③ ₩3,000 ④ ₩3,500

26 (주)한국은 재고자산평가방법으로 소매재고법을 적용하고 있다. 다음 자료를 이용한 (주)한국의 2017년 매출원가는? (단, 단위원가결정방법으로 가중평균법을 적용한다)

▶ 2017년, 지방직 9급

구분	원가	소매가
2017년 기초재고	₩250,000	₩400,000
2017년 순매입액	₩1,250,000	₩1,600,000
2017년 매입운임	₩100,000	–
2017년 순매출액	–	₩1,800,000

① ₩1,120,000 ② ₩1,160,000
③ ₩1,280,000 ④ ₩1,440,000

27 (주)한국의 2017년도 재고자산과 관련된 자료는 다음과 같다. 선입선출법에 의한 소매재고법을 적용할 경우 기말재고자산원가는? ▶ 2018년, 국가직 9급

구분	원가	소매가
기초재고	₩48,000	₩80,000
당기매입	120,000	160,000
매출	–	150,000

① ₩54,000 ② ₩58,500
③ ₩63,000 ④ ₩67,500

28 (주)한국은 원가기준 소매재고법을 사용하고 있으며, 원가흐름은 선입선출법을 가정하고 있다. 다음 자료를 근거로 한 기말재고자산원가는? ▶ 2018년, 국가직 9급

구분	원가	판매가
기초재고	₩1,200	₩3,000
당기매입액	14,900	19,900
매출액		20,000
인상액		270
인상취소액		50
인하액		180
인하취소액		60
종업원할인		200

① ₩1,890 ② ₩1,960
③ ₩2,086 ④ ₩2,235

CHAPTER

04 유형자산

학습목표

유형자산은 비유동자산 중 정상적인 영업활동에 사용할 목적으로 보유하는 물리적 형체가 있는 자산으로, 대부분의 기업에서 그 비중이 매우 큰 중요한 자산이다. 본 장에서는 유형자산의 취득, 기중지출, 기말결산, 처분 시의 회계처리에 대해서 익힌다. 특히 유형자산은 감가상각, 재평가모형, 손상회계의 대상이 된다. 각각의 경우에 적절한 회계처리방법에 대해서 학습한다.

1 유형자산의 취득

유형자산은 재화의 생산이나 용역의 제공과 같은 영업활동에 사용할 목적으로 보유하는 물리적 형체가 있는 자산으로서 한 회계기간을 초과하여 사용할 것으로 기대되는 자산이다. 설비자산 또는 고정자산이라고도 하며, 업종에 따라 다양한 종류가 있다. 일반적으로 토지, 건물, 기계장치, 공구기구, 비품, 구축물, 차량운반구 등이 이에 속한다.

기업은 유형자산을 취득하여 내용연수 말까지 사용하기도 하지만 중도에 처분할 수도 있고, 장기간 보유하면서 사용하는 만큼 성능유지나 개량을 위하여 추가적으로 금액을 지출하기도 한다. 또한 토지를 제외한 유형자산에 대해서는 감가상각을 실시한다. 유형자산은 기업이 보유하는 자산 중에서도 비중이 매우 큰 자산이므로 적절한 회계처리를 통해 재무상태표에 표시하는 것이 매우 중요하다.

(1) 취득원가

유형자산의 취득원가는 해당 자산의 구입가격에 취득과 직접 관련된 부대비용을 가산하여 결정한다.

자산의 취득원가=구입가격+취득에 직접 관련 부대비용

취득 관련 부대비용이란 경영진이 의도하는 방식으로 유형자산을 가동하는 데 필요한 장소와 상태에 이르게 하는 데 직접 관련되는 비용으로 ① 유형자산의 매입 또는 건설과 직접적으로 관련되어 발생한 종업원급여, ② 설치장소 준비원가, 최초의 운송 및 취급 관련 원가, ③ 설치원가 및 조립원가, ④ 유형자산이 정상 작동되는지를 시험하는 과정에서 발생하는 원가, ⑤ 유형자산 취득과 직접 관련된 취득세, 등록세, 관세 등의 세금 등이 포함된다.

예를 들어, 건물을 짓기 위하여 토지를 구입한 경우에는 건물의 기초작업을 위한 굴착 이전단계까지 발생한 모든 원가는 토지의 취득원가로 간주한다. 만약 구입한 토지에 철거를 해야 할 구건물이 있어, 구건물의 철거, 청소, 구획정리 등을 위하여 비용을 지불하였다면, 이러한 비용도 토지 구입의 본래의 의도를 위하여 지출한 것으로 보아 토지의 취득원가에 포함시킨다. 토지를 구입한 후에는 진입로공사, 도로포장공사, 배수 및 하수공사, 울타리공사, 조경공사 등이 뒤따르는 것이 일반적이다. 이 경우 내용연수가 영구적인 것은 토지의 원가로 기록하고, 영구적이지 않은 것은 토지에서 분리하여 구축물계정으로 처리하고 내용연수에 걸쳐 감가상각한다.

유형자산을 기업이 직접 건설하는 경우에는 자가건설에 투입된 직접재료원가, 직접노무원가 및 건설 관련 간접원가를 합한 자가건설원가를 유형자산의 취득원가로 결정한다. 지출이 이루어지기 시작하면 이를 '건설중인자산'으로 기록하였다가 사용을 시작한 시점에 적절한 유형자산으로 대체한다.

유형자산이 경영진이 의도하는 방식으로 가동될 수 있는 장소와 상태에 이른 후에 발생하는 비용은 더 이상 취득원가에 포함시키지 않고, 유형자산의 취득과 직접 관련이 없는 일반관리비나 경비 등도 취득원가에 포함시키지 않는다.

(2) 교환으로 인한 취득원가

유형자산을 취득할 때 현금을 지급하지 않고, 다른 유형자산 등 비화폐성 자산과 교환하거나 현금과 비화폐성 자산이 결합된 대가로 교환하는 경우가 있다. K-IFRS에서는 유형자산의 교환거래가 상업적 실질이 있는 경우와 없는 경우로 구분하여 처리할 것을 요구한다. 상업적 실질이 있다는 것은 구매자와 판매자 간에 정상적인 거래가 이루어진다는 것을 의미한다.

우선, 상업적 실질이 있는 경우에는 취득한 자산의 취득원가는 제공한 자산의 공정가치로 측정한다. 다만, 취득한 자산의 공정가치가 제공한 자산의 공정가치보다 더 명백하다면, 이를 취득원가로 하면 된다. 반면, 상업적 실질이 없는 경우에는 취득한 자산의 취득원가는 제공한 자산의 장부금액으로 측정한다.

① 상업적 실질이 있는 경우

취득원가=제공한 자산의 공정가치+현금지급액−현금수령액

② 상업적 실질이 없는 경우

취득원가=제공한 자산의 장부금액+현금지급액−현금수령액

상업적 실질이 있는 경우에는 자산의 공정가치를 기준으로 하기 때문에 제공한 자산의 장부금액과 공정가치의 차이만큼 유형자산처분손익이 발생한다. 한편, 상업적 실질이 없는 경우에는 제공한 장부금액만큼이 다시 취득원가로 대체되기 때문에 유형자산처분손익은 발생하지 않는다.

Question

4-1 (주)한국은 건물 신축을 위해 영업용 토지를 1,000,000원에 매입하였다. 매입 시 지급한 현금은 다음과 같다. 토지의 취득원가는 얼마인가?

구건물 철거비용	₩250,000
소유권 이전 등기료	70,000
취득세	5,000
전세입주자 모집광고비	100,000

| 해답 |

토지의 취득원가=250,000원+70,000원+5,000원=1,325,000원이다.

4-2 (주)민국은 취득원가 500,000원, 감가상각누계액 300,000원인 기계장치를 보유하고 있다. (주)민국은 해당 기계장치를 제공함과 동시에 현금 50,000원을 수취하고 새로운 기계장치와 교환하였다. (주)민국이 보유하고 있던 기계장치의 공정가치는 300,000원으로 추정된다.

(1) 상업적 실질이 있다고 가정할 경우, (주)민국이 인식해야 할 새로운 기계장치의 취득원가는 얼마인가?

(2) 상업적 실질이 없다고 가정할 경우, (주)민국이 인식해야 할 새로운 기계장치의 취득원가는 얼마인가?

| 해답 |

(1) 상업적 실질이 있다고 가정하는 경우

(신)기계장치의 취득원가=300,000원−50,000원=250,000원이다.

(차)	(신)기계장치	250,000	(대) (구)기계장치	500,000
	현금	50,000	유형자산처분이익	100,000
	감가상각누계액	300,000		

(2) 상업적 실질이 없다고 가정하는 경우

(신)기계장치의 취득원가=500,000원−300,000원−50,000원=150,000원이다.

(차)	(신)기계장치	150,000	(대) (구)기계장치	500,000
	현금	50,000		
	감가상각누계액	300,000		

(3) 정부보조금으로 인한 취득원가

정부보조금이란 과거나 미래에 일정한 조건을 충족하였거나 충족할 경우 기업에게 자원을 이전하는 형식의 정부지원으로, 국가나 지방자치단체가 산업정책에 따라서 시설자금이나 운영자금의 일부를 지원하는 금액이다. 만약 기업이 정부지원의 요건을 충족하여 유형자산을 매입하거나 건설하는 경우, K-IFRS에서는 정부보조금을 정부보조금으로 보전하려는 관련 원가와 대응하여 필요한 회계기간에 걸쳐서 체계적인 기준에 따라 수익으로 인식하도록 규정하고 있다. 이 경우, 다음의 두 가지 방법 중 하나를 사용할 수 있다.

1) 이연수익법

정부보조금을 받을 때 이를 이연수익으로 인식하고 자산의 내용연수에 걸쳐서 체계적이고 합리적인 기준으로 수익을 인식하는 방법이다. 감가상각비에 비례하여 기간별 수익으로 인식한다.

2) 원가차감법

자산의 장부금액을 결정할 때 자산의 취득원가에서 정부보조금을 차감하는 방법이다. 정부보조금을 감가상각비와 상계시키는 방법으로 수익을 인식한다.

2 유형자산의 기중지출

유형자산을 취득한 이후 장기간에 걸쳐 사용하다 보면, 수리, 개량, 증설 등을 위한 지출이 발생한다. 이와 같은 지출은 지출의 성격에 따라서 다음의 두 가지로 구분하여 회계처리한다.

첫째, 유형자산의 당초 예상된 경제적 효익을 유지하기 위한 수익적 지출로, 수선비 혹은 수선유지비 등으로 발생한 기간의 비용으로 처리한다.

둘째, 유형자산의 경제적 효익을 증가시키는 자본적 지출로, 유형자산의 생산능력이 증대되거나 내용연수가 연장 혹은 상당한 원가절감이나 품질향상이 기대되어 지출하는 경우이다. 이 경우 해당 지출로 인하여 미래의 경제적 효익이 증가되었다고 볼 수 있기 때문에 유형자산의 장부금액을 늘리는 것으로 회계처리한다.

3 유형자산의 감가상각

(1) 감가상각의 의의

유형자산의 취득원가는 미래의 경제적 효익으로 앞으로 사용하게 될 가치이다. 취득 이후 자산을 일정기간 사용하면 '사용하게 될 가치'는 '이미 사용한 것'이 된다. 따라서 사용한 만큼을 자산에서 감소시키고, 해당 기간의 비용으로 계상하게 되는데, 이러한 회계처리과정을 감가상각이라고 한다. 즉, 감가상각은 유형자산의 취득원가를 사용하는 기간에 걸쳐 배분하는 과정이다.

유형자산의 감가상각은 일반적으로 [도표 4-1]과 같이 유형자산계정에서 직접차감하지 않고, 감가상각누계액계정을 설정하여 간접적으로 차감한다. 매 결산일마다 당기에 발생한 감가상각비를 차변에 기록하고, 대변에는 감가상각누계액계정을 기입한다. 감가상각누계액은 재무상태표에 유형자산의 차감계정으로 표시하고, 유형자산의 취득원가에서 감가상각누계액을 차감한 순액을 유형자산의 장부금액이라고 한다.

도표 4-1 | 감가상각의 기록과 보고

〈분개〉

	차변		대변	
(취득 시)	유형자산 "앞으로 사용할 경제적 효익"	×××	현금(미지급금)	×××
(결산 시)	감가상각비 "당기의 영업활동에 사용된 만큼 비용인식"	××× ←	유형자산(감가상각누계액) "사용한 만큼 자산 차감"	×××

〈보고〉

부분재무상태표

유형자산	×××	
감가상각누계액	(××)	×××

(2) 감가상각방법

감가상각을 하기 위해서는 유형자산의 취득원가, 추정내용연수, 추정잔존가치 그리고 감가상각방법의 선택이 필요하다.

추정내용연수란 기업이 자산을 사용가능할 것이라고 기대하는 추정사용가능기간이다. 추정잔존가치는 해당 유형자산을 내용연수 종료시점에 처분할 경우 유입될 것으로 추정되는 순현금유입액을 의미한다. 자산의 취득원가에서 추정잔존가치를 차감한 금액을 감가상각대상금액이라고 하고, 이 금액을 내용연수에 걸쳐 감가상각한다.

감가상각대상금액을 내용연수 동안 배분하는 방법에는 정액법, 정률법, 이중체감법, 연수합계법 등이 있다. 유형자산의 감가상각은 자산이 사용가능한 때부터 시작하고, 매각예정으로 분류되거나 혹은 자산이 제거되는 날 중 이른 날에 중단한다. 그 외 일시적인 운휴 등을 이유로는 감가상각을 중단하지 않는다.

＊예제 4-1

(주)한국은 20×1년 1월 1일에 기계를 취득하였다. 취득원가는 3,000,000원이고, 추정잔존가치는 200,000원이다. 내용연수는 4년으로 추정하였다.

① 정액법

정액법은 유형자산이 사용되는 기간 동안 일정하게 소비된다고 가정하여 감가상각대상금액을 내용연수로 나누어 계산하는 방법이다. 매 기간 동일한 금액이 감가상각비로 계상된다.

$$\text{감가상각비} = \frac{\text{취득원가} - \text{추정잔존가치}}{\text{추정내용연수}} = \frac{3{,}000{,}000\text{원} - 200{,}000\text{원}}{4\text{년}} = 700{,}000\text{원/년}$$

(단위: 원)

연도	상각대상금액	상각률	감가상각비	감가상각누계액	기말장부금액
20×1	2,800,000	1/4	700,000	700,000	2,300,000
20×2	2,800,000	1/4	700,000	1,400,000	1,600,000
20×3	2,800,000	1/4	700,000	2,100,000	900,000
20×4	2,800,000	1/4	700,000	2,800,000	200,000
합계			2,800,000		

② 정률법

가속상각법 혹은 체감잔액법은 유형자산이 초기에는 효용이 높아 더 많은 수익창출에 기여하지만, 시간이 지남에 따라 효용이 줄어들 것으로 가정하여 수익 · 비용 대응의 원칙에 따라 감가상각비를 내용연수의 초기에는 많이 배분하되, 이를 점차 감소시키는 방법이다. 정률법, 이중체감법, 연수합계법이 여기에 해당한다.

정률법은 자산의 장부금액에 일정한 비율의 상각률을 곱한 금액을 감가상각비로 계상하는 방법으로 상각률은 다음과 같이 구한다.

$$\text{상각률} = 1 - \sqrt[\text{내용연수}]{\frac{\text{추정잔존가치}}{\text{취득원가}}}$$

(단위: 원)

연도	기초장부금액	상각률	감가상각비	감가상각누계액	기말장부금액
20×1	3,000,000	0.492	1,476,000	1,476,000	1,524,000
20×2	1,524,000	0.492	749,808	2,225,808	774,192
20×3	774,192	0.492	380,902	2,606,710	393,290
20×4	393,290	*	193,290	2,800,000	200,000
합계			2,800,000		

③ 이중체감법

이중체감법은 가속상각법의 하나로 정률법과 같이 기초장부금액에 정률의 상각률을 적용하여 감가상각비를 계산한다. 이때 상각률은 정액법 상각률의 2배를 사용한다.

(단위: 원)

연도	기초장부금액	상각률	감가상각비	감가상각누계액	기말장부금액
20×1	3,000,000	2/4	1,500,000	1,500,000	1,500,000
20×2	1,500,000	2/4	750,000	2,250,000	750,000
20×3	750,000	2/4	375,000	2,650,000	375,000
20×4	375,000	*	175,000	2,800,000	200,000
합계			2,800,000		

④ 연수합계법

연수합계법 또한 가속상각법의 하나이다. 다만, 매년 감소하는 장부금액에 정률을 곱하는 정률법이나 이중체감법과는 달리 매년 일정한 금액의 상각대상금액에 매년 낮아지는 상각률을 곱하여 감가상각비를 계산한다.

$$상각률 = \frac{잔여내용연수}{추정내용연수의\ 합계}$$

(단위: 원)

연도	상각대상금액	상각률	감가상각비	감가상각누계액	기말장부금액
20×1	2,800,000	$\frac{4}{1+2+3+4}$	1,120,000	1,120,000	1,880,000
20×2	2,800,000	$\frac{3}{1+2+3+4}$	840,000	1,960,000	1,040,000
20×3	2,800,000	$\frac{2}{1+2+3+4}$	560,000	2,520,000	480,000
20×4	2,800,000	$\frac{1}{1+2+3+4}$	280,000	2,800,000	200,000
합계			2,800,000		

(3) 기중 취득한 유형자산의 감가상각

기중에 취득한 유형자산은 취득일을 기준으로 1년간의 감가상각비를 구한 다음 관련하는 회계연도의 비중에 따라 할당하는 방식으로 한 해의 감가상각비를 계상한다. 이때 일할기준, 월할기준으로 할당할 수도 있고, 반년단위, 1년단위로 할당할 수도 있다.

Question

4-3 유형자산의 감가상각에 대한 설명으로 옳지 않은 것은?

① 감가상각의 본질은 합리적이고 체계적인 원가의 배분과정이다.

② 한국채택국제회계기준은 감가상각방법으로 정액법, 체감잔액법, 생산량비례법 등을 예시하고 있다.

③ 감가상각방법은 자산에 내재된 미래 경제적 효익의 예상 소비형태를 반영하여야 한다.

④ 감가상각방법이 체계적이어야 한다는 것은 한번 결정된 방법은 매기 계속해서 적용해야 한다는 의미이다.

⑤ 유형자산의 내용연수가 경과되어 철거하거나 해체하게 될 경우 원상태로 회복시키는데 소요될 복구비용(현재가치로 할인한 금액)은 유형자산의 취득원가에 포함한다.

| 해답 | ④

4-4 (주)한국은 20×1년 7월 1일에 기계설비(내용연수 5년, 잔존가치 2,000원)를 20,000원에 취득하면서, '산업시설 및 기계 등의 설치 및 구입'으로 사용목적이 제한된 상환의무가 없는 정부보조금 7,000원을 받았다. (주)한국은 당해 기계설비에 대하여 정액법을 사용하여 월할 기준으로 감가상각하며, 정부보조금은 관련된 유형자산의 차감계정으로 표시하는 회계정책을 적용하고 있다.

(1) 20×1년 당해 기계설비의 감가상각비는 얼마인가?

(2) 20×2년 12월 31일 당해 기계설비의 장부금액(순액)은 얼마인가?

| 해답 |

(1) 20×1년 당해 기계설비의 감가상각비 $= \dfrac{13{,}000\text{원} - 2{,}000\text{원}}{5\text{년}} \times \dfrac{6}{12} = 1{,}100$원이다.

(2) 20×2년 당해 기계설비의 감가상각비 $= \dfrac{13{,}000\text{원} - 2{,}000\text{원}}{5\text{년}} = 2{,}200$원이다.

20×2년 12월 31일까지의 감가상각누계액=1,100원+2,200원=3,300원이다. 따라서 20×2년 12월 31일까지의 기계설비의 장부금액=20,000원−7,000원−3,300원=9,700원이다.

4 유형자산의 처분

유형자산을 처분하는 경우에는 우선 처분일까지의 감가상각비를 계상한다. 이후 유형자산처분대가와 처분일 현재의 유형자산의 장부금액의 차액을 유형자산처분손익으로 계상한다.

5 유형자산의 재평가

(1) 유형자산의 평가

K-IFRS에서는 기업이 유형자산을 취득하는 시점에는 취득원가로 측정하되, 취득시점 이후에는 원가모형이나 재평가모형을 회계정책으로 선택하여 유형자산을 평가할 수 있도록 하고 있다.

원가모형은 자산을 취득시점에 취득원가로 인식하고, 이후의 공정가치가 변화하더라도 재평가를 하지 않는 방법으로 전통적으로 적용되어 온 회계처리방법이다. 반면, 재평가모형은 자산의 공정가치를 신뢰성 있게 측정할 수 있는 경우, 취득시점 이후에 자산의 장부금액을 공정가치로 재평가한 금액으로 수정하는 방법이다. 여기에서 공정가치(fair value)란 '측정일에 시장참여자 사이의 정상거래에서 자산을 매도하면서 수취하거나 부채를 이전하면서 지급하게 될 유출가격'으로 일반적으로 활성시장에서 거래되는 시장가격을 의미한다.

기업은 원가모형이나 재평가모형 중 하나를 회계정책으로 선택하고, 반드시 자산분류별로, 즉 계정과목별로 동일하게 적용해야 한다. 계정과목 내의 특정 자산만을 선택적으로 적용할 수 없다. 재평가는 매년 말 수행할 필요는 없지만, 자산의 장부금액이 공정가치와 중요하게 차이가 나지 않도록 주기적으로 수행한다.

(2) 재평가모형의 회계처리

공정가치평가로 자산의 장부금액이 증가하는 경우에는 그 증가액만큼 재평가이익이 인식된다. 재평가이익은 미실현평가이익이기 때문에 포괄손익계산서의 기타포괄손익으로 인식하고, 재무상태표의 기타포괄손익누계액의 재평가잉여금항목으로 마감대체한다. 한편, 공정가치평가로 자산의 장부금액이 감소하는 경우에는 그 감소액만큼 재평가손실이 인식된다. 재평가손실은 보수주의에 의하여 당기손실로 인식하고, 보고기간 말의 마감분개를 통하여 이익잉여금을 감소시킨다.

다만, 동일한 자산에 대하여 이전에 인식한 기타포괄이익이 있다면, 그 금액을 한도로 재평가로 인한 감소액을 기타포괄손실로 인식하고, 초과액은 당기손실로 인식한다. 동일한 자산에 대하여 이전의 자산재평가에서 당기손실로 인식한 재평가손실(또는 전기에 인식한 손상차손)이 있다면, 해당 금액을 한도로 재평가이익을 당기이익으로 인식하고, 초과액은 기타포괄이익으로 인식한다.

도표 4-2 | 재평가손익의 분류

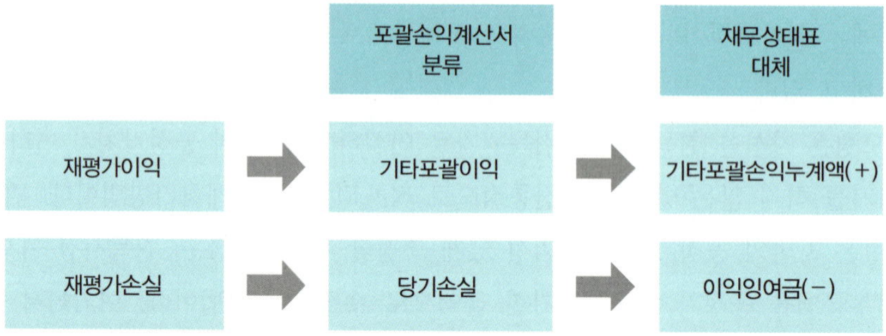

* 예제 4-2

수성(주)는 20×1년 초에 토지를 150,000원에 구입하였다. 이 토지는 20×3년 말에 공정가치가 170,000원, 20×5년 말에 100,000원으로 평가되었다.

① 20×1년 초 토지 취득

(차) 토지	150,000	(대) 현금	150,000

② 20×3년 말 토지 재평가

(차) 토지	20,000	(대) 재평가이익(기타포괄이익)*	20,000

* 마감분개를 통해 재평가잉여금(기타포괄손익누계액)으로 대체

③ 20×5년 말 토지 재평가

(차) 재평가손실(기타포괄손실)*	20,000	(대) 토지	70,000
재평가손실(당기손실)	50,000		

* 동일자산의 재평가로 계상된 기타포괄이익이 있는 경우, 이를 한도로 기타포괄손실로 인식

* 예제 4-3

수성(주)는 20×1년 초에 토지를 200,000원에 구입하였다. 이 토지는 20×3년 말에 공정가치가 180,000원, 20×5년 말에 230,000원으로 평가되었다.

① 20×1년 초 토지 취득

(차) 토지	200,000	(대) 현금	200,000

② 20×3년 말 토지 재평가

(차) 재평가손실(당기손실)*	20,000	(대) 토지	20,000

* 마감분개를 통해 이익잉여금(−)으로 대체

③ 20×5년 말 토지 재평가

(차) 토지	50,000	(대) 재평가이익(당기이익)*	20,000
		재평가이익(기타포괄이익)	30,000

* 동일자산의 재평가로 계상된 당기손실이 있는 경우, 이를 한도로 당기이익 인식

상각대상자산의 경우, 상각후의 원가가 장부금액이 된다. 재평가모형을 선택하여 유형자산의 공정가치 변동에 따라 장부금액을 수정하는 경우, 기존의 감가상각누계액을 제거하는 방법과 자산의 장부금액과 감가상각누계액을 비례적으로 수정하는 방법 중에서 선택할 수 있다.

Question

4-5 (주)지방은 20×1년 중에 토지를 100,000원에 취득하였으며, 매 보고기간마다 재평가모형을 적용하기로 하였다. 20×1년 말과 20×2년 말 현재 토지의 공정가치가 각각 120,000원과 90,000원이라고 할 때, 20×2년의 당기순이익은 (　　)원 감소하고, 20×2년 말 현재 재평가잉여금의 잔액은 (　　)원이다. 괄호 안의 금액은 얼마인가?

| 해답 |

20×1년 중 토지 취득

(차) 토지	100,000	(대) 현금	100,000

20×1년 말 토지 재평가

(차) 토지	20,000	(대) 재평가이익(기타포괄이익)*	20,000

20×2년 말 토지 재평가

(차) 재평가손실(기타포괄손실)*	20,000	(대) 토지	30,000
재평가손실(당기손실)	10,000		

따라서 20×2년의 당기순이익은 (10,000)원 감소하고, 20×2년 말 현재 재평가잉여금(기타포괄손익누계액)잔액은 (0)원이다.

6 유형자산의 손상

자산은 보유하는 동안 사용으로 인하여 물리적으로 마모되거나 기능이 저하될 수 있고 신기술의 발달로 진부화되어 가치가 떨어질 수 있다. 만약 자산의 가치가 현재의 장부금액보다 현저히 떨어진다면, 이해관계자들의 정보유용성을 위하여 자산의 장부금액을 하향조정하여 공시하는 것이 바람직하다.

K-IFRS에서는 기업이 매 회계기간 말마다 자산손상검사를 실시하도록 요구하고 있다. 만약 손상의 징후가 있어서, 자산의 회수가능액이 현재의 장부금액보다 낮다면, 자산의 차감계정인 손상차손누계액을 설정하여 자산의 장부금액을 회수가능액으로 감소시키고, 그 차액만큼을 손상차손(당기손실)으로 인식한다. 여기에서 회수가능액이란 순공정가치와 사용가치 중에서 큰 금액을 말하는데, 순공정가치란 공정가치에서 처분부대원가를 차감한 금액이고, 자산의 사용가치란 자산에서 창출될 것으로 기대되는 미래현금흐름을 적절한 할인율로 할인하여 측정한 현재가치이다.

매 회계기간 말마다 손상징후를 검사하고, 만약 과거 기간에 인식한 손상차손이 더 이상 존재하지 않거나 감소된 경우에는 손상차손환입을 인식한다. 재평가대상자산이 아닌 경우, 손상차손환입을 당기이익으로 인식한다. 단, 손상차손환입으로 증가된 장부금액은 과거에 손상차손을 인식하기 전 장부금액을 기준으로 감가상각 또는 상각한 후의 잔액을 초과할 수 없다. 재평가대상자산인 경우, 재평가자산의 손상차손을 과거에 당기손실로 인식한 부분까지는 손상차손환입(당기이익)으로 인식하고, 손상차손환입을 초과한 금액은 자산재평가이익(기타포괄손익)으로 인식하여 재평가잉여금을 증가시킨다.

자산손상을 인식할 때에는 가능한 한 개별자산별로 회수가능액을 추정해야 한다. 손상차손을 인식한 이후의 감가상각은 수정된 장부금액에서 잔존가치를 차감한 금액을 자산의 잔여내용연수에 걸쳐 체계적인 방법으로 배분하여 감가상각액을 전진적으로 조정한다.

자산재평가와 손상차손이 동시에 이루어지는 경우 먼저 재평가를 한 후에 손상차손을 인식한다. 한편, 손상차손의 환입과 자산재평가가 동시에 이루어지는 경우에는 먼저 손상차손환입을 처리하고, 그 다음에 자산재평가에 관련된 회계처리를 수행한다.

Question

4-6 (주)한국은 20×1년 초에 기계장치(잔존가치 0원, 내용연수 5년, 정액법 상각)를 5,000원에 취득하고, 원가모형을 사용하여 측정하고 있다. 20×1년 말에 손상징후가 있어 손상검사를 실시한 결과, 기계장치의 순공정가치는 2,500원, 사용가치는 2,800원으로 판명되었다. 이후 20×2년 말에 손상이 회복되어 기계장치의 회수가능액이 4,000원이 되었다.

(1) 20×1년 말 손상차손금액은 얼마인가?

(2) 20×2년 말 기계장치의 장부금액은 얼마인가?

| 해답 |

(1) 20×1년 초 기계장치 취득

(차) 기계장치	5,000	(대) 현금	5,000

20×1년 말 감가상각

$$감가상각비 = \frac{5{,}000원 - 0원}{5년} = 1{,}000원$$

(차) 감가상각비	1,000	(대) 감가상각누계액	1,000

20×1년 말 기계장치의 장부가액=5,000원−1,000원=4,000원

20×1년 말 회수가능액=max(2,500원, 2,800원)=2,800원

따라서 20×1년 말 손상차손금액=4,000원−2,800원=1,200원이다.

20×1년 말 손상차손

(차) 손상차손	1,200	(대) 손상차손누계액	1,200

(2) 20×2년 말 감가상각

$$감가상각비 = \frac{2{,}800원 - 0원}{4년} = 700원$$

(차) 감가상각비	700	(대) 감가상각누계액	700

감가상각 후 장부금액=2,800원−700원=2,100원

손상검사 후 회수가능액이 4,000원으로 손상회복되어 손상차손환입하는데, 이때 손상차손인식하기 전 장부금액을 한도로 한다.

손상차손인식 전 기계장치의 장부금액=5,000원−2,000원(2년분의 감가상각누계액)=3,000원, 따라서 3,000원을 한도로 손상차손환입한다.

20×2년 말 손상차손환입

(차) 손상차손누계액	900	(대) 손상차손환입	900

따라서 20×2년 말 기계장치의 장부금액은 3,000원이다.

부분재무상태표

(단위: 원)

기계장치	5,000	
감가상각누계액	(1,700)	
손상차손누계액	(300)	3,000

7 생물자산

생물자산은 살아 있는 식물이나 동물을 지칭하며, 그 성격에 따라 유형자산 또는 재고자산이 될 수 있다. 생물자산은 시간이 지남에 따라 자연적인 성장을 한다는 점에서 일반적인 자산과 상당히 다르다.

생물자산은 최초인식시점과 매 보고기간 말에 공정가치에서 매각부대원가를 차감한 순공정가치로 측정한다. 일반적으로 생물자산은 활성시장에서 거래되기 때문에 공정가치를 비교적 쉽게 파악할 수 있다. 생물자산은 최초인식시점에 순공정가치로 계상한 후, 매 보고기간 말의 순공정가치로 평가되기 때문에 평가손익이 발생할 수 있고, 이때의 평가손익은 당기손익에 반영한다. 매 회계기간 말에 순공정가치로 평가되므로 감가상각은 하지 않는다.

연습문제

01 유형자산의 취득원가에 대한 설명으로 옳지 않은 것은? ▶ 2016년, 국가직 9급

① 지상 건물이 있는 토지를 일괄 취득하여 구건물을 계속 사용할 경우 일괄 구입가격을 토지와 건물의 공정가액에 따라 배분한다.

② 토지의 취득 시 중개수수료, 취득세, 등록세와 같은 소유권 이전비용은 토지의 취득원가에 포함한다.

③ 기계장치를 취득하여 기계장치를 의도한 용도로 사용하기 적합한 상태로 만들기 위해서 지출한 시운전비는 기계장치의 취득원가에 포함한다.

④ 건물 신축을 목적으로 건물이 있는 토지를 일괄 취득한 경우, 구건물의 철거비용은 신축 건물의 취득원가에 가산한다.

02 유형자산의 회계처리에 대한 설명으로 옳지 않은 것은? ▶ 2014년, 국가직 9급

① 주식을 발행하여 유형자산을 취득하는 경우 해당 주식의 발행가액이 액면가액 이상이면 액면가액에 해당되는 금액은 자본금으로, 액면가액을 초과하는 금액은 주식발행초과금으로 계상한다.

② 취득한 기계장치에 대한 취득세와 등록세 및 보유기간 중 발생된 화재보험료는 기계장치의 취득원가에 포함하여 감가상각한다.

③ 건설회사가 보유하고 있는 중장비의 주요 구성부품(예를 들면, 궤도, 엔진, 굴삭기에 부착된 삽 등)의 내용연수와 경제적 효익의 소비행태가 다르다면, 해당 구성부품은 별도의 자산으로 계상하고 감가상각할 수 있다.

④ 유형자산의 내용연수가 경과되어 철거하거나 해체하게 될 경우 원상대로 회복시키는 데 소요될 복구비용(현재가치로 할인한 금액)은 유형자산의 취득원가에 포함한다.

03 (주)대한은 20×1년 1월 1일에 자가사용목적으로 공장을 착공하여 20×2년 9월 30일 완공하였다. 공사 관련 지출과 차입금에 대한 자료는 다음과 같다. (주)대한이 20×1년에 자본화할 차입원가는? (단, 차입금의 일시적 운용수익은 없으며, 기간은 월할계산한다)

▶ 2018년, 국가직 7급

〈공사 관련 지출〉

일자	금액
20×1년 1월 1일	₩3,000
20×1년 1월 1일	₩2,000

〈차입금 내역〉

구분	금액	이자율(연)	기간
특정차입금	₩1,000	4%	20×0년 12월 1일~20×3년 12월 31일
일반차입금 A	₩1,000	5%	20×1년 1월 1일~20×2년 11월 30일
일반차입금 B	₩2,000	8%	20×0년 7월 1일~20×3년 6월 30일

① ₩40
② ₩175
③ ₩215
④ ₩280

04 (주)한국은 20×1년 10월 1일 ₩100,000의 정부보조금을 받아 ₩1,000,000의 설비자산을 취득(내용연수 5년, 잔존가치 ₩0, 정액법 상각)하였다. 정부보조금은 설비자산을 6개월 이상 사용한다면 정부에 상환할 의무가 없다. 20×3년 4월 1일 동 자산을 ₩620,000에 처분한다면 이때 처분손익은? (단, 원가모형을 적용하며 손상차손은 없는 것으로 가정한다)

▶ 2018년, 국가직 9급

① 처분손실 ₩10,000
② 처분이익 ₩10,000
③ 처분손실 ₩80,000
④ 처분이익 ₩80,000

05 (주)한국은 2011년 7월 1일에 기계설비(내용연수 5년, 잔존가치 ₩2,000)를 ₩20,000에 취득하면서, '산업시설 및 기계 등의 설치 및 구입'으로 사용목적이 제한된 상환의무가 없는 정부보조금 ₩7,000을 받았다. 2013년 12월 31일 당해 기계설비의 장부금액(순액)은? (단, (주)한국은 당해 기계설비에 대하여 정액법을 사용하여 월할기준으로 감가상각하며, 정부보조금은 관련된 유형자산의 차감계정으로 표시하는 회계정책을 적용하고 있다)

▶ 2014년, 국가직 7급

① ₩7,500
② ₩8,600
③ ₩11,000
④ ₩13,000

06 (주)구봉은 20×1년 1월 1일에 생산용 기계 1대를 ₩100,000에 구입하였다. 이 기계의 내용연수는 4년, 잔존가액은 ₩20,000으로 추정되었으며 정액법에 의해 감가상각하고 있었다. (주)구봉은 20×3년도 초에 동 기계의 성능을 현저히 개선하여 사용할 수 있게 하는 대규모의 수선을 시행하여 ₩16,000을 지출하였다. 동 수선으로 내용연수는 2년이 연장되었으나 잔존가치는 변동이 없을 것으로 추정된다. 이 기계와 관련하여 20×3년도에 인식될 감가상각비는?

▶ 2018년, 지방직 9급

① ₩28,000
② ₩24,000
③ ₩20,000
④ ₩14,000

07 (주)대한은 20×1년 1월 1일 컴퓨터 A를 취득하였다(취득원가 ₩2,100,000, 잔존가치 ₩100,000, 내용연수 5년, 정액법 상각). 20×3년 1월 1일 (주)대한은 사용하고 있는 컴퓨터 A를 (주)민국의 신형 컴퓨터 B와 교환하면서 현금 ₩1,500,000을 추가로 지급하였다. 교환 당시 컴퓨터 A의 공정가치는 ₩1,325,450이며, 이 교환은 상업적 실질이 있다. (주)대한이 인식할 유형자산처분손익은? ▶ 2018년, 지방직 9급

① 처분손실 ₩25,450　② 처분이익 ₩25,450
③ 처분손실 ₩65,450　④ 처분이익 ₩65,450

08 (주)대한과 (주)민국은 사용하고 있는 기계장치를 서로 교환하였으며 이 교환은 상업적 실질이 있다. 교환시점에서 기계장치와 관련된 자료는 다음과 같다.

구분	(주)대한	(주)민국
취득가액	₩700,000	₩600,000
장부가액	₩550,000	₩350,000

기계장치의 교환시점에서 (주)대한의 공정가치가 (주)민국의 공정가치보다 더 명백하다. 이 교환거래로 (주)대한은 ₩100,000의 손실을, (주)민국은 ₩50,000의 손실을 인식하였다. 동 교환거래는 공정가치 차이만큼 현금을 수수하는 조건이다. (주)대한이 (주)민국으로부터 현금을 수령하였다고 가정할 경우, (주)대한이 수령한 현금액은? (단, 교환거래로 발생한 손익은 제시된 손익 이외에는 없다) ▶ 2018년, 국가직 7급

① ₩100,000　② ₩150,000
③ ₩400,000　④ ₩450,000

09 (주)대한은 2016년 7월 1일 기계장치를 (주)민국의 기계장치와 교환하면서 현금 ₩500,000을 추가로 지급하였다. 교환시점에서 두 기계장치의 공정가치는 명확하였으며, 기계장치에 대한 장부금액과 공정가치는 다음과 같다. (주)대한이 교환시점에서 인식할 기계장치의 취득원가는? (단, 이 교환거래는 상업적 실질이 있다) ▶ 2016년, 국가직 7급

구분	(주)대한	(주)민국
장부금액	₩2,000,000	₩5,000,000
공정가치	₩2,700,000	₩3,100,000

① ₩2,500,000　② ₩3,100,000
③ ₩3,200,000　④ ₩3,600,000

10 (주)민국은 취득원가 ₩500,000, 감가상각누계액 ₩300,000인 기계장치를 보유하고 있다. (주)민국은 해당 기계장치를 제공함과 동시에 현금 ₩50,000을 수취하고 새로운 기계장치와 교환하였다. (주)민국이 보유하고 있던 기계장치의 공정가치가 ₩300,000으로 추정될

때, 교환에 의한 회계처리로 옳지 않은 것은? ▶ 2014년, 지방직 9급

① 상업적 실질이 있는 경우 새로운 기계장치의 취득원가는 ₩250,000으로 인식한다.
② 상업적 실질이 있는 경우 제공한 기계장치의 처분이익은 ₩50,000으로 인식한다.
③ 상업적 실질이 결여된 경우 새로운 기계장치의 취득원가는 ₩150,000으로 인식한다.
④ 상업적 실질이 결여된 경우 제공한 기계장치의 처분손익은 인식하지 않는다.

11 (주)대한은 보유 중인 유형자산을 (주)민국의 유형자산과 교환하였다. 교환일에 (주)대한이 보유하고 있는 유형자산의 장부금액은 ₩600,000(취득원가 ₩800,000, 감가상각누계액 ₩200,000)이고, 공정가치는 ₩650,000이다. (주)대한은 (주)민국에게 현금 ₩100,000을 추가로 지급하였으며, 동 교환거래는 상업적 실질이 있다. (주)대한이 교환으로 취득한 유형자산의 취득원가는? ▶ 2014년, 국가직 7급

① ₩600,000　② ₩650,000
③ ₩700,000　④ ₩750,000

12 유형자산의 감가상각에 대한 설명 중 옳지 않은 것은? ▶ 2017년, 국가직 9급

① 유형자산의 기말공정가치 변동을 반영하기 위해 감가상각한다.
② 감가상각방법은 자산의 미래 경제적 효익이 소비될 것으로 예상되는 형태를 반영한다.
③ 각 기간의 감가상각액은 다른 자산의 장부금액에 포함되는 경우가 아니라면 당기손익으로 인식한다.
④ 잔존가치, 내용연수, 감가상각방법은 적어도 매 회계연도 말에 재검토한다.

13 (주)한국은 2015년 7월 1일 토지와 건물을 ₩2,000,000에 일괄 취득하였으며, 취득 당시 토지의 공정가치는 ₩1,000,000, 건물의 공정가치는 ₩1,500,000이었다. 건물의 경우 원가모형을 적용하며 연수합계법(내용연수 3년, 잔존가치 ₩0)으로 상각한다. 건물에 대해 2016년에 인식할 감가상각비는? (단, 감가상각비는 월할상각한다) ▶ 2017년, 국가직 9급

① ₩750,000　② ₩625,000
③ ₩600,000　④ ₩500,000

14 (주)한국은 2015년 4월 1일 기계장치를 ₩80,000에 취득하였다. 이 기계장치는 내용연수가 5년이고 잔존가치가 ₩5,000이며, 연수합계법에 의해 월할로 감가상각한다. (주)한국이 이 기계장치를 2016년 10월 1일 ₩43,000에 처분한 경우 기계장치처분손익은? (단, (주)한국은 원가모형을 적용한다) ▶ 2016년, 국가직 9급

① 처분손실 ₩2,000　② 처분이익 ₩2,000
③ 처분손실 ₩3,000　④ 처분이익 ₩3,000

15 다음은 (주)한국의 기계장치 장부금액 자료이다.

구분	2014년 기말	2015년 기말
기계장치	₩11,000,000	₩12,500,000
감가상각누계액	₩(4,000,000)	₩(4,500,000)

(주)한국은 2015년 초에 장부금액 ₩1,500,000(취득원가 ₩2,500,000, 감가상각누계액 ₩1,000,000)인 기계장치를 ₩400,000에 처분하였다. 2015년에 취득한 기계장치의 취득원가와 2015년에 인식한 감가상각비는? (단, 기계장치에 대해 원가모형을 적용한다)

▶ 2016년, 지방직 9급

① 취득원가 ₩3,000,000, 감가상각비 ₩500,000
② 취득원가 ₩3,000,000, 감가상각비 ₩1,500,000
③ 취득원가 ₩4,000,000, 감가상각비 ₩1,500,000
④ 취득원가 ₩4,000,000, 감가상각비 ₩2,000,000

16 (주)한국은 2016년 5월 1일 기계장치를 ₩4,000,000에 취득하였다. 추정잔존가치는 취득원가의 10%, 내용연수는 3년, 감가상각방법은 연수합계법이며 감가상각비는 월할로 계산한다. (주)한국이 이 기계장치를 2017년 8월 31일 ₩2,000,000에 처분할 경우 처분시점의 감가상각누계액과 처분손익은? (단, 원가모형을 적용하며 손상차손은 없다고 가정한다)

▶ 2018년, 국가직 9급

① 감가상각누계액 ₩1,000,000, 처분손실 ₩1,000,000
② 감가상각누계액 ₩1,800,000, 처분손실 ₩200,000
③ 감가상각누계액 ₩2,200,000, 처분이익 ₩200,000
④ 감가상각누계액 ₩2,600,000, 처분이익 ₩600,000

17 (주)한국은 20×1년 10월 1일에 기계장치를 ₩1,200,000(내용연수 4년, 잔존가치 ₩200,000)에 취득하고 연수합계법을 적용하여 감가상각하고 있다. 20×2년 말 포괄손익계산서와 재무상태표에 보고할 감가상각비와 감가상각누계액은? (단, 감가상각비는 월할계산한다)

▶ 2018년, 국가직 9급

① 감가상각비 ₩375,000, 감가상각누계액 ₩475,000
② 감가상각비 ₩375,000, 감가상각누계액 ₩570,000
③ 감가상각비 ₩450,000, 감가상각누계액 ₩475,000
④ 감가상각비 ₩450,000, 감가상각누계액 ₩570,000

18 (주)지방은 20×1년 중에 토지를 ₩100,000에 취득하였으며, 매 보고기간마다 재평가모형을 적용하기로 하였다. 20×1년 말과 20×2년 말 현재 토지의 공정가치가 각각 ₩120,000과 ₩90,000이라고 할 때, 다음 설명 중 옳은 것은? ▶ 2014년, 지방직 9급

① 20×1년에 당기순이익이 ₩20,000 증가한다.
② 20×2년에 당기순이익이 ₩10,000 감소한다.
③ 20×2년 말 현재 재평가잉여금잔액은 ₩10,000이다.
④ 20×2년 말 재무상태표에 보고되는 토지금액은 ₩100,000이다.

19 (주)한국은 2014년 초 취득원가 ₩50,000의 토지를 매입하였으며, 재평가모형을 적용하고 있다. 해당 토지의 2014년 말 공정가치는 ₩45,000으로 추정되어 ₩5,000의 당기손실을 인식하였다. 2015년 말 토지의 공정가치는 ₩52,000으로 추정된다. (주)한국의 2015년 말 토지에 대한 회계처리로 옳은 것은? ▶ 2015년, 국가직 7급

	차변	금액	대변	금액
①	(차) 토지	₩7,000	(대) 재평가이익	₩5,000
			재평가잉여금	₩2,000
②	(차) 토지	₩7,000	(대) 재평가이익	₩7,000
③	(차) 토지	₩7,000	(대) 재평가이익	₩2,000
			재평가잉여금	₩5,000
④	(차) 토지	₩7,000	(대) 재평가잉여금	₩7,000

20 (주)한국은 20×1년 1월 1일 토지를 ₩100,000에 구입하였고 이 토지에 재평가모형을 적용한다. 20×1년 12월 31일 이 토지를 재평가한 결과 공정가치는 ₩90,000이다. 이 재평가회계처리에 영향을 받지 않는 재무비율은? ▶ 2017년, 국가직 7급

① 부채 대 자본비율 ② 매출액순이익률
③ 총자산회전율 ④ 당좌비율

21 (주)한국은 기계장치를 2016년 1월 1일 ₩100,000에 취득하여 정액법(내용연수 3년, 잔존가치 ₩10,000)으로 감가상각하였다. 2016년 말 기계장치의 공정가치가 ₩90,000인 경우 재평가모형 적용 시 인식할 재평가잉여금은? ▶ 2017년, 지방직 9급

① ₩10,000 ② ₩20,000
③ ₩30,000 ④ ₩40,000

22 (주)한국은 20×1년 초 건물을 ₩1,000,000에 취득하고 그 건물을 유형자산 또는 투자부동산으로 분류하고자 한다. 유형자산은 재평가모형을 적용하며 내용연수 10년, 잔존가치 ₩0, 정액법 상각하고, 투자부동산은 공정가치모형을 적용한다. 20×1년과 20×2년 기말 공정가치가 각각 ₩990,000, ₩750,000일 경우, 다음 설명 중 옳지 않은 것은? (단, 건물은

유형자산 또는 투자부동산의 분류요건을 충족하며, 내용연수 동안 재평가잉여금의 이익잉여금 대체는 없는 것으로 가정한다) ▶ 2018년, 국가직 7급

① 건물을 유형자산으로 분류한다면 20×1년 말 재평가잉여금(기타포괄손익)이 계상된다.
② 건물을 유형자산으로 분류한다면 20×2년 말 재평가손실(당기손익)이 계상된다.
③ 건물을 투자부동산으로 분류한다면 20×1년 말 투자부동산평가이익(기타포괄손익)이 계상된다.
④ 건물을 투자부동산으로 분류한다면 20×2년 말 투자부동산평가손실(당기손익)이 계상된다.

23 (주)한국은 2015년 1월 1일에 기계장치를 ₩200,000에 취득하고 원가모형을 적용하였다(내용연수 5년, 잔존가치 ₩0, 정액법 상각). 2015년 말 기계장치의 순공정가치와 사용가치는 각각 ₩120,000, ₩100,000이었다. 2016년 7월 1일에 ₩90,000의 현금을 받고 처분하였다. (주)한국이 인식할 유형자산처분손익은? (단, 감가상각비는 월할상각한다)

▶ 2017년, 국가직 9급

① 처분이익 ₩50,000
② 처분이익 ₩30,000
③ 처분손실 ₩15,000
④ 처분손실 ₩12,000

24 (주)한국은 20×1년 초 기계를 ₩480,000(내용연수 5년, 잔존가치 ₩0, 정액법 상각)에 구입하고 원가모형을 채택하였다. 20×2년 말 그 기계에 손상징후가 있었으며, 이때 기계의 순공정가치는 ₩180,000, 사용가치는 ₩186,000으로 추정되었다. 20×3년 말 회수가능액이 ₩195,000으로 회복되었다면 옳지 않은 것은? ▶ 2018년, 국가직 9급

① 20×2년 말 손상차손인식 전 장부금액은 ₩288,000이다.
② 20×2년 말 손상차손으로 인식할 금액은 ₩102,000이다.
③ 20×3년 말 감가상각비로 인식할 금액은 ₩62,000이다.
④ 20×3년 말 손상차손환입액으로 인식할 금액은 ₩71,000이다.

25 (주)한국은 2015년 1월 1일 기계장치를 ₩1,000,000에 취득하여 정액법(내용연수 5년, 잔존가치 ₩0)으로 감가상각하고 있다. 동 기계장치에 대하여 감가상각누계액을 전액 제거하는 방법으로 재평가모형을 적용하고 있으며, 공정가치는 다음과 같다. 2016년 말 기계장치의 회수가능액이 ₩420,000인 경우, 2016년 말 포괄손익계산서에 인식할 당기비용은? (단, 2016년 말 기계장치에 대해 손상차손을 인식해야 할 객관적인 증거가 있다)

▶ 2016년, 국가직 7급

구분	2015년 말	2016년 말
공정가치	₩920,000	₩580,000

① ₩150,000
② ₩280,000
③ ₩330,000
④ ₩380,000

26 (주)한국은 2014년 초에 기계장치(잔존가치 ₩0, 내용연수 5년, 정액법 상각)를 ₩5,000에 취득하고, 원가모형을 사용하여 측정하고 있다. 2014년 말에 손상징후가 있어 손상검사를 실시한 결과, 기계장치의 순공정가치는 ₩2,500, 사용가치는 ₩2,800으로 판명되었다. 이후 2015년 말에 손상이 회복되어 기계장치의 회수가능액이 ₩4,000이 된 경우 기계장치의 장부금액은? ▶ 2015년, 지방직 9급

① ₩2,100
② ₩3,000
③ ₩3,300
④ ₩4,000

27 (주)한국은 2015년 초에 취득원가 ₩850,000의 기계장치를 구입하고, 원가모형을 적용하였다. 내용연수는 4년(잔존가치 ₩50,000)이며, 감가상각은 정액법에 의한다. 2016년 말에 처음으로 손상징후가 있었으며, 기계장치의 순공정가치와 사용가치는 각각 ₩300,000과 ₩350,000이었다. 2016년 말에 인식해야 할 손상차손은? ▶ 2016년, 지방직 9급

① ₩0
② ₩50,000
③ ₩100,000
④ ₩150,000

28 (주)한국은 2012년 1월 1일에 기계장치(내용연수는 5년, 잔존가치는 없음)를 ₩100,000에 취득하였다. (주)한국은 당해 기계장치에 대하여 원가모형을 적용하고 있으며, 감가상각방법으로 정액법을 사용한다. 2012년 말 동 기계장치의 회수가능액이 ₩40,000으로 하락하여 손상차손을 인식하였다. 그러나 2013년 말 동 기계장치의 회수가능액이 ₩70,000으로 회복되었다. 2013년 말에 인식할 손상차손환입액은? ▶ 2014년, 국가직 7급

① ₩20,000
② ₩30,000
③ ₩40,000
④ ₩50,000

29 (주)한국은 2016년 1월 1일에 1년 된 돼지 5마리를 보유하고 있다. (주)한국은 2016년 7월 1일에 1년 6개월 된 돼지 2마리와 새로 태어난 돼지 3마리를 매입하였다. 돼지의 일자별 마리당 순공정가치가 다음과 같을 때, (주)한국이 동 생물자산과 관련하여 2016년도 기말 재무상태표상에 표시할 생물자산은? (단, 2016년 중 매각 등 감소된 돼지는 없다) ▶ 2016년, 국가직 9급

일자	내용	마리당 순공정가치
2016년 1월 1일	1년 된 돼지	₩8,000
2016년 7월 1일	1년 6개월 된 돼지	12,000
2016년 7월 1일	새로 태어난 돼지	3,000
2016년 12월 31일	6개월 된 돼지	5,000

① ₩120,000
② ₩141,000
③ ₩150,000
④ ₩156,000

CHAPTER

05 무형자산

학습목표

무형자산은 비유동자산 중 기업의 정상적인 영업활동에서 사용을 목적으로 보유하는 자산으로 물리적 실체가 없는 자산이다. 본 장에서는 무형자산의 회계처리에 대해서 배운다. 특히 무형자산은 물리적 실체가 없는 만큼, 자산으로서의 인식요건이 까다롭다. 자산으로서의 인식요건에 대해서 익히고, 연구개발활동에서 발생하는 개발비와 기업인수합병에서 발생하는 영업권의 인식에 대해서 학습한다.

1 무형자산의 회계처리

(1) 무형자산의 정의와 분류

무형자산은 재화의 생산이나 용역의 제공과 같은 영업활동에 사용할 목적으로 보유하는 자산으로, 물리적 실체가 없고 한 회계기간을 초과하여 사용할 것으로 기대되는 자산이다.

무형자산은 내부적으로 창출된 것과 외부로부터 구입한 것으로 구분할 수 있다. 다만, 자산은 해당 자산으로부터 발생하는 미래 경제적 효익이 유입될 가능성이 높고 자산의 원가를 신뢰성 있게 측정할 수 있을 때에 인식한다. 특히 자산은 보수주의에 근거하여 불확실하거나 모호할 경우에는 인식하지 않는다. 예를 들어, 경영능력, 고객충성도와 같이 가치를 신뢰성 있게 측정하기 어렵거나 교육훈련비나 연구비와 같이 미래의 경제적 효익의 유입가능성이 불확실한 경우에는 자산으로 인식하지 않는다. 따라서 원칙적으로 내부적으로 창출된 무형자산은 개발비를 제외하고 모두 비용처리한다. 한편, 외부에서 구입한 무형자산은 무형자산으로 인식하고 기록하는데, 여기에는 특허권, 실용신안권, 상표권 등과 같은 산업재산권과 라이선스와 프랜차이즈, 저작권, 탄소배출권 또는 시설이용권, 컴퓨터소프트웨어, 임차권리금, 영업권 등이 포함된다.

(2) 무형자산의 회계처리

무형자산의 취득원가는 다른 자산과 같이 구입가격에 자산을 의도한 목적에 사용할 수 있도록 준비하는 데 직접 소요되는 비용을 가산하여 결정한다. 식별가능 무형자산은 장기에 걸쳐 기업의 수익창출에 기여할 것으로 예상되는 자산이다. 따라서 무형자산도 유형자산과 마찬가지로 취득원가를 내용연수에 걸쳐 배분해야 하는데, 이를 상각이라고 한다. 만약 내용연수를 한정할 수 없다면, 그 무형자산은 비한정내용연수를 가졌다고 보고 상각하지 않는다.

내용연수가 유한한 무형자산의 상각대상금액은 내용연수 동안 체계적인 방법으로 배분하여 상각한다. 상각대상금액은 취득원가에서 잔존가치를 차감한 금액이다. 상각은 자산을 사용할 수 있을 때부터 시작하고, 자산을 매각 또는 폐기하기로 하여 그 자산이 매각예정비유동자산으로 분류되는 날과 자산이 재무상태표에서 제거되는 날 중 이른 날에 중지한다. 무형자산은 미래 경제적 효익이 소비될 것으로 예상되는 형태를 반영하여 상각하면 되는데, 만약 소비되는 형태를 신뢰성 있게 결정할 수 없는 경우에는 정액법을 사용한다. 유한내용연수를 가진 무형자산은 잔존가치가 없는 것으로 하고, 회계처리는 무형자산에서 직접 차감하는 직접법을 이용하는 것이 일반적이다. 상각기간과 상각방법은 적어도 매 회계연도 말에 검토한다.

유형자산과 마찬가지로 식별가능 무형자산을 취득하여 최초에 취득원가로 인식한 이후에는 평가에 대한 회계정책으로 원가모형이나 재평가모형을 선택할 수 있다. 재평가모형을 채택하면 자산을 재평가일의 공정가치로 평가하고, 공정가치에서 이후의 상각누계액과 손상누계액을 차감한 금액으로 장부금액을 표시한다. 무형자산을 직접법으로 보고한 경우에는 단순히 장부금액을 재평가금액으로 조정하면 된다. 재평가모형에서는 보고기간 말에 자산의 장부금액이 공정가치와 중요하게 차이가 나지 않도록 주기적으로 재평가를 실시한다.

식별가능한 무형자산에 손상이 발생하였다면 이를 발생한 시기에 즉각 손실로 인식해야 한다. 즉, 회수가능액이 장부금액에 미달하게 되는 경우에는 장부금액을 회수가능액으로 조정하고 그 차액을 손상차손(당기손실)으로 처리한다. 한편, 과거에 인식한 손상차손이 더 이상 존재하지 않거나 감소하면, 손상차손환입으로 인식한다. 이러한 회계처리는 유형자산과 동일하다.

Question

5-1 재무상태표 작성 시 무형자산으로 분류표시되는 항목에 대한 설명으로 옳지 않은 것은?

① 내부적으로 창출한 영업권은 무형자산으로 인식하지 않는다.
② 무형자산을 상각하는 경우 상각방법은 자산의 경제적 효익이 소비되는 방법을 반영하여 정액법, 체감잔액법, 생산량비례법 등을 선택하여 적용할 수 있다.
③ 숙련된 종업원은 미래 경제적 효익에 대한 충분한 통제능력을 갖고 있지 않으므로 무형자산의 정의를 충족시키지 못하여 재무상태표에 표시하지 않는다.
④ 영업권을 제외한 모든 무형자산은 보유기간 동안 상각하여 비용 또는 기타자산의 원가로 인식한다.
⑤ 제품 생산 전의 시제품과 모형을 시험하는 활동에 사용된 금액은 무형자산으로 인식한다.

| 해답 | ④

무형자산의 상각은 내용연수에 따라 다르다. 내용연수가 유한한 무형자산은 상각하고, 내용연수가 비한정적인 무형자산은 상각하지 않는다.

5-2 (주)한국은 20×1년 1월 1일 무형자산 요건을 충족하는 특허권을 취득(취득원가 10,000원, 내용연수 5년, 잔존가치 0원, 정액법 상각)하고 재평가모형을 적용하고 있다. 특허권은 활성시장이 존재하며, 20×2년 말 손상이 발생하였고, 20×3년 말 손상이 회복되었다. 연도별 특허권의 공정가치와 회수가능액이 다음과 같을 경우, 20×3년 말 손상차손환입액과 재평가잉여금 증가액은 얼마인가? (단, 내용연수 동안 재평가잉여금의 이익잉여금 대체는 없는 것으로 가정한다)

구분	20×1년 말	20×2년 말	20×3년 말
공정가치	₩8,400	₩5,900	₩4,200
회수가능액	₩8,500	₩5,400	₩4,100

| 해답 |

20×1년 1월 1일

(차) 특허권	10,000	(대) 현금	10,000

20×1년 12월 31일

(차) 특허권상각비	2,000	(대) 특허권	2,000
특허권	400	재평가이익(OCI)	400

특허권상각비 $=\frac{10{,}000\text{원}-0\text{원}}{5\text{년}}=$ 2,000원, 상각후 특허권의 장부금액은 8,000원이므로

재평가모형에 따라 공정가치로 장부금액을 다시 수정한다.

20×2년 12월 31일

(차) 특허권상각비	2,100	(대) 특허권	2,100
재평가손실(OCI)	400	재평가이익(OCI)	400
손상차손(PL)	500	손상차손누계액	500

특허권상각비 $= \frac{8,400\text{원} - 0\text{원}}{4\text{년}} =$ 2,100원, 상각후 특허권의 장부금액은 6,300원이므로 회수가능액 5,400원으로 손상평가한 결과, 손상차손은 900원인데, 전년도 재평가이익잉여금이 있으므로 이를 재평가손실로 우선 감소시키고, 초과한 부분에 대해서 손상차손으로 인식한다.

20×3년 12월 31일

(차) 특허권상각비	1,800	(대) 특허권	1,800
손상차손누계액	500	손상차손환입(PL)	500
특허권	100	재평가이익(OCI)	100

특허권상각비 $= \frac{5,400\text{원} - 0\text{원}}{3\text{년}} =$ 1,800원, 상각후 특허권의 장부금액은 3,600원이다. 20×3년 재평가에서 공정가치가 4,200원으로 회복하였으므로, 20×2년 손상차손으로 인식한 500원을 손상차손환입으로 먼저 인식하고, 이를 초과하는 100원을 자산재평가이익(OCI)으로 인식하여 자산재평가잉여금을 증가시킨다.

2 연구와 개발

내부적으로 창출된 무형자산은 미래 경제적 효익의 유입가능성과 자산 원가의 신뢰성 있는 측정이라는 자산인식기준을 충족하기 어렵기 때문에, 원칙적으로는 자산으로 재무상태표에 인식하지 않는다. 다만, K-IFRS는 기업의 연구개발활동의 지출을 연구단계와 개발단계로 구분하여 각 단계의 지출의 회계처리를 달리하도록 하고 있다. 즉, 연구단계에서 발생한 지출은 모두 비용으로 처리하고, 개발단계에서 발생한 지출 중 일정조건을 모두 충족하면 개발비라는 무형자산으로 처리하되, 조건을 충족하지 못하면 경상개발비로 비용처리한다.

(1) 연구단계

연구활동이란 새로운 과학적·기술적 지식이나 이해를 얻기 위해 수행하는 독창적이고 계획적인 탐구활동을 의미한다. 연구단계에서의 지출은 미래 경제적 효익을 창출할 자산성이 불확실하기 때문에 모두 비용으로 처리한다. 연구단계에 속하는 활동의 일반적인 예는 다음과 같다.

① 새로운 지식을 얻고자 하는 활동
② 연구결과 또는 기타지식을 탐색, 평가, 최종 선택 및 응용하는 활동
③ 재료, 장치, 제품, 공정, 시스템, 용역 등에 대한 여러 대체안을 탐색하는 활동
④ 새롭거나 개선된 재료, 장치, 제품, 공정, 시스템, 용역 등에 대한 여러 가지 대체안을 제안, 설계, 평가 및 최종 선택하는 활동

(2) 개발단계

개발이란 상업적인 생산이나 사용 전에 연구결과나 관련 지식을 새롭거나 현저히 개량된 재료, 장치, 제품, 공정, 시스템이나 용역의 생산을 위한 계획이나 설계에 적용하는 활동을 의미한다. 개발단계는 연구단계보다 진전된 단계로 이 단계의 지출로 인하여 기업은 미래의 경제적 효익을 창출할 수 있을 것임을 제시할 수 있다. 개발단계에 속하는 활동의 일반적인 예는 다음과 같다.

① 생산 전이나 사용 전의 시제품과 모형을 설계, 제작 및 시험하는 활동
② 새로운 기술과 관련된 공구, 금형, 주형 등을 설계하는 활동
③ 상업적 생산목적으로 실현가능한 경제적 규모가 아닌 시험공장을 설계, 건설 및 가동하는 활동
④ 새롭거나 개선된 재료, 장치, 제품, 공정, 시스템 및 용역 등에 대하여 최종적으로 선정된 안을 설계, 제작 및 시험하는 활동

특히 개발단계에서는 다음의 6가지 조건을 모두 만족하는 경우에 한해서만 개발비라는 무형자산으로 인식한다. 만약 개발단계의 지출이라고 하더라도 조건을 모두 만족하지 못한다면 경상개발비라는 과목으로 기간비용처리한다.

① 무형자산을 사용하거나 판매하기 위해 그 자산을 완성시킬 수 있는 기술적 실현가능성이 있음

② 무형자산을 완성하여 사용하거나 판매하려는 기업의 의도를 제시할 수 있음
③ 해당 기업이 무형자산을 사용하거나 판매할 수 있는 능력을 보유하고 있음
④ 무형자산이 미래 경제적 효익을 창출하는 방법을 제시할 수 있음
⑤ 무형자산의 개발을 완료하고 그것을 판매하거나 사용하는 데 필요한 기술적 · 재정적 자원 등의 입수가능성을 제시할 수 있음
⑥ 해당 기업이 개발과정에서 발생한 무형자산 관련 지출을 신뢰성 있게 측정할 수 있는 기업의 능력을 보유하고 있음

도표 5-1 | 제품의 연구개발단계

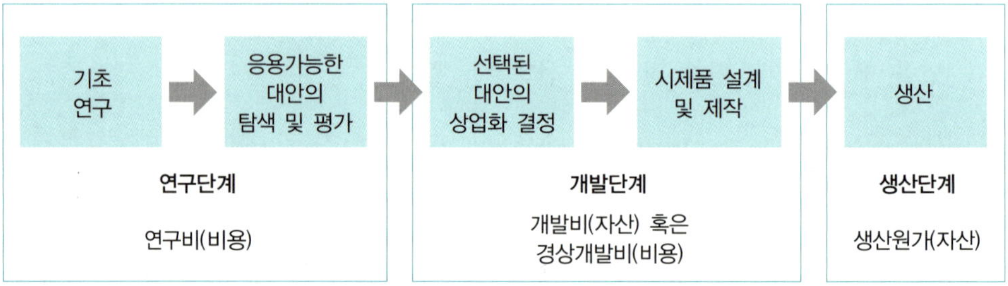

Question

5-3 다음은 (주)한국이 20×1년 12월 31일에 지출한 연구 및 개발활동 내역이다. (주)한국이 20×1년에 비용으로 인식할 총금액은 얼마인가? (단, 개발활동으로 분류되는 항목에 대해서는 지출금액의 50%가 자산인식요건을 충족했다고 가정한다)

- 새로운 지식을 얻고자 하는 활동: ₩100,000
- 생산이나 사용 전의 시제품과 모형을 제작하는 활동: ₩250,000
- 상업적 생산 목적으로 실현가능한 경제적 규모가 아닌 시험공장을 건설하는 활동: ₩150,000
- 연구결과나 기타지식을 탐색, 평가, 응용하는 활동: ₩300,000
- 재료, 장치, 제품, 공정, 시스템이나 용역에 대한 여러 가지 대체안을 탐색하는 활동: ₩50,000

| 해답 |

연구활동 지출금액=100,000원+300,000원+50,000원=450,000원이고,
개발활동 지출금액=250,000원+150,000원=400,000원이다.
비용으로 인식할 금액은 연구활동 지출금액 전액과 개발활동 지출금액의 50%이다. 따라서 450,000원+400,000원×50%=650,000원이다.

3 영업권

영업권(goodwill)이란 기업이 다른 기업들보다 더 많은 수익을 올릴 수 있는 능력, 즉 초과수익력을 의미한다. 영업권은 내부창출 영업권과 사업결합으로 외부에서 취득한 영업권으로 나눌 수 있다. 내부창출 영업권에는 기업 스스로가 연구활동을 통해서 보유하게 된 기술력이나 고객충성도, 시장점유율, 우수한 경영능력 등이 있다. 그러나 내부창출 영업권은 자산인식기준을 충족하지 못하기 때문에 무형자산으로 인식하지 않는다. 반면, 사업결합으로 외부에서 취득한 영업권은 다음과 같은 방법을 통하여 무형자산으로 인식한다.

> 영업권=사업결합원가(사업결합에 소요된 매수원가)
> −식별가능순자산(자산-부채)의 공정가치×취득자지분

즉, 영업권은 사업결합원가 중 식별가능한 순자산(자산−부채)의 공정가치를 초과하여 지급된 금액으로, 이는 합병된 기업의 장부에 기록되지 않은 무형의 가치가 있다고 판단하여 지급한 금액을 의미한다. 무형자산으로 기록된 영업권의 내용연수는 한정하기 어렵다. 따라서 영업권은 비한정내용연수를 가진 것으로 보고 상각하지 않고, 다만 매년 손상검사를 통해 손상차손을 인식한다.

Question

5-4 (주)한국은 (주)민국을 합병하였다. 합병시점의 (주)민국의 재무상태표상 자산총액은 15,000,000원이고, 부채총액은 9,000,000원이다. (주)민국의 재무상태표상 장부가치는 토지를 제외하고는 공정가치와 같다. 토지는 장부상 5,000,000원으로 기록되어 있으나, 공정가치는 합병시점에 10,000,000원인 것으로 평가되었다. 이 합병으로 (주)한국이 영업권으로 계상한 금액이 7,000,000원이라면, 합병대가는 얼마인가?

| 해답 |

자산의 공정가치=토지를 제외한 자산의 공정가치+토지의 공정가치
=10,000,000원+10,000,000원=20,000,000원

순자산의 공정가치=자산의 공정가치−부채의 공정가치=20,000,000원−9,000,000원
=11,000,000원이다.

따라서 합병대가=11,000,000원+7,000,000원=18,000,000원이다.

연습문제

01 재무상태표 작성 시 무형자산으로 분류표시되는 항목에 대한 설명으로 옳지 않은 것은?

▶ 2014년, 국가직 9급

① 내부적으로 창출한 영업권은 무형자산으로 인식하지 않는다.
② 무형자산을 상각하는 경우 상각방법은 자산의 경제적 효익이 소비되는 방법을 반영하여 정액법, 체감잔액법, 생산량비례법 등을 선택하여 적용할 수 있다.
③ 숙련된 종업원은 미래 경제적 효익에 대한 충분한 통제능력을 갖고 있지 않으므로 무형자산의 정의를 충족시키지 못하여 재무상태표에 표시하지 않는다.
④ 영업권을 제외한 모든 무형자산은 보유기간 동안 상각하여 비용 또는 기타자산의 원가로 인식한다.

02 무형자산에 대한 설명으로 옳지 않은 것은? ▶ 2018년, 국가직 9급

① 무형자산으로 정의되기 위해서는 식별가능성, 자원에 대한 통제 및 미래 경제적 효익의 존재라는 조건을 모두 충족하여야 한다.
② 무형자산에는 특허권, 상표권, 저작권 등이 있다.
③ 사업결합으로 취득한 식별가능 무형자산의 취득원가는 취득일의 공정가치로 평가한다.
④ 비한정내용연수를 가지는 것으로 분류되었던 무형자산이 이후에 유한한 내용연수를 가지는 것으로 변경된 경우에도 상각을 하지 않는다.

03 무형자산에 대한 설명으로 옳은 것은? ▶ 2018년, 지방직 9급

① 무형자산은 유형자산과 달리 재평가모형을 사용할 수 없다.
② 라이선스는 특정 기술이나 지식을 일정지역 내에서 이용하기로 한 권리를 말하며, 취득원가로 인식하고 일정기간 동안 상각한다.
③ 내부적으로 창출한 상호, 상표와 같은 브랜드 네임은 그 경제적 가치를 측정하여 재무제표에 자산으로 기록하여 상각한다.
④ 영업권은 내용연수가 비한정이므로 상각하지 않는다.

04 무형자산의 인식에 대한 설명으로 옳은 것은? ▶ 2015년, 국가직 9급

① 내부 프로젝트의 연구단계에 대한 지출은 자산의 요건을 충족하는지를 합리적으로 판단하여 무형자산으로 인식할 수 있다.
② 개발단계에서 발생한 지출은 모두 무형자산으로 인식한다.
③ 사업결합으로 취득하는 무형자산의 취득원가는 취득일의 공정가치로 인식하고, 내부적

으로 창출한 영업권은 무형자산으로 인식하지 아니한다.
④ 내부적으로 창출한 브랜드, 출판표제, 고객 목록과 이와 실질이 유사한 항목은 무형자산으로 인식한다.

05 (주)한국은 내용연수가 유한한 무형자산에 대하여 정액법(내용연수 5년, 잔존가치 ₩0)으로 상각하여 비용처리한다. (주)한국의 2016년 무형자산 관련 자료가 다음과 같을 때, 2016년에 인식할 무형자산상각비는? (단, 2016년 이전에 인식한 무형자산은 없으며, 무형자산상각비는 월할상각한다) ▶ 2017년, 국가직 9급

- 1월 1일: 새로운 제품의 홍보를 위해 ₩10,000을 지출하였다.
- 4월 1일: 회계법인에 의뢰하여 평가한 '내부적으로 창출한 영업권'의 가치는 ₩200,000이었다.
- 7월 1일: 라이선스를 취득하기 위하여 ₩5,000을 지출하였다.

① ₩500 ② ₩2,500
③ ₩30,500 ④ ₩32,000

06 (주)한국은 차세대 통신기술 연구개발을 위해 다음과 같이 지출하였다.

구분	2016년	2017년
연구단계	₩100,000	₩100,000
개발단계	–	₩600,000

2017년 개발단계 지출액 ₩600,000은 무형자산 인식기준을 충족하였으며, 동년 7월 1일에 개발이 완료되어 사용하기 시작하였다. 동 무형자산은 원가모형을 적용하며, 정액법(내용연수 10년, 잔존가치 ₩0)으로 상각한다. 회수가능액이 2017년 말 ₩500,000이라고 할 때, 결산 시 인식할 손상차손은? (단, 상각비는 월할계산한다) ▶ 2018년, 국가직 9급

① ₩40,000 ② ₩70,000
③ ₩100,000 ④ ₩260,000

07 (주)한국은 20×1년 1월 1일 무형자산 요건을 충족하는 특허권을 취득(취득원가 ₩10,000, 내용연수 5년, 잔존가치 ₩0, 정액법 상각)하고 재평가모형을 적용하고 있다. 특허권은 활성시장이 존재하며, 20×2년 말 손상이 발생하였고, 20×3년 말 손상이 회복되었다. 연도별 특허권의 공정가치와 회수가능액이 다음과 같을 경우, 20×3년 말 손상차손환입액과 재평가잉여금 증가액은? (단, 내용연수 동안 재평가잉여금의 이익잉여금 대체는 없는 것으로 가정한다) ▶ 2018년, 국가직 7급

구분	20×1년 말	20×2년 말	20×3년 말
공정가치	₩8,400	₩5,900	₩4,200
회수가능액	₩8,500	₩5,400	₩4,100

① 손상차손환입액 ₩500, 재평가잉여금 증가액 ₩0
② 손상차손환입액 ₩500, 재평가잉여금 증가액 ₩100
③ 손상차손환입액 ₩600, 재평가잉여금 증가액 ₩0
④ 손상차손환입액 ₩600, 재평가잉여금 증가액 ₩100

08 한국채택국제회계기준에서 규정하고 있는 연구활동의 예가 아닌 것은? ▶ 2014년, 국가직 9급

① 연구결과나 기타지식을 응용하는 활동
② 공정이나 시스템 등에 대한 여러 가지 대체안을 탐색하는 활동
③ 새로운 공정이나 시스템 등에 대한 여러 가지 대체안을 평가 또는 최종 선택하는 활동
④ 생산 전의 시제품과 모형을 시험하는 활동

09 다음은 (주)한국이 2015년 12월 31일에 지출한 연구 및 개발활동 내역이다. (주)한국이 2015년에 비용으로 인식할 총금액은? (단, 개발활동으로 분류되는 항목에 대해서는 지출금액의 50%가 자산인식요건을 충족했다고 가정한다) ▶ 2015년, 국가직 7급

- 새로운 지식을 얻고자 하는 활동: ₩100,000
- 생산이나 사용 전의 시제품과 모형을 제작하는 활동: ₩250,000
- 상업적 생산목적으로 실현가능한 경제적 규모가 아닌 시험공장을 건설하는 활동: ₩150,000
- 연구결과나 기타지식을 탐색, 평가, 응용하는 활동: ₩300,000
- 재료, 장치, 제품, 공정, 시스템이나 용역에 대한 여러 가지 대체안을 탐색하는 활동: ₩50,000

① ₩450,000　② ₩550,000
③ ₩650,000　④ ₩700,000

10 (주)한국은 (주)민국을 합병하고 합병대가로 ₩20,000,000의 현금을 지급하였다. 합병시점의 (주)민국의 재무상태표상 자산총액은 ₩15,000,000이고 부채총액은 ₩9,000,000이다. (주)민국의 재무상태표상 장부가치는 토지를 제외하고는 공정가치와 같다. 토지는 장부상 ₩5,000,000으로 기록되어 있으나, 공정가치는 합병시점에 ₩10,000,000인 것으로 평가되었다. 이 합병으로 (주)한국이 영업권으로 계상하여야 할 금액은? ▶ 2015년, 국가직 9급

① ₩0　② ₩4,000,000
③ ₩9,000,000　④ ₩14,000,000

CHAPTER

06 금융자산

학습목표

금융자산은 금융계약에 의하여 현금 등을 수취할 권리를 의미하는 자산으로 다양한 자산들이 여기에 속한다. 본 장에서는 대표적인 금융자산, 예를 들어 현금및현금성자산, 수취채권 및 금융상품의 회계처리에 대해서 학습한다. 특히 현금및현금성자산에서는 당좌예금관리를 위한 은행계정조정표 작성, 수취채권에서는 대손의 회계처리, 금융상품에서는 평가손익 및 처분손익에 대한 회계처리 등 다양한 회계처리를 학습한다.

1 금융자산의 분류

금융이란 자금의 융통을 의미하는 것으로 자금의 여유가 있는 사람이 자금을 필요로 하는 사람에게 금융상품을 매개로 자금을 이전하는 것을 말한다. 금융상품은 금융거래로 인하여 한편의 거래당사자에게는 금융자산을 발생시키고 다른 한편의 당사자에게는 금융부채(또는 지분상품)를 발생시키는 계약으로 금융자산은 금융계약에 의해 현금 등을 수취할 권리를, 금융부채는 금융계약에 의해 현금 등을 지급할 의무를 의미한다.

기업은 여유자금의 효율적인 운용을 위하여 금융자산을 취득한다. 금융자산에는 현금및현금성자산과 매출채권, 대여금 및 각종 기타채권 등을 포함하는 수취채권을 비롯하여 다른 회사의 주식이나 회사채 및 국공채의 채무증권 등이 있다.

2 현금및현금성자산

(1) 현금및현금성자산의 분류

현금은 즉각적인 지급수단으로 유동성이 가장 높은 자산이다. 회계에서는 중요성의 원칙에 따라 현금과 동일한 유동성을 가진 항목들을 통합하여 현금이라는 하나의 계정과목으로 분류한다. 예를 들어, 지폐와 주화 등의 통화뿐만 아니라 당좌예금, 보통예금과 같은 요구불예금, 타인발행수표, 송금환, 지급기일이 도래한 사채이자표와 배당증서 같은 통화대용증권들도 현금의 계정과목에 포함한다.

한편, 현금은 도난이나 횡령, 분실의 위험이 높고, 이를 보유하는 것만으로는 자산증식이 어렵다. 따라서 여유현금의 경우 은행 등의 금융기관에서 취급하는 금융상품에 투자하는 경우가 많다. 현금성자산은 현금의 단기적인 운용을 목적으로 취득한 유동성이 가장 높은 단기금융자산으로, 첫째, 현금으로의 전환이 쉽고, 둘째, 전환에 따른 거래비용이 크지 않으며, 셋째, 이자율의 변동에 따른 가치변동이 작은 금융자산이다. 예를 들어, 취득 당시 만기가 3개월 이내에 도래하는 채권, 환매채, 단기수익증권 등이 여기에 포함된다.

Question

6-1 다음은 20×1년 12월 31일 현재 (주)한국이 보유하고 있는 항목들이다. (주)한국이 20×1년 12월 31일의 재무상태표에 현금및현금성자산으로 표시할 금액은 얼마인가?

지급기일이 도래한 공채이자표	₩5,000
당좌거래개설보증금	3,000
당좌차월	1,000
수입인지	4,000
선일자수표(20×2/3/1 이후 통용)	2,000
지폐와 동전 합계	50,000
20×1/12/20에 취득한 만기 20×2/2/20일 양도성예금증서	2,000
20×1/10/01에 취득한 만기 20×2/3/31인 환매채	1,000

| 해답 |

현금=지폐와 동전 합계+지급기일이 도래한 공채이자표=50,000원+5,000원=55,000원
현금성자산=20×1/12/20에 취득한 만기 20×2/2/20일 양도성예금증서=2,000원
따라서 현금및현금성자산=55,000원+2,000원=57,000원이다.

(2) 은행계정조정표

당좌예금은 현금의 계정과목으로 분류되는 요구불예금의 하나로 은행과 당좌거래를 개설한 기업이 발행한 수표를 제시하는 사람에게 은행이 현금을 지급하는 형태의 예금이다. 당좌예금은 예금에 대한 이자가 없고 수표발행을 통하여 인출된다. 기업은 당좌예금을 이용하여 현금보유 및 취급에 따르는 위험을 줄일 수 있고, 은행에 현금지출업무를 대행시킬 수 있어 편리하다. 기업의 당좌거래의 형태는 [도표 6-1]과 같다.

도표 6-1 | 기업의 당좌거래

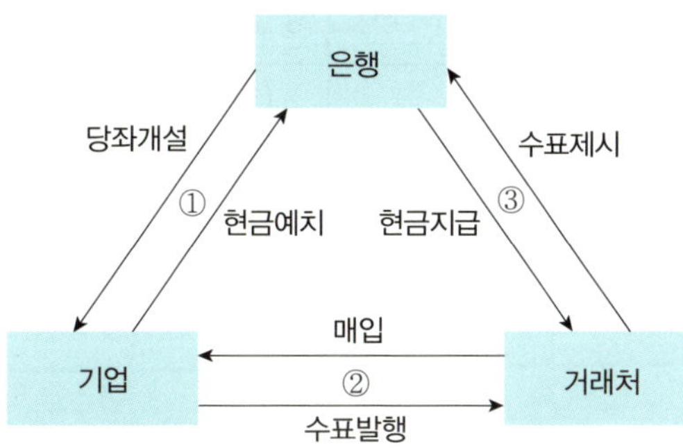

당좌예금은 현금지출업무를 위하여 빈번히 이용되기 때문에 실제잔액과 장부상의 잔액의 일치여부를 자주 확인해야 한다. 기업은 은행으로부터 정기적으로 당좌예금잔액증명서를 발부받아 장부잔액과 대조하고, 만약 잔액이 서로 일치하지 않는다면 그 원인을 밝혀야 한다. 이때 은행계정조정표를 이용할 수 있다. 은행계정조정표는 은행 측 잔액과 기업의 장부잔액이 서로 일치하지 않는 원인을 밝혀 조정하는 표로 일치하지 않는 원인에는 다음과 같은 경우들이 있다.

① **미통지예금**: 거래처 등에서 기업의 은행계좌에 입금하여 은행 측 잔액에는 반영되어 있지만, 기업 측에는 통지가 되어 있지 않은 예금이다. 기업 측 잔액에서 조정한다.

② **부도수표**: 기업이 입금한 타인발행수표가 부도처리되어 은행계좌에 입금되지 못한 경우이다. 기업 측 잔액에서 조정한다.

③ **미기록예금**: 기업은 입금하였지만 은행에 아직 입금기록이 되지 않은 예금이다. 은행 측 잔액에서 조정한다.

④ **미결제수표**: 기업은 발행하였지만 아직 은행에 제시되지 않은 수표이다. 은행 측 잔액에서 조정한다.

은행계정조정표는 다음 두 가지의 목적을 위해서 작성된다. 첫째는 기업의 오류를 발견하고 그 내용에 대해 세부적인 검토를 함으로써 통제기능을 수행하기 위한 것이고, 둘째는 은행은 처리한 거래지만 기업은 파악하지 못한 거래를 발견하기 위한 것이다. 은행계정조정표를 통해 확인된 내용 중 기업 측에 아직 반영되지 않은 내용은 적절하게 수정분개를 하여 잔액을 조정한다.

도표 6-2 | 은행계정표의 작성

은행계정조정표

××년 ××월 ××일 현재

회사 측 잔액	△△△	은행 측 잔액	☆☆☆
(+) 미통지예금 (+) 이자수익 (−) 부도수표 (−) 이자비용, 수수료		(+) 미기록예금 (−) 미결제수표	
올바른 잔액	○○○	올바른 잔액	○○○

Question

6-2 다음의 자료를 이용한 20×1년 6월 30일 조정 전 은행 측 잔액증명서상의 금액은 얼마인가?

(1) 20×1/6/30 조정 전 회사 측 당좌예금잔액 200,000원

(2) 은행 측 잔액증명서상의 금액과 회사 측 잔액과의 차이를 나타내는 원인

은행예금 이자	15,000원
회사발행미지급수표	100,000원
어음추심수수료	1,000원
회사에 미통지된 예금	120,000원

| 해답 |

은행계정조정표

20×1년 6월 30일 현재 (단위: 원)

회사 측 잔액		₩200,000	은행 측 잔액		₩?
미통지예금	120,000		미결제수표	100,000	(100,000)
이자수익	15,000	135,000			
수수료	1,000	(1,000)			
올바른 잔액		₩334,000	올바른 잔액		₩334,000

조정 후 올바른 잔액은 334,000원이므로 조정 전 은행 측 잔액은 434,000원이다.

3 수취채권

(1) 수취채권의 평가

수취채권은 미래에 일정한 금액을 받을 수 있는 계약상의 권리를 나타내는 금융자산으로 기업이 재화나 용역을 고객에게 외상으로 판매하고, 그 대가로 미래에 현금을 수취하기로 한 매출채권과 대여금이나 미수금과 같은 비매출채권을 모두 통칭한다.

대표적인 수취채권인 매출채권은 신용판매의 결과로 발생하여, 이의 대금이 회수되면 소멸한다. 하지만 거래처의 사정으로 인하여 대금이 회수되지 못할 가능성도 있다. 회계기준에서는 매 회계기간 말에 매출채권의 회수가능성을 고려하여 이를 평가하고, 만약 손상가능성이 있다면 대손상각비의 당기손실로 인식하도록 하고 있다. 일반적으로 매출채권의 손상은 대손충당금을 설정하여 이를 매출채권의 계정에서 차감하는 형식으로 보고한다.

대손충당금을 너무 많이 계상하면 매출채권의 잔액이 과소계상되고 너무 적게 계상하면 매출채권잔액이 과대계상되어 외부에 보고되는 자산금액이 왜곡될 수 있으므로 신중하게 접근해야 한다. 일반적으로 대손은 결산기말에 기업의 과거 대손경험치에 근거하여 매출채권 전체 혹은 경과기간기준으로 나누어 추정한다.

＊예제 6-1

20×1년에 설립된 (주)한국의 기말 현재 매출채권은 100,000원이다. 기말에 매출채권을 평가한 결과, 2,000원이 회수 불가능할 것으로 추정하였다. 20×2년도에 거래처의 파산으로 1,000원이 대손 확정되었으나, 이 중 600원을 이후에 회수하였다. 20×2년도 기말 현재 매출채권잔액 150,000원 중 대손추정액은 3,000원이다. 20×1년부터 20×2년까지의 대손상각에 관한 회계처리를 하라.

① 20×1년도 결산기말 대손설정

(차)	대손상각비	2,000	(대) 대손충당금	2,000

② 20×2년도 대손의 확정

(차)	대손충당금	1,000	(대) 매출채권	1,000

③ 20×2년도 대손확정한 채권의 회수

(차)	매출채권	600	(대) 대손충당금	600
	현금	600	매출채권	600

④ 20×2년도 결산기말 대손설정

(차) 대손상각비	1,400	(대) 대손충당금	1,400

(2) 매출채권의 양도

매출채권은 만기일에 현금으로 회수되면 장부에서 제거한다. 그러나 만기일 이전에 현금이 필요하거나 채권회수의 부담을 피하기 위하여 채권의 권리를 타인에게 양도하거나 금융회사에 매각할 수 있다. 다만, 채권을 매수하는 입장에서는 대금의 회수에 시간과 노력이 필요하기 때문에 일정금액을 할인하거나 수수료를 차감하여 대금을 지급한다. 매출채권의 양도를 외상매출금의 경우에는 팩토링이라고 하고 받을어음의 경우에는 할인이라고 한다.

Question

6-3 (주)한국은 20×1년 4월 1일에 고객에게 상품판매대가로 이자부약속어음(만기 5개월, 이자율 연 5%, 액면가액 72,000원)을 수령하였다. 이 어음을 2개월간 보유한 후 자금사정으로 주거래은행에 할인율 8%로 할인하였다. 현금수취액 및 할인 시의 회계처리를 하라(단, 이자는 월할계산하며, 어음할인은 제거요건을 충족한다).

| 해답 |

어음의 만기가액			
액면금액		₩72,000	
이자금액	72,000×5%×5/12	1,500	₩73,500
할인금액	73,500×8%×3/12		(1,470)
현금수취액			₩72,030
장부금액	72,000+(72,000×5%×2/12)		(72,600)
매출채권처분손실			₩ (570)

(차) 현금	72,030	(대) 매출채권	72,000
매출채권처분손실	570	이자수익	600

4 금융상품

(1) 금융상품의 분류

기업이 여유자금 운용을 위해 많이 이용하는 금융상품에는 지분상품과 채무상품이 있다. 지분상품은 다른 회사가 발행한 주식으로 발행회사의 잔여지분을 수취할 권리를 가지고, 사채나 국공채와 같은 채무상품은 만기의 원금과 보유기간 중의 이자를 수취할 권리를 가진다.

기업이 지분상품과 채무상품을 취득하면 이는 금융자산으로 분류한다. K-IFRS의 제1109호에서는 금융자산을 보유목적에 따라 [도표 6-3]과 같이 분류하고 있다.

도표 6-3 | 보유목적에 따른 금융자산의 분류

계정과목	내용
상각후원가측정 금융자산	금융자산의 계약상 현금흐름이 원금과 이자만으로 구성되고, 이를 수취할 목적으로 보유하는 경우
당기손익-공정가치측정 금융자산 (단기매매금융자산)	계약상 현금흐름의 수취가 아닌 (단기)매도를 목적으로 보유하는 경우
기타포괄손익-공정가치측정 금융자산 (매도가능금융자산)	계약상 현금흐름 수취의 목적도 있지만, 만기까지 보유하지 않고 중도 매도를 목적으로도 하는 경우

채무상품의 경우 보유목적에 따라 상각후원가측정 금융자산, 당기손익-공정가치측정 금융자산, 기타포괄손익-공정가치측정 금융자산 모두의 경우로 분류가능하다. 지분상품의 경우에는 원칙적으로 당기손익-공정가치측정 금융자산으로 분류하지만, 단기매도의 목적이 아니라면 기타포괄손익-공정가치측정 금융자산으로 분류할 수도 있다. 다만, 지정한 이후에는 이를 다른 금융자산으로 재분류할 수 없고, 또한 인식한 기타포괄손익을 당기손익으로 재순환조정할 수도 없다.

(2) 금융자산의 회계처리

1) 취득

금융자산은 최초인식시점에 공정가치로 측정한다. 공정가치는 일반적으로 거래가격(제공하거나 수취한 대가의 공정가치)이다. 당기손익-공정가치측정 금융자산의 경우, 거래가격만으로 취득원가를 측정하고, 그 외의 금융자산의 경우에는 해당 금융자산의 취득과 직접 관련되는 거래원가를 공정가치에 가감한다. 거래원가란 금융자산의 취득, 처분과 직접 관련된 증분원가로서 여기에는 대리인, 중개인, 판매자에게 지급하는 수수료, 법률 및 회계 등의 자문수수료, 감독기구와 증권거래소의 부과금, 양도세, 인지세 등이 포함된다. 그러나 거래원가에 금융원가, 내부관리원가, 내부보유원가를 포함하지는 않는다.

2) 평가 및 처분

상각후원가측정 금융자산은 상각후원가로 평가하고 유효이자율법을 사용하여 이자수익을 인식하여 당기손익에 반영한다. 이자수익은 금융자산의 총장부금액에 유효이자율을 적용하여 계산한다. 유효이자율이란 금융자산이나 금융부채의 기대존속기간에 추정 미래현금지급액이나 수취액의 현재가치를 금융자산의 총장부금액이나 금융부채의 상각후원가와 정확히 일치시키는 이자율을 말한다.

당기손익-공정가치측정 금융자산과 기타포괄손익-공정가치측정 금융자산은 공정가치로 평가한다. 공정가치는 거래의사가 있는 판매자와 구매자 사이의 정상적인 거래에서 합의된 가격을 의미한다. K-IFRS에서는 공정가치를 '측정일에 시장참여자 사이의 정상거래에서 자산을 매도하면서 수취하거나 부채를 이전하면서 지급하게 될 가격'으로 정의한다. 활성시장이 있는 경우 시장가격을 이용한다.

당기손익-공정가치측정 금융자산은 공정가치로 측정하되 공정가치 변동에 따른 평가손익을 당기손익으로 인식한다. 또한 처분 시에 발생하는 처분손익도 당기손익에 반영한다.

반면, 기타포괄손익-공정가치측정 금융자산은 공정가치로 측정하되 공정가치 변동에 따른 평가손익은 기타포괄손익으로 인식한다. 기타포괄손익은 재무상태표의 기타포괄손익누계액으로 마감된다. 기타포괄손익-공정가치측정 금융자산이 처분되거나 손상차손이 발생하는 경우 우선 처분일의 공정가치로 평가한 후, 해당 금융자산의 기타포괄손익누계액을 금융자산처분손익의 당기손익으로 대체한다. 이를 재순환조정이라고

하는데, 이를 통해 자본의 한 구성항목인 기타포괄손익누계액이 또 다른 구성항목인 이익잉여금으로 변경되지만, 재분류기간의 총포괄이익에는 영향을 주지 않는다.

다만, 지분상품의 경우는 원칙적으로 당기손익-공정가치측정으로 분류하지만, 단기매매항목이 아니라면, 투자의 후속적인 공정가치 변동을 기타포괄손익으로 표시하도록 최초인식시점에서 선택할 수 있다. 그러나 이렇게 인식된 지분상품의 기타포괄손익-공정가치 금융자산을 처분하는 경우에는 처분시점에 공정가치로 평가하여 평가손익(기타포괄손익)을 인식한 후, 평가손익의 누적액인 기타포괄손익누계액을 당기손익으로 대체하는 재순환조정을 하지 않는다.[1)]

도표 6-4 | 공정가치측정 금융자산의 회계처리

분류	현금흐름	평가손익	마감	처분손익	재순환조정
당기손익-공정가치측정 금융자산	지분상품	당기손익	이익잉여금	당기손익	해당 없음
	채무상품	당기손익	이익잉여금	당기손익	
기타포괄손익-공정가치측정 금융자산	지분상품	기타포괄손익	기타포괄손익누계액	기타포괄손익	불허
	채무상품	기타포괄손익	기타포괄손익누계액	당기손익	허용

* 예제 6-2

한국(주)는 다음과 같이 주식을 취득했다가 처분하였다. 이와 같은 주식들을 각각 당기손익-공정가치측정(FVPL) 금융자산으로 분류한 경우와 기타포괄손익-공정가치측정(FVOCI) 금융자산으로 분류한 경우 각각 필요한 회계처리를 비교하여 제시하라.

20×1년 중 취득원가	20×1년 말 공정가치	20×2년 말 공정가치	20×3년 중 처분가액
100,000원	150,000원	110,000원	120,000원

구분	FVPL 금융자산으로 분류	FVOCI 금융자산으로 분류
20×1년 취득 시	(차) FVPL 금융자산 100,000 (대) 현금 100,000	(차) FVOCI 금융자산 100,000 (대) 현금 100,000
20×1년 말	(차) FVPL 금융자산 50,000 (대) FVPL 금융자산평가이익(당기) 50,000	(차) FVOCI 금융자산 50,000 (대) FVOCI 금융자산평가이익(기타) 50,000
20×2년 말	(차) FVPL 금융자산평가손실(당기) 40,000 (대) FVPL 금융자산 40,000	(차) FVOCI 금융자산평가손실(기타) 40,000 (대) FVOCI 금융자산 40,000

1) 처분되는 기타포괄손익-공정가치 금융자산의 기타포괄손익누계액은 자본 내의 다른 항목으로 이전할 수 있다(K-IFRS 기준서 제1109호 BCE.38).

20×3년 처분 시	(차) 현금 120,000 (대) FVPL 금융자산 110,000 FVPL 금융자산처분이익(당기) 10,000	(차) FVOCI 금융자산 10,000 (대) FVOCI 금융자산평가이익(기타) 10,000 (차) 현금 120,000 (대) FVOCI 금융자산 120,000

Question

6-4 (주)대한은 20×1년 초에 (주)민국의 주식 10주를 300,000원(주당 30,000원)에 취득하고 수수료 20,000원을 별도로 지급하였다. 20×1년 말 동 주식의 공정가치가 주당 34,000원이었다.

(1) 당기손익인식금융자산으로 분류하였을 때 (주)대한이 동 주식에 대하여 인식해야 할 평가이익은 얼마인가?

(2) 매도가능금융자산으로 분류하였을 때 (주)대한이 동 주식에 대하여 인식해야 할 평가이익은 얼마인가?

| 해답 |

(1) 당기손익인식금융자산으로 분류
평가이익=공정가치－취득원가=340,000－300,000원=40,000원이다.

(2) 매도가능금융자산으로 분류
평가이익=공정가치－취득원가=340,000－320,000원=20,000원이다.

6-5 다음은 (주)한국이 보유하고 있는 금융자산에 관한 자료이다. 20×2년 말 금융자산평가손익이 당기순이익에 미치는 영향은 얼마인가? (단, 매도가능금융자산은 중대한 영향력을 행사할 수 없다)

구분	20×1년 5월 1일 취득원가	20×1년 12월 31일 공정가치	20×2년 12월 31일 공정가치
단기매매금융자산	₩1,200,000	₩1,100,000	₩1,400,000
매도가능금융자산	₩1,000,000	₩1,500,000	₩1,700,000

| 해답 |

단기매매금융자산의 평가손익만이 당기순이익에 반영되어 영향을 미친다.
20×2년도의 단기매매금융자산의 평가이익=1,400,000원－1,100,000원=300,000원이다.
따라서 300,000원만큼 이익에 (+)의 영향을 미친다.

3) 손상

상각후원가측정 금융자산은 보고기간 말에 기대신용손실이 발생하면 이를 장부에 반영하여 해당 자산을 적절하게 평가한다. 관련된 손실은 손상차손으로 인식하고 손실충당금을 설정한다. 후속기간에 기대신용손실이 회복되면 손실충당금을 한도로 하여 손상차손을 환입하고, 이를 당기손익으로 인식한다.

채무상품의 기타포괄손익-공정가치측정 금융자산은 최초인식시점에 공정가치로 측정하고, 그 이후에도 공정가치로 측정하되 공정가치의 변동액은 기타포괄손익으로 인식한다. 금융자산의 손상이 발생하면 손상차손을 인식하고 기타포괄손익에 반영한다. 후속기간에 기대신용손실이 회복되면 손상차손을 환입하여 당기손익으로 인식한다.

그러나 지분상품의 기타포괄손익-공정가치 금융자산의 경우에는 공정가치의 변동을 기타포괄손익으로 인식하고, 양도 시에도 처분손익을 당기손익으로 인식하지 않기 때문에 자산손상을 당기손익에 반영하는 손상회계처리의 대상이 되지 않는다. 당기손익-공정가치측정 금융자산의 경우에는 기말에 손상의 효과가 이미 평가손익으로 당기손익에 반영되어 있기 때문에 별도로 손상차손을 기록하지 않는다.

(3) 관계회사투자주식

이제까지의 금융상품의 회계처리는 기업이 여유자금을 활용하여 다른 회사의 지분상품에 투자하는 경우에 관한 것이었다. 그러나 주식에는 회사의 경영에 비례적으로 참가할 권리(의결권), 회사의 이익배분에 비례적으로 참가할 권리(이익분배권) 등이 부여되어 있기 때문에, 만약 다른 회사의 경영에 영향력을 행사할 목적으로 주식을 취득하였다면, 이에 관한 회계처리는 일반 투자목적의 회계처리와는 달라야 할 것이다.

만약 다른 회사의 주식을 과반수 이상 보유한다면, 투자회사(지배회사)와 피투자회사(종속회사)는 하나의 경제적 실체로 간주되어 두 회사의 재무제표를 하나로 연결한 연결재무제표를 작성해야 한다.

한편, 다른 회사의 주식을 과반수는 아니지만, 20% 이상을 직·간접적으로 보유하고 있다면, 이는 피투자회사에 유의한 영향력을 행사할 수 있다고 간주된다. 이 경우 투자회사는 지분법으로 회계처리한다. 지분법에 따르면 투자회사가 취득한 피투자회사의 주식은 관계기업투자주식으로 자산분류하고, 이후 피투자회사의 순자산변동에 따라 지분율만큼 자산을 변동시킨다. 구체적으로는 피투자회사가 당기순이익을 보고하면, 이는 피투자회사의 순자산이 증가한 것이므로 지분율만큼 자산금액을 증가시킨다. 만약 피투자회사가 배당을 하였다면, 이는 피투자회사의 순자산이 감소한 것이므로 지분율만큼 자산금액을 감소시킨다.

Question

6-6 (주)한국은 20×1년 1월 1일 장기투자목적으로 (주)서울의 발행주식 중 25%를 45,000원에 취득하였고, 이 주식에 지분법을 적용하고 있다. 취득시점에 (주)서울의 순자산장부금액에 대한 (주)한국의 지분금액은 취득 당시 매입가격과 일치하였다. (주)서울은 20×1년 당기순이익으로 ₩12,000을 보고하였고 동일 회계연도에 ₩6,000의 현금을 배당하였다. (주)한국의 20×1년 회계연도 말 재무상태표에 표시된 (주)서울에 대한 투자주식금액은 얼마인가? (단, 두 기업 간 내부거래는 없었다)

| 해답 |

20×1년 1월 1일 취득금액		₩45,000
(주)서울의 당기순이익을 지분율만큼 반영	12,000×25%=	3,000
(주)서울의 배당금을 지분율만큼 반영	6,000×25%=	(1,500)
20×1년 회계연도 말 투자주식금액		₩46,500

연습문제

01 다음은 2013년 12월 31일 현재 (주)한국이 보유하고 있는 항목들이다. (주)한국이 2013년 12월 31일의 재무상태표에 현금및현금성자산으로 표시할 금액은? ▶ 2014년, 국가직 9급

지급기일이 도래한 공채이자표	₩5,000
당좌거래개설보증금	3,000
당좌차월	1,000
수입인지	4,000
선일자수표(2014년 3월 1일 이후 통용)	2,000
지폐와 동전 합계	50,000
2013년 12월 20일에 취득한 만기 2014년 2월 20일인 양도성예금증서	2,000
2013년 10월 1일에 취득한 만기 2014년 3월 31일인 환매채	1,000

① ₩56,000 ② ₩57,000 ③ ₩58,000 ④ ₩59,000

02 다음 자료를 토대로 계산한 (주)한국의 정확한 당좌예금잔액은? ▶ 2015년, 국가직 9급

(주)한국의 조정 전 당좌예금계정잔액	₩12,200
은행 예금잔액증명서상 잔액	12,500
(주)한국에서 발행하였으나 은행에서 미인출된 수표	2,000
(주)한국에서 입금처리하였으나 은행에서 미기록된 예금	700
(주)한국에서 회계처리하지 않은 은행수수료	500
타회사가 부담할 수수료를 (주)한국에 전가한 은행의 오류	200
(주)한국에서 회계처리하지 않은 이자비용	300

① ₩10,700 ② ₩11,400 ③ ₩13,400 ④ ₩14,100

03 다음의 자료를 이용한 20×3년 6월 30일 조정 전 은행 측 잔액증명서상의 금액은? ▶ 2014년, 지방직 9급

(1) 20×3년 6월 30일 조정 전 회사 측 당좌예금잔액	₩200,000
(2) 은행 측 잔액증명서상의 금액과 회사 측 잔액과의 차이를 나타내는 원인	
은행예금이자	₩15,000
회사발행미지급수표	100,000
어음추심수수료	1,000
회사에 미통지된 예금	120,000

① ₩234,000 ② ₩334,000
③ ₩384,000 ④ ₩434,000

04 2013년 12월 31일 은행계정 조정 후 (주)대한의 장부상 정확한 당좌예금계정의 잔액은 ₩300,000이다. 이 금액은 거래은행이 보내온 2013년 12월 31일 은행계정명세서의 잔액과 차이가 있는데, 차이가 나는 원인은 다음과 같다.

- (주)대한이 발행한 수표 ₩5,000을 거래은행이 실수로 ₩500으로 처리하였다.
- (주)대한의 기발행미인출수표는 ₩20,000이다.
- 거래은행이 미처 기입하지 못한 (주)대한의 당좌예금 입금액이 ₩10,000이다.
- (주)민국이 발행한 수표 ₩4,000을 거래은행이 실수로 (주)대한의 계정에서 차감하였다.

거래은행이 보내 온 2013년 12월 31일 은행계정명세서의 잔액은? ▶ 2014년, 국가직 7급

① ₩289,500 ② ₩290,500
③ ₩310,500 ④ ₩309,500

05 (주)한국의 20×6년 12월 31일에 당좌예금 장부상 잔액이 ₩37,500이었고, 당좌예금과 관련된 다음의 사건이 확인되었다면, (주)한국이 거래은행에서 받은 20×6년 12월 31일자 예금잔액증명서상 당좌예금잔액은? ▶ 2018년, 지방직 9급

- (주)한국의 거래처에서 매출대금 ₩15,000을 은행으로 입금하였으나, (주)한국은 이 사실을 알지 못했다.
- 은행은 당좌거래 관련 수수료 ₩2,000을 (주)한국의 예금계좌에서 차감하였다.
- 은행 측 잔액증명서에는 반영되어 있으나 (주)한국의 장부에 반영되지 않은 다른 예금에 대한 이자수익이 ₩5,000 있다.
- 은행 측 잔액증명서에는 반영되어 있으나 (주)한국의 장부에 반영되지 않은 부도수표가 ₩6,000 있다.
- (주)한국은 은행에 ₩47,000을 예금하면서 ₩74,000으로 잘못 기록하였으나, 은행계좌에는 ₩47,000으로 올바로 기록되어 있다.

① ₩22,500 ② ₩24,500
③ ₩34,500 ④ ₩76,500

06 (주)대한의 2016년 말 현재 은행계정조정표와 관련된 자료는 다음과 같다. 은행 측은 기발행미인출수표가 누락되었음을 확인하였다. 기발행미인출수표의 금액은? ▶ 2017년, 지방직 9급

- 은행의 예금잔액증명서상 금액: ₩20,000
- (주)대한의 장부상 금액: ₩17,000
- 은행의 예금잔액증명서에는 반영되어 있으나 (주)대한의 장부에 반영되지 않은 금액
  - 예금이자: ₩1,000
  - 부도수표: ₩2,000
- 은행은 (주)민국의 발행수표 ₩6,000을 (주)대한의 발행수표로 착각하여 (주)대한의 당좌예금계좌에서 인출하여 지급하였다.

① ₩16,000　② ₩14,000
③ ₩12,000　④ ₩10,000

07 (주)한국은 고객에게 60일을 신용기간으로 외상매출을 하고 있으며, 연령분석법을 사용하여 기대신용손실을 산정하고 있다. 2017년 말 현재 (주)한국은 매출채권의 기대신용손실을 산정하기 위해 다음과 같은 충당금설정률표를 작성하였다. 2017년 말 매출채권에 대한 손실충당금(대손충당금) 대변잔액 ₩20,000이 있을 때, 결산 시 인식할 손상차손(대손상각비)은? ▶ 2018년, 국가직 9급

구분	매출채권금액	기대신용손실률
신용기간 이내	₩1,000,000	1.0%
1~30일 연체	₩400,000	4.0%
31~60일 연체	₩200,000	20.0%
60일 초과 연체	₩100,000	30.0%

① ₩66,000　② ₩76,000
③ ₩86,000　④ ₩96,000

08 (주)한국의 매출채권과 그에 대한 미래현금흐름 추정액은 다음과 같다. 충당금설정법을 사용할 경우 기말에 인식하여야 하는 대손상각비는? (단, 할인효과가 중요하지 않은 단기매출채권이며, 기중 대손충당금의 변동은 없다) ▶ 2016년, 지방직 9급

구분	기초	기말
매출채권	₩26,000	₩30,000
추정 미래현금흐름	₩24,500	₩26,500

① ₩2,000　② ₩3,000
③ ₩4,000　④ ₩5,000

09 당기매출액은 ₩300,000이고 대손상각비는 ₩20,000이다. 매출채권과 대손충당금의 기초 및 기말 자료가 다음과 같을 때, 고객으로부터 유입된 현금은? (단, 매출은 모두 외상매출로만 이루어진다)

▶ 2016년, 지방직 9급

구분	기초	기말
매출채권	₩300,000	₩500,000
대손충당금	₩20,000	₩20,000

① ₩80,000
② ₩100,000
③ ₩200,000
④ ₩280,000

10 (주)한국은 2016년 10월 1일 거래처의 파산으로 매출채권 ₩2,000을 회수할 수 없게 되었으며, 대손에 대한 회계처리는 충당금설정법을 적용하고 있다. 2015년과 2016년의 매출채권 관련 자료가 다음과 같을 때, 2016년 12월 31일 대손충당금 설정에 대한 분개로 옳은 것은? (단, 2015년 초 대손충당금잔액은 없으며, 미래현금흐름 추정액의 명목금액과 현재가치의 차이는 중요하지 않다)

▶ 2016년, 국가직 7급

구분	2015년 말	2016년 말
매출채권	₩100,000	₩120,000
추정 미래현금흐름	₩96,000	₩118,900

① (차) 대손상각비 ₩900 (대) 대손충당금 ₩900
② (차) 대손상각비 ₩1,100 (대) 대손충당금 ₩1,100
③ (차) 대손충당금 ₩900 (대) 대손충당금환입 ₩900
④ (차) 대손충당금 ₩1,100 (대) 대손충당금환입 ₩1,100

11 (주)대한은 상품의 취득원가에 30%의 이익을 가산하여 외상으로 판매하며, 신용기간이 경과한 후 현금으로 회수하고 있다. 기초 대손충당금잔액이 ₩40,000이며 당기 중 ₩25,000의 손상차손이 발생하였다. 기말 매출채권잔액의 손상차손 검사 결과, 매출채권 중 ₩48,000의 자산손상이 발생할 객관적 증거가 존재하는 경우의 적절한 기말회계처리는?

▶ 2014년, 지방직 9급

① (차) 대손상각비(손상차손) 58,000 (대) 대손충당금 58,000
② (차) 대손상각비(손상차손) 48,000 (대) 대손충당금 48,000
③ (차) 대손상각비(손상차손) 33,000 (대) 대손충당금 33,000
④ (차) 대손상각비(손상차손) 25,000 (대) 대손충당금 25,000

12 (주)한국은 20×1년 4월 1일에 고객에게 상품판매 대가로 이자부약속어음(만기 5개월, 이자율 연 5%, 액면가액 ₩72,000)을 수령하였다. 이 어음을 2개월간 보유한 후 자금사정으로 ₩72,030을 받고 할인하였다. 이 어음의 할인율과 어음처분손실은? (단, 이자는 월할계산하며, 어음할인은 제거요건을 충족한다) ▶ 2018년, 국가직 7급

	할인율	어음처분손실
①	8%	₩570
②	8%	₩1,470
③	12%	₩570
④	12%	₩1,470

13 금융자산 및 기업 간 투자에 대한 설명으로 옳은 것은? ▶ 2015년, 국가직 9급

① 관계기업투자주식을 보유한 기업이 피투자회사로부터 배당금을 받는 경우 관계기업투자주식의 장부가액은 증가한다.
② 타회사가 발행한 채무증권의 취득금액이 해당 기업의 보통주가격의 20% 이상이 되는 경우, 해당 기업의 경영에 유의적인 영향력을 미칠 수 있기에 관계기업투자로 분류한다.
③ 금융기관이 가지고 있는 단기매매금융자산은 기말에 공정가치평가손익을 포괄손익계산서에서 기타포괄손익으로 표시한다.
④ 만기가 고정된 비파생금융자산인 채무증권을 취득한 후 해당 증권을 만기까지 보유할 적극적인 의도와 능력이 있는 경우 만기보유금융자산으로 분류한다.

14 다음 거래로 취득한 금융자산의 세부분류와 측정금액은? ▶ 2017년, 국가직 7급

(주)한국은 한국거래소에서 투자목적으로 (주)서울의 주식 1주를 ₩10,000에 구입하고 수수료 ₩1,000을 지급하였다 (주)한국은 당해 주식을 단기간 내에 매각할 예정이다.

① 당기손익인식금융자산 ₩11,000　② 매도가능금융자산 ₩11,000
③ 당기손익인식금융자산 ₩10,000　④ 매도가능금융자산 ₩10,000

15 (주)대한은 2016년 초에 (주)민국의 주식 10주를 ₩300,000(@₩30,000)에 취득하고 수수료 ₩20,000을 별도로 지급하였으며, 동 주식을 당기손익인식금융자산으로 분류하였다. 2016년 말 동 주식의 공정가치가 주당 ₩34,000일 때, (주)대한이 동 주식에 대하여 인식해야 할 평가이익은? ▶ 2016년, 지방직 9급

① ₩10,000　② ₩20,000
③ ₩30,000　④ ₩40,000

16 (주)한국은 2015년 중 단기시세차익을 목적으로 (주)대한과 (주)민국의 주식을 다음과 같이 매입하였다. 취득 시 총매입금액의 1%인 ₩8,200을 거래수수료로 지급하였다. 주식의 주당 취득원가와 결산일인 2015년 12월 31일 현재 주식의 주당 공정가치가 다음과 같을 경우, 주식평가에 대한 회계처리로 옳은 것은? ▶ 2015년, 국가직 7급

구분	보유수량	주당 취득원가	주당 공정가치
(주)대한	100주	₩8,000	₩10,000
(주)민국	10주	₩2,000	₩3,000

① (차) 단기매매금융자산 ₩201,800 (대) 단기매매금융자산평가이익 ₩201,800
② (차) 단기매매금융자산 ₩210,000 (대) 단기매매금융자산평가이익 ₩210,000
③ (차) 매도가능금융자산 ₩201,800 (대) 매도가능금융자산평가이익 ₩201,800
④ (차) 매도가능금융자산 ₩210,000 (대) 매도가능금융자산평가이익 ₩210,000

17 (주)한국은 2016년 1월 1일 A주식 100주를 주당 ₩10,000에 취득하여 매도가능금융자산으로 분류하였으며, 2016년 4월 1일 3년 만기 B회사채(2016년 1월 1일 액면발행, 액면가액 ₩1,000,000, 표시이자율 연 4%, 매년 말 이자지급)를 ₩1,010,000에 취득하여 만기보유금융자산으로 분류하였다. 2016년 말 A주식의 공정가치는 주당 ₩9,500이고, B회사채의 공정가치는 ₩1,050,000이다. (주)한국의 A주식과 B회사채 보유가 2016년도 당기손익 및 기타포괄손익에 미치는 영향은? ▶ 2017년, 국가직 9급

① 당기손익 ₩40,000 감소, 기타포괄손익 ₩30,000 증가
② 당기손익 ₩40,000 증가, 기타포괄손익 ₩50,000 감소
③ 당기손익 ₩30,000 증가, 기타포괄손익 불변
④ 당기손익 ₩30,000 증가, 기타포괄손익 ₩50,000 감소

18 (주)한국은 2013년 1월 1일 (주)민국이 발행한 사채를 ₩952,000에 취득하여 매도가능금융자산으로 분류하였다. (주)민국이 발행한 사채는 액면금액 ₩1,000,000, 만기 3년, 액면이자율 연 10%, 이자는 매년 12월 31일에 지급한다. 2013년 12월 31일 사채의 공정가치는 ₩960,000이었다. (주)한국은 사채의 가치가 더 하락할 것을 우려하여 2014년 1월 1일 해당 사채를 ₩920,000에 처분하였다. 위의 거래가 (주)한국의 2013년도 당기순이익에 미치는 영향과 2014년 1월 1일에 인식할 처분손익으로 옳은 것은? (단, 발행 당시 해당 사채의 유효이자율은 12%이며 법인세효과는 없다고 가정한다) ▶ 2014년, 국가직 9급

① 당기순이익 ₩114,240 증가, 처분손실 ₩46,240
② 당기순이익 ₩114,240 증가, 처분손실 ₩40,000
③ 당기순이익 ₩108,000 증가, 처분손실 ₩46,240
④ 당기순이익 ₩108,000 증가, 처분손실 ₩40,000

19 (주)한국의 단기매매금융자산 거래가 다음과 같은 경우, 2015년의 법인세비용차감전순손익에 미치는 영향은? (단, 단가산정은 평균법에 의한다) ▷ 2015년, 지방직 9급

- 2014년에 A사 주식 100주(액면금액 주당 ₩5,000)를 ₩500,000에 취득하였으며, 2014년 말 공정가치는 ₩550,000이다.
- 2015년 2월에 A사는 현금배당 10%(액면기준)와 주식배당 10%를 동시에 실시하였으며, (주)한국은 A사로부터 배당금과 주식을 모두 수취하였다.
- 2015년 10월에 보유 중이던 A사 주식 중 55주를 주당 ₩6,000에 처분하였다.
- 2015년 말 A사 주식의 주당 공정가치는 ₩7,000이다.

① ₩160,000 증가 ② ₩185,000 증가
③ ₩205,000 증가 ④ ₩215,000 증가

20 다음은 (주)한국이 보유하고 있는 지분증권과 관련된 거래내역이다. 이 거래가 2013년의 당기손익에 미치는 영향은? (단, (주)한국은 각 피투자회사에 대해 유의적인 영향력을 행사할 수 없으며 법인세는 무시한다) ▷ 2014년, 국가직 7급

- (주)한국은 2013년 2월 20일 단기매매목적으로 다음의 지분증권을 취득하였다.

종류	수량	주당 액면금액	주당 취득원가
A주식	10	₩1,000	₩2,500
B주식	15	₩2,000	₩3,000
C주식	20	₩1,000	₩1,500

- 2013년 3월 31일 A주식에 대한 배당금을 주당 ₩100씩 수령하였다.
- 2013년 6월 1일 A주식 5주를 주당 ₩2,250에, B주식 10주를 주당 ₩2,500에 처분하였다.
- 2013년 12월 31일 지분증권의 주당 공정가치는 다음과 같다.
  - A주식: ₩2,000
  - B주식: ₩1,750
  - C주식: ₩1,600

① 손실 ₩6,250 ② 손실 ₩6,750
③ 손실 ₩12,000 ④ 손실 ₩13,000

21 (주)한국은 20×1년 초 타사발행 사채 A(액면금액 ₩500,000, 액면이자율 연 8%, 유효이자율 연 10%, 이자 매년 말 후급)를 ₩460,000에 취득하고, 이를 '기타포괄손익-공정가치측정 금융자산'으로 분류하였다. 사채 A의 20×1년 기말공정가치는 ₩520,000이며, 20×2년 초 사채 A의 50%를 ₩290,000에 처분하였다. 사채 A와 관련하여 (주)한국이 인식할 20×1년 평가이익과 20×2년 처분이익은? ▷ 2018년, 국가직 7급

① 평가이익 ₩54,000, 처분이익 ₩30,000
② 평가이익 ₩54,000, 처분이익 ₩57,000
③ 평가이익 ₩60,000, 처분이익 ₩30,000
④ 평가이익 ₩60,000, 처분이익 ₩57,000

22 (주)한국은 2016년 중 장기보유목적으로 A주식을 매입하였고, 단기시세차익 목적으로 B주식을 매입하였다. (주)한국은 2016년 말 A주식과 B주식을 보유하고 있으며, 두 주식에 대한 취득원가와 공정가치는 다음과 같다. 2016년 말 재무제표에 미치는 영향으로 옳지 않은 것은? (단, 취득한 주식은 발행기업에 유의한 영향을 미치지 않는다) ▶ 2016년, 국가직 7급

종목	취득원가	2016년 말 공정가치
A주식	₩100,000	₩90,000
B주식	₩60,000	₩70,000

① 당기순이익이 ₩10,000 증가한다.
② 기타포괄손익이 ₩10,000 감소한다.
③ 이익잉여금은 변하지 않는다.
④ 총포괄손익은 변하지 않는다.

23 (주)한국은 2016년 4월 1일에 (주)대한의 의결권 있는 주식 25%를 ₩1,000,000에 취득하였다. 취득 당시 (주)대한의 자산과 부채의 공정가치는 각각 ₩15,000,000, ₩12,000,000이다. (주)대한은 2016년 당기순이익으로 ₩600,000을 보고하였으며 2017년 3월 1일에 ₩200,000의 현금배당을 지급하였다. 2017년 9월 1일에 (주)한국은 (주)대한의 주식 전부를 ₩930,000에 처분하였다. 위의 관계기업투자에 대한 설명으로 옳은 것은? ▶ 2018년, 지방직 9급

① (주)대한의 순자산공정가치는 ₩3,000,000이므로 (주)한국은 (주)대한의 주식 취득 시 ₩250,000의 영업권을 별도로 기록한다.
② (주)대한의 2016년 당기순이익은 (주)한국의 관계기업투자 장부금액을 ₩150,000만큼 증가시킨다.
③ (주)대한의 현금배당은 (주)한국의 당기순이익을 ₩50,000만큼 증가시킨다.
④ (주)한국의 관계기업투자 처분손실은 ₩70,000이다.

24 (주)한국은 20×1년 1월 1일 장기투자목적으로 (주)서울의 발행주식 중 25%를 취득하였고, 이 주식에 지분법을 적용하고 있다. 취득 시점에 (주)서울의 순자산장부금액에 대한 (주)한국의 지분금액은 취득 당시 매입가격과 일치하였다. (주)서울은 20×1년 당기순이익으로 ₩12,000을 보고하였고 동일 회계연도에 ₩6,000의 현금을 배당하였다. (주)한국의 20×1년 회계연도 말 재무상태표에 표시된 (주)서울에 대한 투자주식금액이 ₩50,000이라면, (주)한국의 20×1년 1월 1일 (주)서울 주식의 취득원가는? (단, 두 기업 간 내부거래는 없

었다) ▶ 2017년, 국가직 7급

① ₩48,500　　② ₩50,000
③ ₩51,500　　④ ₩53,000

25 금융자산이 손상되었다는 객관적인 증거에 해당하지 않는 것은?

① 금융자산의 발행자나 지급의무자의 유의적인 재무적 어려움
② 이자지급의 지연과 같은 계약위반
③ 금융자산 관련 무위험이자율이 하락하는 경우
④ 채무자의 파산

26 (주)한국은 2013년 1월 1일에 투자목적으로 건물을 ₩10,000(내용연수 10년, 잔존가치 ₩0, 정액법 상각)에 취득하였다. 회사는 투자부동산을 공정가치모형으로 평가하고 있으며, 2013년 결산일과 2014년 결산일의 동 건물의 공정가치는 각각 ₩8,000과 ₩9,500이다. 이 경우 2013년과 2014년의 포괄손익계산서에 미치는 영향은? ▶ 2015년, 국가직 9급

	2013년		2014년	
①	감가상각비	₩1,000	감가상각비	₩1,000
②	투자부동산평가손실	₩2,000	투자부동산평가이익	₩1,500
③	투자부동산평가손실	₩2,000	투자부동산평가손실	₩500
④	투자부동산평가손실	₩1,000	투자부동산평가이익	₩500

27 다음은 (주)한국이 20×1년도 재무제표 작성 시 누락한 거래들이다. 이를 반영할 경우 20×1년도에 증가하는 당기순이익은? ▶ 2018년, 국가직 9급

토지 최초 재평가로 인한 기말평가이익	₩30,000
사업결합과정에서 발생한 염가매수차익	15,000
공정가치모형 적용 투자부동산의 기말평가이익	14,000
주식 취득 시 발생한 거래원가(단, 주식은 당기손익－공정가치측정 금융자산으로 분류)	10,000

① ₩5,000　　② ₩19,000
③ ₩29,000　　④ ₩49,000

CHAPTER

07 부채

학습목표

부채는 과거 사건에 의하여 발생한 현재의 의무로, 의무의 이행을 위하여 미래에 경제적 효익의 유출이 예상된다. 회계에서는 폭넓은 의미에서 부채를 인식하는데, 본 장에서는 다양한 기준에서 인식되는 부채에 대해서 학습한다. 또한 대표적인 금융부채인 사채의 회계처리에 대해서 학습한다.

1 부채의 분류

부채는 과거 사건에 의하여 발생하였으며 경제적 효익이 내재된 자원을 기업으로부터 유출하여 이행될 것으로 기대되는 현재의 의무로 정의된다. 즉, 부채는 첫째, 과거의 사건에 의해 발생하였고, 둘째, 기업이 부담하는 현재의 의무이며, 또한 이로 인하여 셋째, 미래에 경제적 효익의 유출이 예상되는 특징을 가지고 있다.

회계에서는 부채의 정의를 만족하고, 다음의 두 가지의 인식요건도 만족하면 부채로 인식한다. 인식요건의 첫째는 의무를 이행하기 위한 자원의 유출가능성이 높아야 한다는 것이다. 둘째는 그 의무를 이행하기 위해서 소요되는 금액을 신뢰성 있게 측정할 수 있어야 한다는 것이다. 여기에서 유출가능성이 높다는 것은 특정 사건이 발생할 가능성이 발생하지 않을 가능성보다 높은 경우로, 일반적으로 50% 이상의 확률일 경우 유출가능성이 높다고 한다.

부채는 크게 다음 세 가지 기준에 따라 분류할 수 있다.

첫째, 상환시기에 따라 유동부채와 비유동부채로 분류한다. 현재의 재무상태표는 이 분류방식에 따라 보고한다. 유동부채는 기업의 정상적인 영업주기 내에 상환 등을 통하여 소멸할 것이 예상되거나, 보고기간 말 이후 1년 이내에 상환되어야 할 부채를 말한다. 비유동부채는 정상적인 영업주기 혹은 보고기간 말 이후 1년 이후에 상환되어야 할 부채를 말한다. 예를 들어, 6개월 후에 상환하기로 하고 은행으로부터 돈을 빌렸다면, 이 차입금은 유동부채로 분류하고, 만약 3년 후에 상환하는 조건으로 은행에서 빌렸다면 이는 비유동부채로 분류한다. 비유동부채 중 1년 이내에 만기일이 도래하는 부분은 유동성장기부채라는 유동부채로 재분류한다.

둘째, 부채의 성격에 따라 금융부채와 비금융부채로 분류한다. 금융부채란 거래상대방에게 확정된 현금 등의 금융자산을 인도하기로 한 계약상의 의무로 매입채무, 차입금, 미지급비용, 미지급금, 사채 등이 있다. 비금융부채는 금융부채가 아닌 부채로 계약상의 의무가 아니거나 거래상대방에게 금융자산이 아닌 재화나 용역을 인도해야 하는 부채이다. 충당부채, 선수금, 선수수익, 퇴직급여부채 등이 여기에 포함된다.

셋째, 부채의 존재여부, 지급할 금액의 측정가능성, 지급시기의 확정여부 등에 따라 확정부채와 추정부채로 나눌 수 있다. 확정부채란 부채가 확실히 존재하고, 부채의 금액과 지급시기가 확정된 부채를 말한다. 한편, 부채의 존재는 확실하지만 금액이나 지급시기가 확정되지 않아 추정을 필요로 하는 부채를 추정부채라고 한다.

미래에 어떤 사건의 발생여부에 따라서 손실 또는 이익이 결정되지만 현재로서는 손실 또는 이익의 발생여부가 불확실한 상태 또는 상황을 우발상황이라고 한다. 우발상황에 따라서 우발이익 혹은 우발손실이 발생할 수 있지만, 회계에서는 보수주의의 관습에 따라 조건이 충족될 때 우발손실만 인식하고, 우발이익은 확정될 때까지 인식하지 않는다. 우발손실 중에서 부채의 인식요건을 충족하는 부채를 충당부채라고 한다. 즉, 충당부채란 지출의 시기 또는 금액이 불확실하지만 과거 사건이나 거래의 결과에 의하여 재무상태표일 현재 기업실체가 의무를 부담하고 있으며 이 의무의 이행을 위하여 미래에 자원이 유출될 가능성이 높고 그 금액을 신뢰성 있게 추정할 수 있는 부채를 말한다. 예로는 퇴직급여부채, 제품보증충당부채, 경품충당부채, 환경 관련 복구충당부채 등이 있다.

한편, 부채의 인식요건을 충족하지 못하여 재무제표 본문에는 인식하지 않고, 주석에만 공시하는 것을 우발부채라고 한다. 우발부채의 예로는 소송사건에 패소할 가능성이 낮거나 비록 패소할 가능성이 있더라도 손해배상금액을 신뢰성 있게 추정할 수 없는 경우 등이 있다. 이 경우에는 충당부채로 인식하지 않고 우발부채로 주석에 공시해야 한다.

도표 7-1 | 부채의 분류

기준	명칭		내용
상환시기	유동부채		기업의 정상적인 영업주기 혹은 1년 이내에 상환되어야 할 부채
	비유동부채		기업의 정상적인 영업주기 혹은 1년 이후에 상환되어야 할 부채
계약의 성격	금융부채		거래상대방에게 확정된 현금 등의 금융자산을 인도하기로 한 계약상의 의무
	비금융부채		금융부채가 아닌 부채, 계약상의 의무가 아니거나 거래상대방에게 금융자산이 아닌 재화나 용역을 인도해야 하는 부채
존재/확정여부	확정부채		부채의 존재, 금액 및 지급시기가 확정된 부채
	추정부채	충당부채	미래의 상황에 따라 발생할 우발손실 중 부채의 인식요건을 충족하는 부채
		우발부채	미래의 상황에 따라 발생할 우발손실 중 부채의 인식요건을 충족하지 못하는 부채

Question

7-1 충당부채와 우발부채에 대한 설명으로 옳지 않은 것은?

① 충당부채는 지출의 시기 또는 금액이 불확실한 부채이다.

② 충당부채와 우발부채 모두 재무상태표에 인식하지 않고 주석으로 공시한다.

③ 충당부채로 인식하기 위해서는 현재의무가 존재하여야 할 뿐만 아니라 당해 의무를 이행하기 위해 경제적 효익이 내재된 자원의 유출가능성이 높아야 한다.

④ 현재의무를 이행하기 위한 자원의 유출가능성은 높으나 신뢰성 있는 금액의 추정이 불가능한 경우에는 우발부채로 공시한다.

⑤ 우발이익과 우발자산은 어느 경우에도 재무제표 본문에 인식하지 않는다.

| 해답 | ②

2 사채

사채란 주식회사가 불특정 다수의 대중으로부터 거액의 장기자금을 조달하기 위하여 발행하는 채무증서이다. 사채증서는 채권 또는 사채권이라고도 하는데, 권면에는 만기일과 만기에 사채권자에게 지급하기로 약정하는 액면금액, 그리고 정기적으로 지급을 약속하는 표시이자율 또는 액면이자율이 표시된다.

(1) 사채의 발행

사채를 발행하여 회사에 유입되는 현금을 사채의 발행금액이라고 한다. 발행금액은 사채의 액면금액과 같을 수도 있고 다를 수도 있는데, 이는 표시이자율이 시장이 요구하는 이자율, 즉 시장이자율과 다를 수 있기 때문이다. 표시이자율은 사채의 권면에 표시된 이자율로, 이를 변경하는 것은 불가능하다. 따라서 회사는 사채의 발행을 위하여 사채의 발행금액을 시장의 요구에 맞추어 할인 혹은 할증발행한다.

시장이자율이 회사가 표시한 이자율보다 높다면, 기업은 사채발행을 위하여 이자율 차이를 보전할 수 있도록 발행금액을 액면금액보다 낮추어 할인발행한다. 사채가 할인발행된다는 것은 시장의 투자자들이 표시이자율 이상의 수익률을 요구한다는 것을 의미한다. 투자자는 동일한 위험을 가진 다른 곳에 투자한다면 보다 높은 수익률을 얻을 수 있기 때문에, 회사에게 시장이자율과 동일한 수익률을 보장해 줄 것을 요구할 것이다. 이에 사채발행회사는 투자자들에게 투자수익률이 시장수익률과 같게 될 수 있을 만큼 사채를 싸게, 즉 할인발행하게 된다.

이와는 반대로, 표시이자율이 시장이자율보다 높다면 이자율 차이만큼의 금액을 채권자로부터 받아 액면금액 이상으로 사채를 할증발행할 수 있다. 표시이자율이 시장이자율보다 높은 경우에는 발행자가 액면금액 이상을 지급하게 되므로 투자자들의 투자수익률이 시장이자율이 되도록 사채를 비싸게, 즉 할증발행할 수 있다.

사채를 발행할 때에 시장에서 요구하는 이자율과 회사가 제시하는 이자율이 서로 같을 경우, 사채의 발행금액은 액면금액과 같게 되는데, 이러한 발행을 액면발행이라고 한다

도표 7-2 | 사채의 발행방식

액면발행	액면이자율 = 시장이자율	액면금액 = 발행금액
할인발행	액면이자율 < 시장이자율	액면금액 > 발행금액
할증발행	액면이자율 > 시장이자율	액면금액 < 발행금액

＊예제 7-1

한국(주)는 20×1년 1월 1일에 액면금액 10,000원, 표시이자율 5%, 만기 3년, 매년 12월 31일에 이자를 지급하는 조건의 사채를 발행하였다. 각각의 경우의 발행금액을 구하라.

$n=3$	3%	5%	7%
단일금액의 현가계수	0.9151	0.8638	0.8163
정상연금의 현가계수	2.8286	2.7232	2.6243

① 시장이자율이 5%인 경우: 액면발행
발행금액=(10,000원×0.8638)+(500원×2.7232)=8,638원+1,362원=10,000원

② 시장이자율이 7%인 경우: 할인발행
발행금액=(10,000원×0.8163)+(500원×2.6243)=8,163원+1,312원=9,475원

③ 시장이자율이 3%인 경우: 할증발행
발행금액=(10,000원×0.9151)+(500원×2.8286)=9,151원+1,414원=10,565원

(2) 사채의 회계처리

사채가 할인발행되면 사채할인발행차금이 발생한다. 사채할인발행차금은 투자자들에게 액면이자율로 현금이자를 지급하되, 투자수익률은 시장이자율만큼을 보장해 주기 위해서 사채를 액면금액 이하로 발행하였기 때문에 발생한 차액이다. 이는 실질적으로는 선급이자의 성격이기 때문에 사채의 만기에 걸쳐서 이자비용으로 인식한다. 사채할증발행차금은 이와는 반대의 논리로 사채의 만기에 걸쳐 사채이자비용에서 차감한다.

유효이자율은 시장이자율과 비슷한 개념이지만 기업이 실제로 부담하는 이자율로, 엄밀히 말하면 사채발행차금은 유효이자율로 계산한 사채의 현재가치와 액면금액의 차액을 의미한다. 사채발행차금은 유효이자율법에 의하여 상각하는데, 이는 사채의 기초장부금액에 유효이자율을 곱하여 사채이자비용을 구하고 여기에서 현금이자를 차감하여 상각액을 구하는 방식이다. 사채발행차금은 상각하여 이자비용에 가감한다. 만약 액면이자율로 이자비용을 계상할 경우 기업이 실질적으로 부담하는 이자비용이 과소 혹은 과대계상되기 때문에, 사채로부터 발생하는 이자비용은 유효이자율을 기준으로 계상한다.

사채를 만기에 상환하면 사채발행차금이 모두 상각되어 그 잔액이 0원이 되므로 사채의 장부금액은 액면금액과 동일하게 된다. 사채의 액면금액이 바로 상환가액이므로

사채상환손익은 발생하지 않는다.

*예제 7-2

한국(주)는 20×1년 1월 1일에 액면금액 10,000원, 표시이자율 5%, 만기 3년, 매년 12월 31일에 이자를 지급하는 조건의 사채를 발행하였다. 발행 당시의 시장이자율은 7%로 9,475원에 할인발행하였다.

① 사채발행 시

(차) 현금	9,475	(대) 사채	10,000
사채할인발행차금	525		

② 이자지급 시 (단위: 원)

일자	이자비용	현금지급액	사채할인발행차금 상각액	사채할인발행차금 잔액	사채의 장부가액
20×1/ 1/1				525	9,475
20×1/12/31	663	500	163	362	9,638
20×2/12/31	675	500	175	187	9,813
20×3/12/31	687	500	187	0	10,000

20×1/12/31

(차) 이자비용	663	(대) 현금	500
		사채할인발행차금	163

20×2/12/31

(차) 이자비용	675	(대) 현금	500
		사채할인발행차금	175

20×3/12/31

(차) 이자비용	687	(대) 현금	500
		사채할인발행차금	187

③ 만기상환 시

(차) 사채	10,000	(대) 현금	10,000

*예제 7-3

한국(주)는 20×1년 1월 1일에 액면금액 10,000원, 표시이자율 5%, 만기 3년, 매년 12월 31일에 이자를 지급하는 조건의 사채를 발행하였다. 발행 당시의 시장이자율은 3%로 10,565원에 할증발행하였다.

① 사채발행 시

(차) 현금	10,565	(대) 사채	10,000
		사채할증발행차금	565

② 이자지급 시 (단위: 원)

일자	이자비용	현금지급액	사채할증발행차금 상각액	사채할증발행차금 잔액	사채의 장부가액
20×1/ 1/1				565	10,565
20×1/12/31	317	500	183	382	10,382
20×2/12/31	311	500	189	193	10,193
20×3/12/31	307	500	193	0	10,000

20×1/12/31

(차) 이자비용	371	(대) 현금		500
사채할증발행차금	183			

20×2/12/31

(차) 이자비용	311	(대) 현금		500
사채할증발행차금	189			

20×3/12/31

(차) 이자비용	307	(대) 현금		500
사채할증발행차금	193			

③ 만기상환 시

(차) 사채	10,000	(대) 현금		10,000

Question

7-2 사채의 발행에 관한 설명으로 옳지 않은 것은?

① 할인발행은 유효이자율이 표시이자율보다 큰 경우이다.
② 할인발행의 경우 한 해의 현금지급이자는 사채이자비용보다 작다.
③ 할인발행의 경우 만기가 가까워질수록 사채의 이자비용이 증가한다.
④ 할증발행의 경우 만기가 가까워질수록 사채의 이자비용이 증가한다.
⑤ 할증발행과 할인발행은 사채의 만기금액이 동일하다.

| 해답 | ④
할증발행의 경우 만기가 가까워질수록 사채의 이자비용은 감소한다.

7-3 (주)한국은 20×1년 1월 1일 자금조달을 위해 액면가액 10,000원, 표시이자율 6%, 만기 3년, 매년 말 이자지급조건의 사채를 발행하였다. 사채를 발행할 당시 시장이자율이 12%였다. (단, 사채발행 시 사채의 현재가치는 다음의 현재가치표를 이용하여 계산하고, 계산 과정에서 현가계수 외의 소수점 이하는 소수 첫째 자리에서 반올림한다)

기간	6%		12%	
	단일금액	연금	단일금액	연금
3년	0.84	2.67	0.71	2.40

(1) 사채의 발행금액은 얼마인가?

(2) 20×2년도에 인식할 사채 관련 이자비용은 얼마인가?

(3) (주)한국이 이 사채로 인하여 만기까지 부담해야 할 총이자비용은 얼마인가?

| 해답 | ④

(1) 사채의 발행금액=(10,000원×0.71)+(10,000원×0.06)×2.40=8,540원이다.

(2) 사채할인발행차금 상각표를 작성하면 다음과 같다.

(단위: 원)

일자	이자 비용	현금 지급액	사채할인 발행차금상각액	사채할인 발행차금잔액	사채장부가액
20×1/ 1/1				1,460	8,540
20×1/12/31	1,025	600	425	1,035	8,965
20×2/12/31	1,076	600	476	559	9,441
20×3/12/31	1,159	600	559	0	10,000

따라서 20×2년도에 인식할 이자비용은 1,076원이다.

(3) (2)의 상각표를 참고하면 총이자비용=1,025원+1,076원+1,159원=3,260원이다. 혹은 다음과 같이 총이자비용=사채할증발행차금총액+현금지급총액=1,460원+1,800원=3,260원으로 구할 수도 있다.

(3) 사채의 조기상환

사채를 발행한 회사는 일반적으로 만기에 액면금액으로 사채를 상환한다. 그러나 만기 이전에 상환할 수 있는 조건으로 사채를 발행하거나 또는 사채시장에서 회사가 발행한 사채를 매입하거나 소각하는 방법을 통해 만기가 되기 전에 조기상환할 수도 있다. 이때 사채의 상환에 소요되는 금액이 장부금액보다 많거나 적을 경우 상환에 따른 손익이 발생한다.

사채를 조기에 상환하는 경우, 직전의 이자비용계산일로부터 상환시점까지의 기간에 대한 이자비용을 먼저 계상하고 사채발행차금을 상각하여 상환시점의 정확한 사채의 장부금액을 파악한다. 만약 사채의 상환금액이 장부금액보다 크다면 그 차액만큼은 사채상환손실이 되고, 장부금액보다 적다면 그 차액은 사채상환이익이 된다. 사채상환손익은 당기손익으로 분류한다.

Question

7-4 (주)한국은 20×1년 12월 31일 장부금액 91,322원(액면금액 100,000원, 액면이자율 5%, 이자지급일 매년 12월 31일 후급, 만기 20×3년 12월 31일)인 사채를 20×3년 1월 1일에 96,000원에 상환하였다. 발행 당시 사채의 유효이자율은 10%이고, 금액은 소수점 첫째 자리에서 반올림한다.

(1) 20×2년 12월 31일에 인식할 이자비용은 얼마인가?

(2) 20×3년 1월 1일의 사채의 조기상환과 관련한 분개를 하라.

| 해답 |

(1) 20×2년 12월 31일 인식할 이자비용=91,322원×0.1=9,132원이다.

(2) 20×1년 12월 31일 현재 사채할인발행차금잔액=100,000원−91,322원=8,678원,
20×2년 12월 31일 이자비용인식으로 상각된 사채할인발행차금=9,132원−5,000원=4,132원,
20×2년 12월 31일 현재 사채할인발행차금잔액=8,678원−4,132원=4,546원이다.
20×2년 12월 31일 현재 사채의 장부가액=91,322원+4,132원=100,000원−4,546원=95,454원이다. 따라서 사채상환손익=장부가액−상환금액=95,454원−96,000원=(−)546원이다.

그러므로 20×3년 1월 1일의 사채상환과 관련한 분개는 다음과 같다.

(차) 사채	100,000	(대) 현금	96,000
사채상환손실	546	사채할인발행차금	4,546

연습문제

01 충당부채의 인식과 관련된 설명으로 옳지 않은 것은? ▶ 2014년, 국가직 7급

① 과거 사건의 결과로 현재의무가 존재해야 한다.
② 당해 의무를 이행하기 위하여 경제적 효익을 갖는 자원이 유출될 가능성이 높아야 한다.
③ 입법 예고된 법규의 세부사항이 아직 확정되지 않은 경우에는 당해 법규안대로 제정될 것이 거의 확실한 때에만 의무가 발생한 것으로 본다.
④ 신뢰성 있는 금액의 추정이 불가능한 경우에도 부채로 인식해 재무상태표의 본문에 표시한다.

02 충당부채와 우발부채에 대한 설명으로 옳지 않은 것은? ▶ 2016년, 지방직 9급

① 충당부채는 지출의 시기 또는 금액이 불확실한 부채이다.
② 충당부채와 우발부채 모두 재무상태표에 인식하지 않고 주석으로 공시한다.
③ 충당부채로 인식하기 위해서는 현재의무가 존재하여야 할 뿐만 아니라 당해 의무를 이행하기 위해 경제적 효익이 내재된 자원의 유출가능성이 높아야 한다.
④ 현재의무를 이행하기 위한 자원의 유출가능성은 높으나 신뢰성 있는 금액의 추정이 불가능한 경우에는 우발부채로 공시한다.

03 충당부채에 대한 설명으로 옳지 않은 것은? ▶ 2017년, 국가직 9급

① 충당부채를 인식하기 위해서는 과거 사건의 결과로 현재의무가 존재하여야 한다.
② 충당부채를 인식하기 위한 현재의 의무는 법적 의무로서 의제의무는 제외된다.
③ 충당부채의 인식요건 중 경제적 효익이 있는 자원의 유출가능성이 높다는 것은 발생할 가능성이 발생하지 않을 가능성보다 더 높다는 것을 의미한다.
④ 충당부채를 인식하기 위해서는 과거 사건으로 인한 의무가 기업의 미래행위와 독립적이어야 한다.

04 충당부채, 우발부채, 우발자산에 대한 설명으로 옳지 않은 것은? ▶ 2017년, 지방직 9급

① 우발자산은 경제적 효익의 유입가능성이 높지 않은 경우에 주석으로 공시한다.
② 의무를 이행하기 위하여 경제적 효익이 있는 자원을 유출할 가능성이 높지 않은 경우 우발부채를 주석으로 공시한다.
③ 우발부채와 우발자산은 재무제표에 인식하지 아니한다.
④ 현재의무를 이행하기 위하여 해당 금액을 신뢰성 있게 추정할 수 있고 경제적 효익이 있는 자원을 유출할 가능성이 높은 경우 충당부채로 인식한다.

05 TV를 제조하여 판매하는 (주)한국은 보증기간 내에 제조상 결함이 발견된 경우, 제품을 수선하거나 새 제품으로 교환해 주는 제품보증정책을 취하고 있다. 이에 대한 회계처리방법으로 옳지 않은 것은? ▶ 2015년, 국가직 7급

① 경제적 효익을 갖는 자원의 유출가능성이 높고 금액을 신뢰성 있게 추정할 수 있는 경우, 충당부채로 인식한다.
② 경제적 효익을 갖는 자원의 유출가능성이 높으나 금액을 신뢰성 있게 추정할 수 없는 경우, 충당부채로 인식한다.
③ 경제적 효익을 갖는 자원의 유출가능성이 높지 않으나 아주 낮지도 않은 경우, 우발부채로 공시한다.
④ 경제적 효익을 갖는 자원의 유출가능성이 아주 낮은 경우, 공시하지 아니한다.

06 2015년에 제품의 결함으로 인하여 피해를 입었다고 주장하는 고객이 (주)한국을 상대로 손해배상청구 소송을 제기하였다. 법률전문가는 2015년 재무제표가 승인되는 시점까지는 회사의 책임이 밝혀지지 않을 가능성이 높다고 조언하였다. 그러나 2016년 말 현재 (주)한국에 소송이 불리하게 진행 중이며, 법률전문가는 (주)한국이 배상금을 지급하게 될 가능성이 높다고 조언하였다. (주)한국의 충당부채 또는 우발부채 인식과 관련된 설명으로 옳지 않은 것은? ▶ 2016년, 국가직 9급

① 충당부채는 현재의 의무가 존재하고, 경제적 효익을 갖는 자원이 유출될 가능성이 높으며, 당해 금액을 신뢰성 있게 추정할 수 있을 경우에 인식한다.
② 2015년의 경우 현재의 의무가 없고, 배상금을 지급할 가능성이 아주 낮다고 하더라도 우발부채로 공시할 의무는 있다.
③ 2016년 말에는 현재의무가 존재하고 배상금에 대한 지급가능성이 높으므로 배상금을 신뢰성 있게 추정할 수 있다면 충당부채를 인식해야 한다.
④ 만약 2016년 말에 배상금을 신뢰성 있게 추정할 수 없다면 이를 충당부채로 인식하지 않고 우발부채로 공시한다.

07 (주)한국은 당국의 허가를 받아서 자연보호구역 내의 소유토지에 주차장을 설치하였다. 이때 당국의 주차장 설치 허가조건은 3년 후 주차장을 철거하고 토지를 원상복구하는 것이다. 주차장은 2017년 1월 1일 ₩5,000,000에 설치가 완료되어 사용하기 시작하였으며, 동일자에 3년 후 복구비용으로 지출될 것으로 예상되는 금액은 ₩1,000,000으로 추정되었다. 이런 복구의무는 충당부채에 해당한다. 주차장(구축물)은 원가모형을 적용하며, 내용연수 3년, 잔존가치 ₩0, 정액법으로 감가상각한다. 2017년도 주차장(구축물)의 감가상각비는? (단, 복구공사 소요액의 현재가치계산에 적용할 유효이자율은 연 10%이며, 3년 후 ₩1의 현재가치는 0.7513이다) ▶ 2018년, 국가직 9급

① ₩1,917,100　② ₩1,932,100
③ ₩1,992,230　④ ₩2,000,000

08 (주)한국은 20×1년 초 ₩720,000에 구축물을 취득(내용연수 5년, 잔존가치 ₩20,000, 정액법 상각)하였으며, 내용연수 종료시점에 이를 해체하여 원상복구해야 할 의무가 있다. 20×1년 초 복구비용의 현재가치는 ₩124,180으로 추정되며 이는 충당부채의 요건을 충족한다. 복구비용의 현재가치계산에 적용한 할인율이 10%일 때 옳지 않은 것은? (단, 소수점 발생 시 소수점 아래 첫째 자리에서 반올림한다) ▶ 2018년, 국가직 9급

① 20×1년 초 구축물의 취득원가는 ₩844,180이다.
② 20×1년 말 복구충당부채전입액(또는 이자비용)은 ₩12,418이다.
③ 20×1년 말 복구충당부채는 ₩136,598이다.
④ 20×1년 말 인식할 비용총액은 ₩156,418이다.

09 사채의 발행에 관한 설명으로 옳지 않은 것은? ▶ 2015년, 국가직 9급

① 할인발행은 유효이자율이 표시이자율보다 큰 경우이다.
② 할증발행의 경우 발행연도의 현금지급이자는 사채이자비용보다 크다.
③ 할인발행의 경우 만기가 가까워질수록 사채의 이자비용이 감소한다.
④ 할증발행과 할인발행은 사채의 만기금액이 동일하다.

10 (주)한국은 20×1년 1월 1일 액면금액 ₩100,000, 만기 3년의 사채를 ₩92,410에 발행하였다. 사채의 연간 액면이자는 매년 말 지급되며 20×1년 12월 31일 사채의 장부금액은 ₩94,730이다. 사채의 연간 액면이자율을 추정한 것으로 가장 가까운 것은? (단, 사채발행 시 유효이자율은 9%이다) ▶ 2018년, 국가직 9급

① 5% ② 6%
③ 7% ④ 8%

11 (주)한국은 2016년 1월 1일 액면금액 ₩1,000,000, 만기 3년의 사채를 유효이자율 연 10%를 적용하여 ₩925,390에 발행하였다. 2016년 12월 31일 장부금액이 ₩947,929이라면 이 사채의 표시이자율은? ▶ 2017년, 국가직 9급

① 7% ② 8%
③ 9% ④ 10%

12 (주)한국은 2017년 4월 1일 사채(표시이자율 10%, 만기 3년, 액면금액 ₩100,000)를 ₩95,200에 발행하였다. 한편, 사채의 발행과 관련된 사채발행비 ₩2,000이 발생하였다. (주)한국이 사채발행으로 만기까지 인식해야 할 이자비용총액은? ▶ 2017년, 지방직 9급

① ₩30,000 ② ₩34,800
③ ₩35,200 ④ ₩36,800

13 (주)한국은 1월 1일 액면금액 ₩50,000(액면이자율 연 8%, 이자 매년 말 후급)의 사채를 발행하고자 하였으나, 실제로 같은 해 4월 1일에 발행하였다. 1월 1일과 4월 1일의 유효이자율은 10%로 동일한 것으로 가정하며, 1월 1일 사채의 현재가치는 ₩47,513이다. 다음 설명 중 옳지 않은 것은? (단, 사채발행비는 발생되지 않았고, 사채이자는 월단위로 계산하며, 소수점 발생 시 소수점 이하 첫째 자리에서 반올림한다) ▶ 2018년, 국가직 7급

① 4월 1일의 사채액면이자 미지급액은 ₩1,000이다.
② 4월 1일의 사채장부금액은 ₩47,701이다.
③ 4월 1일의 현금수령액은 ₩48,701이다.
④ 4월 1일의 사채할인발행차금은 ₩2,487이다.

14 (주)한국은 2013년 1월 1일 자금조달을 위해 액면가액 ₩10,000, 표시이자율 6%, 만기 3년, 매년 말 이자지급조건의 사채를 발행하였다. 사채를 발행할 당시 시장이자율이 12%였다면, 2014년도에 인식할 사채 관련 이자비용은? (단, 사채발행 시 사채의 현재가치는 아래의 현재가치표를 이용하여 계산하고, 계산과정에서 현가계수 외의 소수점 이하는 소수 첫째 자리에서 반올림한다) ▶ 2015년, 국가직 9급

기간	6%		12%	
	단일금액	연금	단일금액	연금
3년	0.84	2.67	0.71	2.40

① ₩696
② ₩1,025
③ ₩1,076
④ ₩1,198

15 (주)한국은 2015년 1월 1일에 액면금액 ₩100,000의 사채(표시 이자율 연 10%, 이자지급일 매년 12월 31일, 만기 2년)를 ₩96,620에 발행하였다. 발행사채의 유효이자율이 연 12%인 경우, 이 사채로 인하여 (주)한국이 만기까지 부담해야 할 총이자비용은? ▶ 2015년, 국가직 7급

① ₩20,000
② ₩23,380
③ ₩25,380
④ ₩27,380

16 (주)지방은 20×3년 1월 1일에 액면금액 ₩1,000, 표시이자율 연 7%, 만기 2년, 매년 말에 이자를 지급하는 사채를 발행하였다. 다음은 (주)지방이 작성한 사채상각표의 일부를 나타낸 것이다.

일자	유효이자	표시이자	사채할인발행차금 상각	장부금액
20×3년 1월 1일				?
20×3년 12월 31일	?	?	₩25	?
20×4년 12월 31일	?	?	₩27	₩1,000

위의 자료를 이용한 사채에 대한 설명으로 옳지 않은 것은? ▶ 2014년, 지방직 9급

① 2년간 이자비용으로 인식할 총금액은 ₩140이다.
② 사채의 발행가액은 ₩948이다.
③ 20×4년 1월 1일에 사채를 ₩1,000에 조기상환할 경우 사채상환손실은 ₩27이다.
④ 사채의 이자비용은 매년 증가한다.

17 사채발행차금을 유효이자율법에 따라 상각할 때 설명으로 옳지 않은 것은? (단, 이자율은 0보다 크다) ▶ 2016년, 국가직 9급

① 할증발행 시 상각액은 매기 감소한다.
② 할인발행 시 이자비용은 매기 증가한다.
③ 할인발행 시 상각액은 매기 증가한다.
④ 할증발행 시 이자비용은 매기 감소한다.

18 사채의 발행 및 발행 후 회계처리에 대한 설명으로 옳지 않은 것은? ▶ 2014년, 국가직 7급

① 상각후원가로 측정하는 사채의 경우 사채발행비가 발생한다면 액면발행, 할인발행, 할증발행 등 모든 상황에서 유효이자율은 사채발행비가 발생하지 않는 경우보다 높다.
② 사채를 할증발행한 경우 사채이자비용은 현금이자지급액에 사채할증발행차금 상각액을 가산하여 인식한다.
③ 사채의 할증발행 시 유효이자율법에 의해 상각하는 경우 기간경과에 따라 매기 인식하는 할증발행차금의 상각액은 증가한다.
④ 사채의 할인발행 시 유효이자율법에 의해 상각하는 경우 기간경과에 따라 매기 인식하는 할인발행차금의 상각액은 증가한다.

19 (주)한국은 2014년 1월 1일 액면금액 ₩10,000인 사채(3년 만기, 표시이자율 5%)를 할인발행하였다. 2015년 1월 1일 동 사채의 장부금액은 ₩9,600이고, 2015년도에 발생한 이자비용은 ₩600이다. (주)한국이 2016년 1월 1일 해당 사채를 ₩9,800에 조기상환하였다면, 이에 대한 분개로 옳은 것은? ▶ 2016년, 국가직 7급

① (차)	사채	₩10,000	(대) 현금	₩9,800
			사채상환이익	₩200
② (차)	사채	₩10,000	(대) 현금	₩9,800
	사채상환손실	₩100	사채할인발행차금	₩300
③ (차)	사채	₩10,000	(대) 현금	₩9,800
	사채상환손실	₩700	사채할인발행차금	₩900
④ (차)	사채	₩10,000	(대) 현금	₩9,800
	사채상환손실	₩800	사채할인발행차금	₩1,000

20 (주)한국은 2012년 12월 31일 장부금액 ₩91,322(액면금액 ₩100,000, 액면이자율 5%, 이자지급일 매년 12월 31일 후급, 만기 2014년 12월 31일)인 사채를 2013년 12월 31일 현금이자를 포함하여 총 ₩101,000에 상환하였다. (주)한국이 사채상환과 관련하여 인식할 손익은? (단, 발행 당시 사채의 유효이자율은 10%이고, 금액은 소수점 첫째 자리에서 반올림한다) ▶ 2014년, 국가직 9급

① 사채상환손실 ₩546　② 사채상환손실 ₩684
③ 사채상환손실 ₩726　④ 사채상환이익 ₩684

21 (주)한국은 액면 ₩1,000,000의 사채를 2015년 초에 ₩950,260으로 발행하였다. 발행 당시 사채의 유효이자율은 10%, 표시이자율은 8%, 이자는 매년 말 후급, 만기일은 2017년 말이다. (주)한국이 해당 사채 전액을 2016년 초에 ₩960,000의 현금을 지급하고 상환할 경우 사채상환이익(손실)은? ▶ 2015년, 지방직 9급

① ₩5,286 손실　② ₩5,286 이익
③ ₩6,436 손실　④ ₩6,436 이익

22 (주)한국은 20×1년 1월 1일 권당 액면금액 ₩1,000인 전환사채 1,000권(개)을 발행하였다. 전환사채의 만기는 3년이고 액면이자율은 연 8%로 매년 말 지급하며, 만기시점까지 사채액면 ₩2,000당 1주의 보통주(주당 액면가액 ₩1,000)로 전환할 수 있는 권리가 있다. 전환사채 발행시점에 전환옵션이 없는 동일한 일반사채에 대한 현행 시장이자율은 10%이다. 자본요소(전환권)가 ₩0보다 클 때, (주)한국이 발행한 전환사채의 자본요소(전환권)의 가치는? (단, A와 B는 각각 이자율 10%, 만기 3년의 단일금액 ₩1 및 연금 ₩1의 현재가치를 나타낸다) ▶ 2017년, 국가직 7급

① (₩1,000,000×A+₩80,000×B)−₩1,000,000
② (₩1,000,000×B+₩80,000×A)−₩1,000,000
③ ₩1,000,000−(₩1,000,000×A+₩80,000×B)
④ ₩1,000,000−(₩1,000,000×B+₩80,000×A)

CHAPTER

08 자본

학습목표

본 장에서는 주식회사의 일반적인 자본구조와 자본의 대표적인 회계처리인 주식발행 및 이익잉여금의 처분에 대한 회계처리를 학습한다. 특히 증자, 감자, 배당, 주식의 분할과 병합 등의 다양한 자본거래가 기업의 자본구조에 미치는 영향에 대해서도 학습한다.

1 자본의 구조

자본은 주주의 청구권으로 크게 납입자본과 가득자본으로 구성된다. 납입자본은 주주와의 거래인 자본거래의 결과이고, 가득자본은 기업에게 수익, 비용 또는 이익, 손실을 발생시키는 손익거래의 결과이다.

우리나라에서는 자본을 일반적으로 [도표 8-1]과 같이 자본금, 자본잉여금, 자본조정, 이익잉여금 및 기타포괄손익누계액으로 분류한다. 자본금이란 회사가 발행한 주식의 액면금액의 총액으로 액면금액에 발행주식수를 곱하여 구한다. 자본잉여금은 주식발행초과금 등과 같이 주주와의 자본거래로부터 발생한 잉여금이다. 자본조정은 자본거래로 인한 결과로 성격상 납입자본에 해당되지만, 최종 납입된 자본으로 볼 수 없거나 자본의 차감계정의 성격을 지닌 항목으로서 자본금이나 자본잉여금으로 분류할 수 없는 항목들로 이루어진다.

한편, 기업실체에서 일정기간 동안 주주와의 자본거래를 제외한 거래나 회계사건으로 인하여 발생한 순자산의 변동액을 포괄손익이라고 한다. 포괄손익은 실현손익을 반영한 당기순손익과 자산과 부채를 다른 기준으로 재평가하는 과정에서 발생한 손익이지만 아직 실현되지 않은 기타포괄손익으로 구성된다. 기업은 보고기간 말에 마감분개를 통하여 포괄손익을 영구계정인 자본으로 대체하는데, 이때 당기순손익은 이익잉여금계정으로 대체하고 기타포괄손익은 기타포괄손익누계액으로 대체한다. 그러므로 이익잉여금은 기업의 손익거래로부터 발생한 당기순이익(손실)을 반영한 부분이고, 기타포괄손익누계액은 자본거래가 아닌 거래로 인한 일정기간 동안의 순자산변동액 중 당기순이익(손실)을 거치지 않고 자본항목으로 직접 인식하는 부분으로, 당기의 자산 또는 부채의 보유로부터 발생한 기타포괄손익항목의 누계액을 의미한다.

도표 8-1 | 주식회사의 자본구조

구분	계정구분	계정과목의 예
납입자본	자본금	보통주자본금, 우선주자본금
	자본잉여금	주식발행초과금, 감자차익, 자기주식처분이익 등
	자본조정[1]	자기주식, 주식할인발행차금, 감자차손, 자기주식처분손실 등
가득자본	이익잉여금	이익준비금, 임의적립금, 미처분이익잉여금 등
	기타포괄손익누계액	재평가잉여금, 기타포괄손익–공정가치측정 금융자산평가손익, 해외사업장환산외환차익 등

도표 8-2 | 마감으로 인한 손익계정의 영구계정 대체

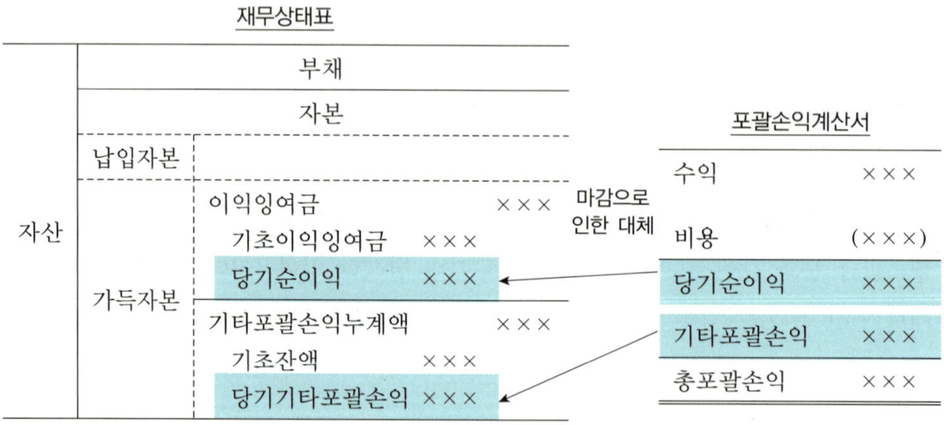

1) 엄밀히 말하자면 자본조정은 자본거래로 발생하는 항목이긴 하지만 납입자본은 아니다. 다만, 여기에서는 구분의 편의를 위하여 납입자본에 포함하였다.

Question

8-1 12월 결산법인인 (주)한국의 20×1년 기초 및 기말자산 및 부채총계는 다음 표와 같다. 기초의 자본항목 중 기타포괄손익누계액은 없었다. 당기 중 현금출자로 인해 납입자본은 50,000원이 증가하였고, 포괄손익계산서상의 기타포괄이익이 50,000원(법인세효과 차감 후 금액)이었다.

현금배당(당기에 선언한 것임)으로 25,000원을 지급하였다면 당기순이익은 얼마인가? (단, 주어진 자료 이외의 사항은 고려하지 않는다)

구분	20×1년 초	20×1년 말
자산총계	₩120,000	₩270,000
부채총계	70,000	40,000

| 해답 |

순자산의 변동은 기말순자산－기초순자산＝230,000원－50,000원＝180,000원이다.

순자산은 자본의 변동액으로도 구할 수 있다.

즉, 자본의 변동액＝납입자본 증가액＋이익잉여금 증가액＋기타포괄손익누계액 증가액이므로 180,000원＝50,000원＋(당기순이익－25,000원)＋50,000원이다.

따라서 당기순이익은 105,000원이다.

8-2 다음은 (주)한국의 회계자료이다.

계정	금액	계정	금액
매출원가	₩500	감자차익	₩100
자본금	2,000	사채	1,000
매출	2,500	사채할인발행차금	250
자기주식	200	감가상각비	500
주식발행초과금	3,000	현금성자산	2,500
재고자산	1,000	배당금수익	100
재평가잉여금	800	배당금지급	80

(1) 기말이익잉여금은 얼마인가?

(2) 위의 자료를 토대로 계산한 기말자본총계는 얼마인가?

| 해답 |

(1) 이익잉여금은 당기순이익의 마감대체액이므로 당기순이익을 우선 구한다.
수익은 매출액 2,500원＋배당금수익 100원＝2,600원이고, 비용은 매출원가 500원＋감가상각비 500원＝1,000원이므로 당기순이익은 1,600원이다.
따라서 이익잉여금＝당기순이익 1,600원－배당금지급액 80원＝1,520원이다.

(2)

자본금		₩2,000
자본잉여금		
주식발행초과금	₩500	
감자차익	100	600
자본조정		
자기주식	(200)	(200)
이익잉여금		1,600
기타포괄손익누계액		
재평가잉여금	800	800
기말자본총계		₩4,800

2 주식의 발행

주식회사는 회사를 설립할 때나 자금이 필요할 때 주식을 발행하여 자본을 조달한다. 우리나라는 수권자본제도를 채택하고 있는데, 이는 주주총회에서 회사가 발행할 주식의 종류와 수량 및 금액을 미리 정관에 규정하고, 그 범위 내에서 이사회의 결의를 통하여 주식을 발행하는 제도이다. 여기에서 회사가 발행할 수 있는 주식의 한도를 수권주식이라고 하고, 실제발행한 주식을 발행주식이라고 한다.

우리나라에서 가장 보편적으로 발행되는 주식에는 보통주와 우선주가 있다. 보통주는 기본적인 소유권을 나타내는 주식으로, 기업의 이익배분과 관련하여 보통의 지위에 있는 주식을 말한다. 우선주는 특정 사항에 관하여 보통주보다 우선적인 지위가 부여된 주식으로, 일반적으로 이익의 배당이나 잔여재산의 분배 등과 같은 이익배분의 우선권이 인정된다. 다만, 이를 대신하여 경영에 참가할 수 있는 의결권이 배제되는 경우가 일반적이다.

주주에게 유상으로 주식을 발행하는 방법에는 다음의 세 가지가 있다. 첫째, 주권의 액면금액에 표시된 금액대로 발행하는 액면발행, 둘째, 주권에 표시된 금액보다 높은 금액으로 발행하는 할증발행, 그리고 셋째, 주권에 표시된 금액보다 낮은 금액으로 발행하는 할인발행이다. 우리나라 상장회사의 경우에는 할증발행이 일반적이다.

＊예제 8-1

(주)한국은 액면금액이 5,000원인 보통주 100주를 다음의 조건으로 발행하였다. 각 경우의 발행시점에서의 회계처리를 하라.

① 주당 5,000원에 발행한 경우

(차)	현금	500,000	(대)	보통주자본금	500,000

② 주당 6,000원에 발행한 경우

(차)	현금	600,000	(대)	보통주자본금	500,000
				주식발행초과금	100,000

③ 주당 4,000원에 발행한 경우

(차)	현금	400,000	(대)	보통주자본금	500,000
	주식할인발행차금	100,000			

주식을 할증발행하는 경우, 액면금액에 해당하는 금액은 자본금으로 기록하고, 발행금액이 액면금액을 초과하는 금액은 주식발행초과금으로 기록하여 자본잉여금으로 분류·보고한다.

주식을 할인발행하는 경우에도 액면금액에 해당하는 금액을 자본금으로 기록한다. 발행금액과 액면금액의 차이는 주식할인발행차금으로 차변에 기록하고, 만약 주식할인발행차금이 발생할 당시에 장부상 주식발행초과금이 존재한다면 주식발행초과금의 범위 내에서 이와 상계처리한다. 미상계된 주식할인발행차금의 잔액은 자본조정으로 분류하고, 이의 상각은 주주총회 결의에 의한 이익잉여금처분사항에 포함한다.

기업은 현금 이외의 자산이나 용역을 제공받고, 그 대가로 주식을 발행하는 경우가 있는데 이를 현물출자라고 한다. 이 경우에는 발행한 주식과 수취한 자산이나 용역 등을 공정가치로 기록한다. 수취한 자산의 공정가치와 발행한 주식의 시가가 모두 알려진 경우라면 교환된 자산과 주식의 가치는 차이가 없을 것이므로 어느 것의 공정가치를 사용해도 된다. 그렇지 않은 경우에는 발행한 주식의 시가로 수취한 자산 또는 제공된 용역의 대가로 기록한다. 그러나 발행한 주식의 시가를 합리적으로 결정할 수 없는 경우에는 수취한 자산을 해당 자산의 공정가치로 기록한다. 한편, 상호교환한 자산과 주식의 공정가치 모두를 합리적으로 결정할 수 없는 경우에는 전문가에 의한 감정가액 등을 기준으로 평가해야 하며, 자산의 장부금액이나 주식의 액면금액 등을 이용해서는 안 된다.

어떤 유형이든지 주식을 발행하면 주주모집을 위한 광고비, 주식공모를 대행해 주는 금융기관에 지급하는 수수료, 자본변경을 등록할 때 지출해야 하는 등록비, 주권인쇄비, 법률비 등의 비용이 지출된다. 이와 같은 주식발행비는 주식발행의 대가로서 수취한 현금에서 차감한다. 따라서 주식의 발행금액은 현금수취한 총금액에서 주식발행비를 차감한 금액이 된다.

Question

8-3 (주)한국은 액면금액 500원인 주식 10주를 주당 600원에 발행하였는데, 주식발행비로 500원을 지출하였다. 위의 주식발행으로 이익잉여금은 ( )원 감소하고, 자본총액은 ( )원 증가한다. 괄호 안의 금액은 얼마인가?

| 해답 |

주식발행과 관련된 분개는 다음과 같다.

(차) 현금	5,500	(대) 보통주자본금	5,000
		주식발행초과금	500

따라서 주식발행으로 인하여 이익잉여금은 (0)원 감소하고, 자본총액은 (5,500)원 증가한다.

3 이익잉여금의 처분

(1) 이익잉여금의 처분

기업의 경제활동의 결과로 실현된 당기순이익은 보고기간 말에 이익잉여금으로 마감대체된다. 이익잉여금은 주주들의 투자를 토대로 기업이 창출한 이익인 만큼 주주총회의 결의를 통하여 주주들에게 배분된다. 다만, 모든 이익잉여금을 주주들에게 배당하지는 않는다. 일부는 기업의 미래를 위하여 내부에 유보하고, 일부를 주주들에게 배당한다. 당기순이익 중에서 주주들에게 배당하지 않고, 기업 내부에 유보시키는 금액을 유보이익이라고 한다.

기업의 이익잉여금의 처분은 다음과 같은 단계를 거친다. 우선, 당기에 처분가능한 이익잉여금을 계산한다. 전기의 주주총회에서 처분을 유보하고 당기로 이월시킨 전기이월미처분이익잉여금에 당기순이익을 가산하고, 임의적립금의 이입액을 가산하면 당기에 처분가능한 이익잉여금이 계산된다. 당기에 처분가능한 이익잉여금이 계산되면, 법령에 의해서 강제로 유보시켜야 하는 금액을 먼저 적립하고, 나머지 금액을 배당이나 혹은 회사의 임의대로 처분할 수 있다. 이후 남은 금액은 차기로 이월시킨다.

이익잉여금을 적립한다는 것은 이익잉여금을 법적 요구나 특정한 목적에 따라 할당하여 배당 등으로 사외에 유출되는 것을 제한한다는 의미이다. 이익을 내부에 유보하는 것은 기업의 건전한 재무상태의 유지와 계속적인 성장을 위하여 필수적이다. 적립금에는 법령에 의하여 의무적으로 적립해야 하는 법정적립금과 회사의 임의적인 판단에 의하여 잉여금의 일부에 대한 처분을 제한하기 위한 임의적립금이 있다. 법정적립금 중에서 가장 대표적인 것은 이익준비금으로 채권자를 보호하고 기업의 건전한 발전을 도모하기 위한 목적으로 상법 제458조의 규정에 의해 매 결산기의 금전에 의한 이익배당액의 10분의 1 이상의 금액을 자본금 2분의 1에 달할 때까지 적립한다. 임의적립금은 회사의 목적에 따라 다양한데, 사업확장적립금, 감채적립금, 배당평균적립금 등이 있다.

도표 8-3 | 이익잉여금의 처분

항목	금액	
전기이월미처분이익잉여금(결손금)		×××
가산: 당기순이익		×××
미처분이익잉여금		×××
가산: 임의적립금 등의 이입액		×××
처분가능이익잉여금		×××
차감: 법정적립금	×××	
임의적립금	×××	
배당금	×××	(×××)
차기이월미처분이익잉여금		×××

(2) 배당

결산 후 이익잉여금의 처분에 관한 이익잉여금처분계산서를 작성하여 주주총회에 제출하면 주주총회에서 그 처분이 확정된다. 배당은 이익잉여금의 처분사항 중 하나로, 주주의 투하자본에 대한 보상으로 지급된다.

주식회사의 주주는 주식거래로 인해 변동이 잦으므로 특정일을 배당기준일로 하여, 이날 주주명부에 기재된 주주들을 배당금의 지급대상으로 한다. 배당기준일에는 주주명부만을 확정하기 때문에 별도의 회계처리를 하지 않는다. 주주총회일에 배당을 결의하면 배당이 확정되기 때문에 이때 배당지급의무와 이익잉여금의 처분에 대한 회계처리를 한다. 그리고 배당금이 실제지급된 날에는 지급에 관한 회계처리를 한다.

배당은 현금배당과 주식배당이 일반적이다. 현금배당은 현금이 사외로 유출되기 때문에 자산과 이익잉여금이 감소한다. 주식배당은 현금이 충분하지 않는 회사들이 주주들의 배당욕구를 충족시키기 위하여 현금 대신 주식으로 배당하는 것으로, 이익잉여금은 감소하지만, 그만큼 주식이 발행되어 자본금으로 대체되기 때문에 자산과 자본의 총계에는 변동이 없다.

* 예제 8-2

(주)한국은 20×1년 12월 31일 현재 액면 5,000원의 보통주 10,000주가 발행되어 있다. 20×2년 3월 2일 주주총회에서 10%의 현금배당과 5%의 주식배당을 실시하기로 결의하였다. 배당기준일은 20×1년 12월 31일이고, 배당지급일은 20×2년 3월 20일이다. 배당과 관련된 회계처리를 하라.

① 20×1년 12월 31일: 배당기준일
분개 없음

② 20×2년 3월 2일: 배당결의일

(차)	미처분이익잉여금	7,500,000	(대)	미지급배당금	5,000,000
				미교부주식배당금	2,500,000

③ 20×2년 3월 20일: 배당지급일

(차)	미지급배당금	5,000,000	(대)	현금	5,000,000
	미교부주식배당금	2,500,000		보통주자본금	2,500,000

만약, 이익준비금을 최소한으로 적립한다면, 다음과 같은 분개를 더한다.

(차)	미처분이익잉여금	500,000	(대)	이익준비금	500,000

4 자본거래의 영향

자본거래는 주주와의 거래를 일컫는 것으로 여기에는 주주들의 투자와 주주들의 투자자본에 대한 환원 등이 포함된다. 각 자본거래의 영향에 대해서 알아본다.

(1) 증자

주식을 발행하면 자본금이 늘어나므로 이를 증자라고 한다. 주식발행의 대가로 현금이나 현물을 받으면 유상증자라고 하고, 이로 인하여 결과적으로 기업의 순자산이 증가하므로 실질적 증자라고 한다.

한편, 무상증자란 회사가 대가를 받지 않고 주식을 발행하는 것으로, 자본잉여금이나 이익준비금을 자본금에 전입하면서 신주를 발행하여 기존 주주들에게 무상으로 교부하는 것을 말한다.[2)] 자본금이 늘어나지만 순자산이 증가하지 않으므로 형식적인 증자라고 한다. 무상증자를 하면 새로 발행한 주식의 액면금액만큼 자본금은 증가하지만, 자본잉여금 혹은 이익준비금이 감소하기 때문에 자본총액에는 변함이 없다.

〈무상증자〉

(차)	자본잉여금 (혹은 이익준비금)	×××	(대) 자본금	×××

(2) 감자

회사가 존속하는 동안, 주식을 소각하여 자본금을 감소시키는 것을 감자라고 한다. 감자는 극히 예외적인 경우로, 주주나 일반대중에게 미치는 부정적인 영향 때문에 상법에서는 그 방법과 절차를 엄격하게 규정하고 있다.

기존의 주주로부터 대가를 지급하고 자기주식을 사들여 소각하는 경우, 이를 유상감자라고 한다. 이 경우, 기업의 순자산이 감소하기 때문에 실질적 감자라고 한다. 한편, 주주에게 주식소각의 대가를 지급하지 않아서 회사의 순자산에는 변함이 없지만, 명목

2) 이익준비금은 이익잉여금의 법정적립금 중 하나이다.

상으로 자본금이 감소하는 경우가 있는데, 이를 무상감자 혹은 형식적 감자라고 한다. 예를 들어, 이월결손금이 누적되어 이익잉여금이 음(−)의 금액으로 나타나는 회사의 경우, 자본금을 감소시키고 그 금액을 이월결손금에 대체시켜 이익잉여금을 영(0)으로 회계처리하면 형식적 감자가 발생한다. 주식을 소각하면 자본금이 감소하게 되는데 상대계정금액과 비교하여 감자차익 또는 감자차손이 보고된다.

주식을 소각하기 위해서 먼저 자기회사의 주식을 취득하게 되는데 이러한 주식을 자기주식이라고 한다. 자기주식의 매입은 주주들에게 납입자본을 반환하는 것으로 해석하여 자본의 차감으로 처리하고, 자기주식계정은 차감적 자본조정으로 분류한다.

〈유상감자〉

(차)	자본금 (감자차손)	×××	(대)	현금 (감자차익)	×××

〈무상감자〉

(차)	자본금 (감자차손)	×××	(대)	이월결손금(이익잉여금) (감자차익)	×××

(3) 배당

주식배당은 주주들에게 주식을 배당하는 것으로, 이익잉여금의 처분사항으로 이익잉여금이 감소하는 만큼 주식이 발행되어 자본금이 증가한다. 주식배당은 이익잉여금이 납입자본으로 전입되는 것으로, 자본의 구성항목 간의 재분류에 불과하기 때문에 자본총액에는 변함이 없다.

주식배당은 무상증자와 유사한 성격을 가진다. 다만, 무상증자는 자본금을 증가시키는 재원으로 자본잉여금이나 이익준비금을 사용하지만, 주식배당은 미처분이익잉여금을 재원으로 사용한다는 점에서 차이가 있다.

〈현금배당〉

(차)	이익잉여금	×××	(대)	현금	×××

〈주식배당(액면금액법)〉

(차) 이익잉여금	×××	(대) 자본금	×××

(4) 주식분할과 주식병합

주식분할은 하나의 주식을 여러 주식으로 나누는 것으로, 발행주식수는 늘어나지만 액면금액은 줄어들어 자본금의 총액에는 변함이 없다. 이와는 반대로 여러 주식을 하나의 주식으로 통합하는 경우가 있는데, 이를 주식병합이라고 한다. 주식병합은 발행주식수는 줄지만, 액면금액이 늘어나기 때문에 이 또한 자본금의 총액에는 영향을 미치지 않는다. 주식분할과 주식병합은 어느 계정에도 영향을 미치지 않기 때문에 분개의 대상이 되지 않는다.

도표 8-4 | 자본거래의 영향

구분	자본금	자본잉여금	이익잉여금	주식액면금액	주식수	총자본
유상증자	증가	증가	–	–	증가	증가
무상증자	증가	감소	(감소)	–	증가	불변
유상감자	감소	–	-	–	감소	감소
무상감자	감소	증가	-	–	감소	불변
현금배당	–	–	감소	–	–	감소
주식배당	증가	–	감소	–	증가	불변
주식분할	–	–	–	감소	증가	불변
주식병합	–	–	–	증가	감소	불변

Question

8-4 자본에 대한 설명으로 옳은 것은 무엇인가?

① 무상증자는 자본총계를 증가시킨다.
② 주식병합은 총발행주식수를 증가시킨다.
③ 주식분할은 자본총계를 감소시킨다.
④ 주식배당으로 자본금은 변화하지 않는다.
⑤ 주식배당은 이익잉여금을 감소시킨다.

| 해답 | ⑤

5 주당이익

주당이익(EPS: Earnings Per Share)이란 기업의 보통주 1주당 이익이 얼마인가를 나타내는 지표로, 일정기간 동안의 경영활동 성과를 나타낸다. K-IFRS에서는 지배기업의 보통주에 대하여 주당계속영업이익과 주당순이익을 포괄손익계산서에 표시하고, 그 산출근거를 주석으로 기재하도록 하고 있다.[3]

$$기본주당계속영업이익 = \frac{보통주에\ 귀속되는\ 계속영업이익}{가중평균유통보통주식수}$$

$$기본주당순이익 = \frac{보통주에\ 귀속되는\ 당기순손익}{가중평균유통보통주식수}$$

분자는 보통주에 귀속되는 계속영업손익과 당기순손익으로 법인세비용차감전 계속영업이익과 당기순손익에서 당기의 우선주에 대한 세후배당금을 차감한 금액을 의미한다.

분모는 특정 회계기간의 유통보통주식의 변동에 따른 자본의 변동을 반영한 가중평균유통보통주식수를 사용한다. 이 경우 유통기간에 따른 가중치는 그 회계기간의 총일수에 대한 특정 보통주의 유통일수의 비율로 산정한다.

Question

8-5 다음은 (주)한국이 발행한 주식 관련 정보이다. 20×2년 기본주당순이익은 얼마인가?

- 가중평균유통보통주식수 10,000주
- 20×2년도 당기순이익 4,000,000원
- 20×1년 7월 1일 우선주 3,000주 발행(액면배당률 4%, 액면가액 5,000원)

3) 희석증권이 존재하는 복잡한 자본구조에서는 희석증권으로 인하여 주당이익이 낮아질 수 있는 가능성을 고려하여 주당이익을 기본주당이익과 희석주당이익으로 구분하여 양자를 동시에 제시하도록 규정하고 있다.

| 해답 |

$$\text{기본주당순이익은 } \frac{\text{보통주에 귀속되는 당기순손익}}{\text{가중평균유통보통주식수}}$$

$$= \frac{4{,}000{,}000\text{원} - (5{,}000\text{원} \times 4\% \times 3{,}000\text{주})}{10{,}000\text{주}} = 340\text{원/주이다.}$$

연습문제

01 (주)한국의 기초자산은 ₩120,000이고, 기말자산은 ₩270,000이다. 또한 기초부채는 ₩70,000이고, 기말부채는 기초부채보다 ₩40,000이 증가하였다. 당기 중 현금출자로 인해 납입자본은 ₩42,000 증가하였고, 기타포괄이익은 ₩50,000(법인세효과 차감 후 금액) 증가하였으며, 현금배당(당기에 선언한 것임)으로 ₩20,000을 지급하였다면 당기순이익은? (단, 주어진 자료 이외의 사항은 고려하지 않는다) ▶ 2014년, 국가직 9급

① ₩32,000　② ₩38,000
③ ₩42,000　④ ₩48,000

02 12월 결산법인인 (주)한국의 2015년 기초재무상태표상의 자산총계는 ₩300,000, 부채총계는 ₩100,000이었고, 자본항목 중 기타포괄손익누계액은 없었다. 2015년 결산마감분개 직전 재무상태표상의 자산총계는 ₩350,000, 부채총계는 ₩120,000이었고, 포괄손익계산서상의 기타포괄이익이 ₩1,000이었다. 2015년 결산 마감분개 직전까지 본 문제에 기술된 사항을 제외한 자본항목의 변동은 없었고 2015 회계연도 중 현금배당금 지급액이 ₩3,000이었다면, (주)한국의 2015 회계연도 당기순이익은? ▶ 2015년, 국가직 7급

① ₩26,000　② ₩29,000
③ ₩32,000　④ ₩33,000

03 (주)한국은 20×1년 1월 1일 영업을 시작하였다. 20×1년 12월 31일 총자산과 총부채는 각각 ₩350,000과 ₩200,000이었으며, 20×1년도의 총포괄이익은 ₩125,000이었다. 그리고 20×1년 중에 배당금 ₩5,000을 현금으로 지급하였다. (주)한국의 20×1년 1월 1일 시점의 순자산장부금액은? ▶ 2017년, 국가직 7급

① ₩5,000　② ₩30,000
③ ₩50,000　④ ₩150,000

04 다음 자료에 의하여 당기총포괄이익을 계산하면? (단, 법인세는 무시한다)

▶ 2015년, 국가직 9급

〈재무상태표〉	기초	기말
자산	₩15,000	₩25,000
부채	7,000	10,000
〈기중변동내역〉		당기발생액
유상증자		₩3,000
현금배당		500
매도가능금융자산평가이익		1,500

① ₩1,500 ② ₩3,000
③ ₩4,500 ④ ₩6,000

05 다음의 장부마감 전 자료를 토대로 계산한 기말자본은? (단, 수익과 비용에는 기타포괄손익 항목이 포함되어 있지 않다)

▶ 2016년, 국가직 9급

수익 합계	₩2,000,000	비용 합계	₩1,000,000
자본금	1,000,000	주식발행초과금	500,000
이익잉여금	500,000	자기주식	100,000
감자차익	100,000	재평가잉여금	200,000

① ₩3,500,000 ② ₩3,300,000
③ ₩3,200,000 ④ ₩3,000,000

06 (주)한국은 액면금액 ₩500인 주식 10주를 주당 ₩600에 발행하였는데, 주식발행비로 ₩500이 지출되었다. 위의 주식발행이 (주)한국의 재무제표에 미치는 영향에 대한 설명으로 옳은 것은? (단, 법인세효과는 무시한다)

▶ 2014년, 국가직 9급

① 순이익이 ₩500 감소한다.
② 이익잉여금이 ₩500 감소한다.
③ 자산총액이 ₩6,000 증가한다.
④ 자본총액이 ₩5,500 증가한다.

07 (주)한국은 2016년 초 보통주 10주(주당 액면금액 ₩500, 주당 발행금액 ₩600)를 발행하였으며, 주식발행과 직접 관련된 원가 ₩100이 발생하였다. (주)한국의 주식발행에 대한 설명으로 옳은 것은? (단, 기초 주식할인발행차금은 없다고 가정한다)

▶ 2017년, 국가직 9급

① 자본은 ₩6,000 증가한다.
② 자본금은 ₩5,900 증가한다.
③ 자본잉여금은 ₩900 증가한다.

④ 주식발행과 직접 관련된 원가 ₩100은 당기비용으로 인식한다.

08 (주)한국의 2016년 자본 관련 거래가 다음과 같을 때, 2016년에 증가한 주식발행초과금은? (단, 기초 주식할인발행차금은 없다고 가정한다) ▶ 2017년, 국가직 9급

- 3월 2일: 보통주 100주(주당 액면금액 ₩500)를 주당 ₩700에 발행하였다.
- 5월 10일: 우선주 200주(주당 액면금액 ₩500)를 주당 ₩600에 발행하였다.
- 9월 25일: 보통주 50주(주당 액면금액 ₩500)를 발행하면서 그 대가로 건물을 취득하였다. 취득 당시 보통주 주당 공정가치는 ₩1,000이었다.

① ₩20,000　② ₩40,000
③ ₩45,000　④ ₩65,000

09 (주)한국은 2016년 초 보통주 200주(주당 액면금액 ₩5,000, 주당 발행금액 ₩6,000)를 발행하였으며, 주식발행과 관련된 직접원가 ₩80,000과 간접원가 ₩10,000이 발생하였다. (주)한국의 주식발행에 대한 설명으로 옳은 것은? (단, 기초주식할인발행차금은 없다고 가정한다) ▶ 2017년, 국가직 9급

① 자본의 증가는 ₩1,200,000이다.
② 자본잉여금의 증가는 ₩120,000이다.
③ 주식발행초과금의 증가는 ₩110,000이다.
④ 주식발행과 관련된 직 · 간접원가 ₩ 90,000은 비용으로 인식한다.

10 다음은 (주)한국의 2015년 12월 31일 자본내역이다.

자본	
자본금(액면금액 @₩500)	₩3,000,000
주식발행초과금	1,500,000
이익준비금	2,000,000
미처분이익잉여금	5,500,000
	₩12,000,000

(주)한국은 주권상장법인이며, 2016년 2월 주주총회에서 2,000주의 주식배당과 이익준비금을 재원으로 한 2,000주의 무상증자를 실시하기로 하였다. 주식배당과 무상증자를 실시하여 주식을 교부하였다면 (주)한국의 자본금은? ▶ 2016년, 지방직 9급

① ₩3,000,000　② ₩4,000,000
③ ₩5,000,000　④ ₩6,000,000

11 보통주 10,000주(액면금액 ₩5,000)를 발행하여 2006년 기업을 시작한 (주)한국은 2011년 1월 1일 누적적 · 비참가적 우선주 1,000주(액면금액 ₩5,000, 액면금액의 10% 배당)를 발행하였다. (주)한국은 2011년과 2012년 손실로 인하여 배당을 하지 못하였으나 2013년 당기순이익을 기록하면서 보통주와 우선주에 대하여 총액 ₩2,500,000의 현금배당을 결의하였다. 보통주와 우선주에 대한 배당금액은? ▶ 2014년, 지방직 9급

	보통주	우선주
①	₩500,000	₩2,000,000
②	₩1,000,000	₩1,500,000
③	₩1,500,000	₩1,000,000
④	₩2,000,000	₩500,000

12 (주)한국의 자본은 납입자본, 이익잉여금 및 기타자본요소로 구성되어 있으며 2015년 기초와 기말의 자산과 부채총계는 다음과 같다.

구분	2015년 초	2015년 말
자산총계	₩100,000	₩200,000
부채총계	₩70,000	₩130,000

(주)한국은 2015년 중 유상증자 ₩10,000을 실시하고 이익처분으로 현금배당 ₩5,000, 주식배당 ₩8,000을 실시하였으며 ₩1,000을 이익준비금(법정적립금)으로 적립하였다. 2015년에 다른 거래는 없었다고 가정할 때, (주)한국의 2015년 포괄손익계산서상 당기순이익은? ▶ 2015년, 지방직 9급

① ₩35,000 ② ₩40,000
③ ₩43,000 ④ ₩44,000

13 (주)한국은 20×1년 1월 1일 영업을 시작하였으며, 20×2년 말 현재 자본금계정은 다음과 같다.

- 보통주(주당 액면가액 ₩5,000, 발행주식수 80주): ₩400,000
- 우선주 A(배당률 10%, 비누적적 · 비참가적; 주당 액면가액 ₩5,000, 발행주식수 40주): ₩200,000
- 우선주 B(배당률 5%, 누적적 · 완전참가적; 주당 액면가액 ₩5,000, 발행주식수 80주): ₩400,000

모든 주식은 영업개시와 동시에 발행하였으며, 그 이후 아직 배당을 한 적이 없다. 20×3년 초 ₩100,000의 배당을 선언하였다면 배당금 배분과 관련하여 옳은 것은?

▶ 2018년, 국가직 9급

① 보통주 소유주에게 배당금 ₩20,000 지급
② 보통주 소유주에게 배당금 우선 지급 후 우선주 A 소유주에게 배당금 지급
③ 우선주 A 소유주에게 배당금 ₩30,000 지급
④ 우선주 B 소유주에게 배당금 ₩50,000 지급

14 (주)한국은 2012년 1월 1일 영업을 개시하였으며, 2016년 12월 31일 현재 자본금은 다음과 같다. 모든 주식은 영업개시와 동시에 발행되었으며, 현재까지 배당을 실시한 적이 없다. 2017년 3월 정기주주총회에서 2016년 12월 31일을 배당기준일로 하여 ₩95,000의 현금배당을 선언하였다. (주)한국의 보통주 주주에게 귀속될 배당금액은?

▶ 2018년, 국가직 9급

- 보통주(주당 액면 ₩5,000, 발행주식수 60주): ₩300,000
- 우선주(5%, 비누적적 · 비참가적; 주당 액면 ₩5,000, 발행주식수 20주): ₩100,000
- 우선주(5%, 누적적 · 완전참가적; 주당 액면 ₩5,000, 발행주식수 40주): ₩200,000

① ₩15,000 ② ₩25,000
③ ₩30,000 ④ ₩50,000

15 (주)한국은 자기주식에 대하여 원가법을 적용하고 있다. 기중에 자기주식 20주를 외상으로 ₩40,000에 취득하였고 이 중 10주를 현금 ₩30,000에 처분하였다. 이 주식거래로 인한 결과로 옳지 않은 것은? (단, 기초자기주식처분손익은 없다고 가정한다)

▶ 2017년, 지방직 9급

① 자산은 ₩30,000 증가한다.
② 자본은 ₩20,000 감소한다.
③ 부채는 ₩40,000 증가한다.
④ 자본잉여금은 ₩10,000 증가한다.

16 (주)한국은 20×1년 3월 7일 자기주식 500주를 매입하고 20×1년 7월 7일 이 중 100주를 소각하였다. 그리고 20×1년 8월 31일 자기주식 200주를 (주)서울에 매도하였다. (주)한국의 20×1년 자기주식거래가 (주)한국의 유통주식수에 미치는 영향은? ▶ 2017년, 국가직 7급

① 500주 감소 ② 300주 감소
③ 200주 감소 ④ 변화 없다.

17 주식회사의 자본을 실질적으로 증가시키는 거래는? ▶ 2015년, 국가직 9급

① 임의적립금을 적립하다.
② 이익준비금을 재원으로 무상증자를 실시하다.
③ 주식배당을 실시하다.

④ 주주로부터 자산을 무상으로 기부받다.

18 다음 중 자본의 구성항목은 변동이 없고, 주당 액면금액의 변동만 발생하는 자본거래는?
▶ 2015년, 국가직 7급

① 유상증자
② 주식분할
③ 무상증자
④ 주식배당

19 자본에 대한 설명으로 옳은 것을 모두 고르면? ▶ 2014년, 국가직 9급

ㄱ. 이익잉여금은 당기순이익의 발생으로 증가하고 다른 요인으로는 증가하지 않는다.
ㄴ. 주식배당을 실시하면 자본금은 증가하지만 이익잉여금은 감소한다.
ㄷ. 무상증자를 실시하면 발행주식수는 증가하지만 자본총액은 변동하지 않는다.
ㄹ. 주식분할을 실시하면 발행주식수는 증가하지만 이익잉여금과 자본금은 변동하지 않는다.

---

① ㄱ, ㄴ, ㄷ
② ㄱ, ㄴ, ㄹ
③ ㄱ, ㄷ, ㄹ
④ ㄴ, ㄷ, ㄹ

20 자본에 관한 설명으로 옳은 것만을 모두 고른 것은? ▶ 2018년, 국가직 9급

ㄱ. 주식분할을 실시하면 자본총액은 변동하지 않고 자본금은 증가한다.
ㄴ. 주식배당을 실시하면 자본총액은 변동하지 않고 자본금은 증가한다.
ㄷ. 유상증자를 실시하면 자본총액은 변동하지 않고 자본금은 증가한다.
ㄹ. 무상증자를 실시하면 자본총액은 변동하지 않고 자본금은 증가한다.

---

① ㄱ, ㄴ
② ㄱ, ㄷ
③ ㄴ, ㄹ
④ ㄷ, ㄹ

21 자본의 변동을 가져오는 거래는? (단, 제시된 거래 이외의 거래는 고려하지 않는다)
▶ 2018년, 국가직 9급

① 기계장치를 외상으로 구입하였다.
② 자기주식을 현금으로 구입하였다.
③ 미래에 제공할 용역의 대가를 미리 현금으로 받았다.
④ 외상으로 판매한 대금이 전액 회수되었다.

22 다음의 자료를 이용하여 산출한 (주)한국의 20×1년 말 주가이익비율(PER)은? (단, 가중평균유통보통주식수는 월할계산한다)

▶ 2018년, 국가직 7급

- 20×1년도 당기순이익: ₩88
- 20×1년 1월 1일 유통보통주식수: 30주
- 20×1년 7월 1일 유상증자: 보통주 25주(주주우선배정 신주발행으로 1주당 발행가액은 ₩4이며, 이는 유상증자권리락 직전 주당 종가 ₩5보다 현저히 낮음)
- 20×1년 12월 31일 보통주 시가: 주당 ₩6

① 1.5　　② 2.0
③ 2.5　　④ 3.0

23 신설법인인 (주)한국의 당기순이익은 ₩805,000이며, 보통주 1주당 ₩200의 현금배당을 실시하였다. 유통보통주식수는 1,000주(주당 액면금액 ₩500), 우선주식수는 500주(주당 액면금액 ₩100, 배당률 10%)이다. 보통주의 주당 시가를 ₩4,000이라 할 때 옳은 것은? (단, 적립금은 고려하지 않는다)

▶ 2018년, 국가직 9급

① 보통주의 기본주당순이익은 ₩805이다.
② 보통주의 주가수익비율은 20%이다.
③ 보통주의 배당수익률은 5%이다.
④ 배당성향은 20%이다.

24 다음 (주)국제의 회계정보에 대한 설명으로 옳은 것은? (단, 당기 중 유통주식수의 변화는 없었다)

▶ 2018년, 지방직 9급

당기매출액	₩1,500,000
당기순이익	₩200,000
총자산순이익률	20%
발행주식수	50,000주
자기주식수	10,000주

① 주당순이익은 ₩5이다.
② 유통주식수는 50,000주이다.
③ 평균총자산은 ₩3,000,000이다.
④ 총자산회전율은 3회이다.

CHAPTER

09 수익인식

학습목표

본 장에서는 거래형태에 따른 수익인식기준에 대해서 배운다. 특히 진행기준에 따라 기간별 인식하는 수익, 비용 및 손익계산에 대해서 배운다.

1 수익의 인식

수익은 자본거래가 아닌 기업의 주요 경영활동으로 인하여 자산이 증가하거나 부채가 감소하는 것으로, 예를 들면 기업이 재화를 판매하거나 용역을 제공하여 그 대가로 현금 또는 매출채권이 증가하는 것 등이 있다. 수익에 있어서 중요한 회계처리는 수익을 과연 얼마의 금액으로 인식할 것인지, 그리고 이를 언제 기록할 것인지와 같이 수익인식의 금액과 시점을 결정하는 것과 관련한다.

우선, 수익으로 인식할 금액은 재화 또는 용역을 고객에게 제공함으로써 기업이 받거나 받도록 되어 있는 금액으로 측정한다. 즉, 재화의 판매, 용역의 제공이나 자산의 사용에 대하여 받았거나 또는 받을 '대가'로서 계약에 명시된 금액으로 인식한다.

수익의 인식시점은 발생기준에 따라 기업이 수행의무를 충족하였을 때 인식한다. 이는 거래형태에 따라 달라지는데, 예를 들어 수익거래가 재화를 일시에 제공하는 거래였다면 재화를 고객에 인도한 한 시점에 인식하면 되지만, 만약 여러 기간에 걸쳐 재화나 용역을 제공하는 경우에는 여러 기간에 걸쳐 수익을 인식해야 한다.

도표 9-1 | 거래형태에 따른 수익의 인식시점

거래의 형태	수익의 종류	수익의 인식시점
재고자산 판매	매출수익	판매시점
용역 제공	용역수익	제공시점
장기건설 · 용역계약	공사수익 · 용역수익	진행기간
자산사용의 허용	임대수익 · 이자수익	시간경과

Question

9-1 수익의 인식에 대한 설명으로 옳지 않은 것은?

① 수익금액은 일반적으로 판매자와 구매자 또는 자산의 사용자 간의 합의에 따라 결정되며, 판매자에 의해 제공된 매매할인 및 수량리베이트를 고려하여 받았거나 받을 대가의 공정가치로 측정한다.

② 판매자가 소유에 따른 유의적인 위험을 부담하는 경우에는 당해 거래를 판매로 보지 아니하며, 수익을 인식하지 아니한다.

③ 로열티수익은 관련된 수익을 현금으로 수취하는 시점에 인식한다.

④ 배당수익은 주주로서 배당을 받을 권리가 확정되는 시점에 인식한다.

⑤ 예술공연, 축하연, 기타 특별공연 등에서 발생하는 수익은 행사가 개최되는 시점에 인식한다.

| 해답 | ③

로열티수익은 관련된 약정의 실질을 반영하여 발생기준에 따라 인식한다.

2 진행기준

거래의 형태가 계약에서부터 완성에 이르기까지 여러 회계기간이 걸리는 장기의 건설계약이나 용역계약의 경우, 수익은 진행기준에 따라서 인식한다.

진행기준은 총계약기간에 대한 당기의 계약이행 정도, 즉 진행률에 따라서 수익과 비용을 인식하는 방법으로, 진행률의 합리적인 추정이 가능하고, 관련 원가를 신뢰성 있게 측정가능할 때 사용한다. 장기의 건설계약이나 용역계약의 경우, 고객에 대한 판매는 이미 이루어진 상태이기 때문에 수행의무를 이행하는 것에 따라서 수익을 인식하고 이에 비용을 대응하는 것으로 당기의 성과를 충실하게 표현할 수 있을 것이다.

진행기준의 수익, 비용 및 이익은 다음과 같은 순서에 따라서 계산한다.

(1) 진행률의 계산

$$누적진행률=\frac{(당기까지\ 누적된)실제계약원가발생액}{(가장\ 최근에\ 추정한)추정총계약원가}$$

진행률을 계산하는 데에는 원가법이 가장 보편적으로 이용된다. 추정총계약원가는 재무보고일 현재 이미 발생한 계약원가와 향후 건설계약을 완료하기 위해 추가적으로 소요될 계약원가를 합한 금액을 말한다. 추정총계약원가의 금액이 수정될 경우, 진행률 또한 수정하고, 이는 회계추정의 변경으로 보아 당기부터 전진적으로 적용한다.

(2) 당기의 수익계산

당기계약수익=총계약수익×누적진행률−전기말까지 인식한 계약수익

(3) 당기의 이익계산

당기계약이익=당기계약수익−당기계약비용

Question

9-2 (주)한국은 20×1년에 (주)민국과 컨설팅 용역을 3년간 제공하기로 하는 계약을 체결하였으며, 총계약금액은 5,000,000원이다. (주)한국의 용역수익인식은 진행기준을 적용하고 있으며, 3년 동안의 컨설팅 용역과 관련된 원가 자료는 다음과 같다. 각 연도별로 인식해야 할 용역이익은 얼마인가?

구분	20×1년	20×2년	20×3년
당기발생 용역원가	₩600,000	₩900,000	₩1,700,000
용역완료 시까지 추가소요 용역원가	₩2,400,000	₩1,500,000	

| 해답 |

구분	20×1년	20×2년	20×3년	합계
공사누적진행률	20%	50%	100%	
계약수익	₩1,000,000	₩1,500,000	₩2,500,000	₩5,000,000
계약원가(당기발생원가)	(600,000)	(900,000)	(1,700,000)	(3,200,000)
용역이익	₩400,000	₩600,000	₩800,000	₩1,800,000

$$20\times1\text{년의 누적진행률}=\frac{600{,}000\text{원}}{600{,}000\text{원}+2{,}400{,}000\text{원}}=\frac{600{,}000\text{원}}{3{,}000{,}000\text{원}}=0.2,\ 20\%$$

$$20\times2\text{년의 누적진행률}=\frac{600{,}000\text{원}+900{,}000\text{원}}{600{,}000\text{원}+900{,}000\text{원}+1{,}500{,}000\text{원}}=\frac{1{,}500{,}000\text{원}}{3{,}000{,}000\text{원}}=0.5,\ 50\%$$

$$20\times3\text{년의 누적진행률}=\frac{600{,}000\text{원}+900{,}000\text{원}+1{,}700{,}000\text{원}}{600{,}000\text{원}+900{,}000\text{원}+1{,}700{,}000\text{원}}=\frac{3{,}200{,}000\text{원}}{3{,}200{,}000\text{원}}=1,\ 100\%$$

연도별 진행률에 따라 다음과 같이 계약수익 및 이익을 구한다.

20×1년의 계약수익=5,000,000원×20%=1,000,000

20×2년의 계약수익=5,000,000원×50%−1,000,000원(20×1년에 인식한 계약수익)
=1,500,000원

20×3년의 계약수익=5,000,000원×100%−2,500,000원(20×1년, 20×2년에 인식한 계약수익)=1,500,000원

연습문제

01 기업회계기준서 제1018호 '수익'에 대한 설명으로 옳지 않은 것은? ▶ 2016년, 국가직 7급

① 수익금액은 일반적으로 판매자와 구매자 또는 자산의 사용자 간의 합의에 따라 결정되며, 판매자에 의해 제공된 매매할인 및 수량리베이트를 고려하여 받았거나 받을 대가의 공정가치로 측정한다.
② 판매자가 소유에 따른 유의적인 위험을 부담하는 경우에는 당해 거래를 판매로 보지 아니하며, 수익을 인식하지 아니한다.
③ 용역제공거래의 성과를 신뢰성 있게 추정할 수 없고 발생한 원가의 회수가능성이 높지 않은 경우에는 수익과 발생한 원가를 비용으로 인식하지 않는다.
④ 수익은 거래와 관련된 경제적 효익의 유입가능성이 높은 경우에만 인식한다.

02 수익의 인식에 대한 설명으로 옳지 않은 것은? ▶ 2015년, 지방직 9급

① 이자수익은 이자를 현금으로 수취하는 시점에 인식한다.
② 로열티수익은 관련된 약정의 실질을 반영하여 발생기준에 따라 인식한다.
③ 배당수익은 주주로서 배당을 받을 권리가 확정되는 시점에 인식한다.
④ 용역의 제공으로 인한 수익은 용역제공거래의 결과를 신뢰성 있게 추정할 수 있을 때 진행기준에 따라 인식한다.

03 '고객과의 계약에서 생기는 수익'에 대한 설명으로 옳지 않은 것은? ▶ 2018년, 국가직 7급

① 기댓값으로 변동대가를 추정하는 경우 가능한 대가의 범위에서 가능성이 가장 높은 단일 금액으로 추정한다.
② 변동대가와 관련된 불확실성이 나중에 해소될 때, 이미 인식한 누적수익금액 중 유의적인 부분을 되돌리지 않을 가능성이 매우 높을지를 평가할 때는 수익의 환원가능성 및 크기를 모두 고려한다.
③ 비현금대가의 공정가치를 합리적으로 추정할 수 없는 경우에는 그 대가와 교환하여 고객에게 약속한 재화나 용역의 개별판매가격을 참조하여 간접적으로 그 대가를 측정한다.
④ 고객에게 약속한 재화나 용역, 즉 자산을 이전하여 수행의무를 이행할 때 수익을 인식한다.

04 기업회계기준서 제1018호 '수익'에 따른 수익인식기준에 대한 설명으로 옳지 않은 것은?

▶ 2015년, 국가직 7급

① 설치수수료는 재화가 판매되는 시점에 수익을 인식하는 재화의 판매에 부수되는 설치의 경우를 제외하고는 설치의 진행률에 따라 수익으로 인식한다.

② 광고매체수수료는 광고 또는 상업방송이 대중에게 전달될 때 인식하고, 광고제작수수료는 광고제작의 진행률에 따라 인식한다.

③ 주문개발하는 소프트웨어의 대가로 수취하는 수수료는 인도기준에 따라 수익을 인식한다.

④ 예술공연, 축하연, 기타 특별공연 등에서 발생하는 수익은 행사가 개최되는 시점에 인식한다.

05 수익금액과 원가를 신뢰성 있게 측정할 수 있고, 기업에 유입되는 경제적 효익의 유입가능성이 높다고 가정할 때, 옳지 않은 것은?

▶ 2017년, 국가직 9급

① 출판물 구독의 경우, 해당 품목의 가액이 매기 비슷한 경우에는 발송기간에 걸쳐 정액기준으로 수익을 인식한다.

② 제한적인 반품권이 부여된 판매의 경우, 반품가능성을 예측하기 어렵다면, 구매자가 공식적으로 재화의 선적을 수락한 시점이나 재화를 인도받은 후 반품기간이 종료된 시점에 수익을 인식한다.

③ 위탁판매의 경우, 위탁자는 수탁자가 제3자에게 재화를 판매한 시점에 수익을 인식한다.

④ 재고자산에 대한 판매 후 재매입약정의 경우, 소유에 따른 위험과 보상이 실질적으로 이전되지 않더라도 법적 소유권이 이전되면 수익을 인식한다.

06 (주)한국은 2017년 1월 1일 상품을 ₩3,500,000에 판매하였다. 판매 시에 현금 ₩500,000을 수령하고, 잔금 ₩3,000,000은 2017년 말부터 매년 말 ₩1,000,000씩 3년에 걸쳐 받기로 하였다. 이 매출거래와 관련하여 2017년에 인식할 매출액과 이자수익은? (단, 유효이자율은 10%이다)

▶ 2018년, 국가직 9급

기간	단일금액 ₩1의 현재가치	정상연금 ₩1의 현재가치
1	0.9091	0.9091
2	0.8264	1.7355
3	0.7513	2.4868

	매출액	이자수익
①	₩1,500,000	₩75,130
②	₩1,500,000	₩248,680
③	₩2,986,800	₩75,130
④	₩2,986,800	₩248,680

07 (주)한국은 2012년에 (주)민국과 컨설팅 용역을 3년간 제공하기로 하는 계약을 체결하였으며, 총계약금액은 ₩5,000,000이다. (주)한국의 용역수익인식은 진행기준을 적용하고 있으며, 3년 동안의 컨설팅 용역과 관련된 원가 자료는 다음과 같다. (주)한국의 2013년 용역이익은?

▶ 2015년, 국가직 9급

항목	2012년	2013년	2014년
당기발생 용역원가	₩600,000	₩900,000	₩1,700,000
용역완료 시까지 추가소요 용역원가	2,400,000	1,500,000	–

① ₩600,000
② ₩975,000
③ ₩1,000,000
④ ₩1,600,000

08 (주)한국은 2014년 초에 시작되어 2016년 말에 완성되는 건설계약을 ₩300,000에 수주하였다. (주)한국은 진행기준으로 수익과 비용을 인식하며, 건설계약과 관련된 원가는 다음과 같다. (주)한국이 2016년에 인식할 공사손익은? (단, 진행률은 발생한 누적계약원가를 추정총계약원가로 나누어 계산한다)

▶ 2016년, 국가직 7급

항목	2014년	2015년	2016년
당기발생원가	₩30,000	₩50,000	₩120,000
완성 시까지 추가소요원가	70,000	20,000	–

① ₩60,000 이익
② ₩60,000 손실
③ ₩80,000 이익
④ ₩80,000 손실

09 (주)대한은 2014년 1월 1일에 도로건설계약(공사기간: 2014.1.1~2016.12.31)을 체결하고 공사를 진행하였다. 총계약수익은 ₩300,000이며, 이 도로를 건설하는 데 필요한 총계약원가는 ₩200,000으로 추정되었다. 당해 건설계약에서 실제로 발생한 누적계약원가가 다음과 같을 때, 이 건설계약에 대한 설명으로 옳지 않은 것은? (단, 진행률은 실제발생한 누적계약원가를 추정총계약원가로 나눈 비율로 계산한다)

▶ 2016년, 국가직 9급

항목	2014년	2015년	2016년
누적계약원가	₩50,000	₩130,000	₩200,000

① 2014년의 계약진행률은 25%이다.
② 2016년의 계약수익은 ₩105,000이다.
③ 2015년까지의 누적계약진행률은 65%이다.
④ 2015년에 인식할 계약이익은 ₩65,000이다.

10 (주)한국은 20×1년 1월 1일 총계약금액 ₩60,000의 건설공사를 수주하였다. (주)한국이 진행기준을 사용하여 해당 건설공사를 회계처리하는 경우, 20×2년 말 재무상태표에 표시할 미청구공사(유동자산)금액은? ▶ 2017년, 국가직 7급

항목	20×1년	20×2년	20×3년
발생 누적계약원가	₩8,000	₩35,000	₩50,000
총계약예정원가	40,000	50,000	50,000
계약대금청구	10,000	30,000	20,000
계약대금회수	7,000	28,000	25,000

① ₩2,000
② ₩3,000
③ ₩40,000
④ ₩42,000

11 (주)한국은 2016년 1월 1일 계약금액이 ₩5,000,000인 교량건설 정액도급계약을 수주하였고, 2017년 12월 31일에 완공하였다. (주)한국은 진행기준으로 수익과 비용을 인식하며, 교량건설과 관련된 발생원가와 회수대금은 다음과 같다. (주)한국이 2017년에 계상해야 할 이익은? (단, 진행률은 발생원가에 기초하여 계산한다) ▶ 2017년, 지방직 9급

연도	발생원가	회수대금
2016년	₩1,600,000	₩2,200,000
2017년	2,400,000	2,800,000

① ₩1,000,000
② ₩600,000
③ ₩500,000
④ ₩400,000

CHAPTER 10

회계변경과 오류수정

학습목표

회계변경이란 기업이 현재 채택하고 있는 회계정책이나 사용하고 있는 회계추정치가 더 이상 적절하지 않다고 판단하여 다른 회계정책이나 새로운 회계추정치로 변경하는 것을 의미한다. 반면, 오류수정이란 잘못된 회계처리를 바로잡는 것이다. 각각의 상황에 맞는 회계처리방법에 대해서 학습한다.

1 회계변경

회계변경이란 새로운 기업회계기준의 제정이나 기업의 경영환경의 변화 등으로 인하여 기업이 현재 채택하고 있는 회계정책이나 사용하고 있는 회계추정치가 더 이상 적절하지 않게 되어 다른 회계정책이나 새로운 회계추정치로 변경하는 것을 의미한다. 회계변경에는 회계정책의 변경과 회계추정의 변경이 있다.

도표 10-1 | 회계변경과 오류수정의 구분

구분	내용	예	회계처리
회계정책의 변경	회계기준 내의 회계정책을 회계기준 내의 다른 회계정책으로 변경	재고자산 가격결정방법을 선입선출법에서 평균법으로 변경 등	소급법
회계추정의 변경	추정의 근거가 되었던 상황이 변화하여 기존 회계추정치의 근거와 방법을 변경	감가상각방법을 정액법에서 정률법으로 변경 등	전진법
오류의 수정	재무제표상의 누락이나 왜곡표시를 수정	잘못된 회계정책 적용, 계산상 오류 등	소급법 (중요성 고려)

(1) 회계정책의 변경

회계정책이란 기업이 재무제표를 작성 · 표시하기 위해서 적용하는 구체적인 원칙, 근거, 관습, 규칙 및 관행으로, 회계정책의 변경이란 기업이 이제까지 적용하던 일반적으로 인정되는 회계정책을 다른 일반적으로 인정되는 회계정책으로 변경하는 것을 말한다.

다만, 기업이 회계정책을 변경하는 경우에는 재무제표 및 회계정보의 비교가능성이 저해될 수 있기 때문에, 기업은 다음의 경우에만 회계정책을 변경할 수 있다. 첫째, K-IFRS의 개정으로 회계정책의 변경이 요구되는 경우이거나 둘째, 회계정책을 변경하면 이로 인해 재무제표가 특정 거래, 기타사건 또는 상황이 재무상태, 경영성과 또는 현금흐름에 미치는 영향을 보다 충실하게 표현하고 회계정보이용자의 의사결정목적에 적합한 정보를 제공하는 경우이다. 회계정책을 변경하는 경우에는, 예를 들어 재고자산의 가격결정방법을 선입선출법에서 평균법으로 변경하는 것 등이 있다. K-IFRS에 따르면, 회계정책을 변경하는 경우의 회계처리는 소급법을 적용한다.

소급법에서는 회계변경의 누적효과를 계산하고, 이를 회계변경연도의 기초이익잉여금에 가감하여 수정한다. 회계변경의 누적효과란 회계변경연도 이전 기간에 변경 이후의 방법으로 회계처리했을 경우와 변경 이전의 방법으로 회계처리했을 경우 순이익에 미치는 영향의 차액을 말한다. 변경 후의 회계정책을 변경 전 가장 이른 과거기간의 처음부터 적용한 것처럼 회계처리를 하고, 비교표시되는 과거기간의 재무제표를 재작성한다.

(2) 회계추정의 변경

회계추정이란 기업환경의 불확실성하에서 미래의 재무적 결과를 사전적으로 예측하는 것으로 재무제표의 많은 항목들이 추정에 의존한다. 회계추정의 변경이란 회계추정의 근거가 되었던 상황이 변화하여 새로운 추정이 요구되는 경우에 지금까지 사용해오던 회계추정치의 근거와 방법을 바꾸는 것이다. 예를 들면, 유형자산의 감가상각의 내용연수나 잔존가치를 변경하거나 감가상각자산의 미래경제적 효익의 기대소비행태가 바뀌어 감가상각방법을 변경하는 것 등이 있다.

회계추정의 변경은 전진법으로 회계처리를 한다. 전진적으로 회계처리를 한다는 것은 변경된 새로운 추정치를 그것이 발생한 시점 이후부터 거래, 기타사건 및 상황에 적용하는 것을 말한다.

Question

10-1 회계정책이나 회계추정의 변경과 관련된 설명으로 옳은 것은 무엇인가?

① 측정기준의 변경은 회계정책의 변경이 아니라 회계추정의 변경에 해당한다.
② 유형자산에 대한 감가상각방법의 변경은 회계추정의 변경으로 간주한다.
③ 일반적으로 인정되는 회계원칙이 아닌 회계정책에서 일반적으로 인정되는 회계원칙의 회계정책으로의 변경은 회계변경이다.
④ 소급법은 재무제표의 신뢰성은 유지되지만 비교가능성이 상실된다.
⑤ 회계추정의 변경의 경우, 소급법을 사용한다.

| 해답 | ②

회계추정의 변경이란 회계추정의 근거가 되었던 상황의 변화로 새로운 추정이 요구되는 경우에 새로운 상황에 따라 지금까지 사용해 오던 회계추정치의 근거와 방법을 바꾸는 것이다. 유형자산의 감가상각이란 감가상각대상자산의 미래의 경제적 효익이 소비된 부분을 비용으로 인식하는 것으로, 기대소비행태를 추정하여 알맞은 감가상각방법을 선택한다. 따라서 감가상각방법을 변경한다는 것은 감가상각대상자산의 기대소비행태의 추정치가 변경된다는 것을 의미하므로 회계추정의 변경에 해당한다.

10-2 (주)한국은 20×1년 1월 1일에 기계장치를 100,000원(내용연수 4년, 잔존가액 20,000원)에 취득하여 정액법으로 상각하였다. 20×3년 1월 1일에 이 기계에 부속장치를 설치하기 위하여 40,000원을 추가지출하였으며, 이로 인하여 기계의 잔존내용연수가 2년 증가하였고 20×3년부터 연수합계법을 적용하기로 하였다. 20×3년 감가상각비는 얼마인가?

| 해답 |

기계의 부속장치를 설치하여 기존의 잔존내용연수 및 감가상각방법을 변경한 것은 회계추정의 변경으로, 전진법으로 처리한다.

20×1년부터 20×2년까지의 매년 감가상각비 $=\dfrac{100{,}000\text{원}-20{,}000\text{원}}{4\text{년}}=20{,}000\text{원}$,

20×3년 초의 기계장치의 장부가액 $=100{,}000\text{원}-20{,}000\text{원}\times 2\text{년}=60{,}000\text{원}$,

따라서 20×3년의 감가상각비는 $(60{,}000\text{원}+40{,}000\text{원}-20{,}000\text{원})\times\dfrac{4}{1+2+3+4}=32{,}000\text{원}$ 이다.

2 오류수정

오류수정은 잘못된 재무제표상의 누락이나 왜곡표시를 수정하는 것으로 산술적 계산오류, 회계정책 적용오류, 사실의 간과 또는 해석의 오류 등의 수정을 포함한다. 오류를 발견하면 즉시 해당 계정을 적절히 수정하여 조치한다. 다만, 오류를 발견하는 시점에 따라 회계처리는 달라진다.

우선, 오류가 발생한 회계기간에 오류를 발견하였다면 잘못된 분개를 역분개하여 제거하고 정확한 분개를 다시 하면 된다.

그러나 중요한 오류를 후속기간에 발견하였다면, 전기의 오류를 수정하되, 수정으로 인한 누적효과를 전기오류수정손익으로 하여 기초이익잉여금에 반영하고, 관련 계정잔액을 수정한다. 또한 해당 후속기간에 비교표시된 재무정보를 재작성하여 공시한다. 중요하지 않은 오류의 경우에는 수정하지 않는다. 다만, 중요한 오류인지의 여부는 회계담당자의 경험 등에 따라 판단한다.

Question

10-3 (주)한국은 20×1년 1월 1일 비품에 대해 수선비 10,000원을 비용으로 회계처리했어야 하나, 이를 비품의 장부가액에 가산하여 정액법으로 상각하였다. 20×1년 1월 1일 수선비 지출 시 비품의 잔여내용연수는 5년이고 잔존가치는 없다. 20×3년도 재무제표 마감 전 수선비 지출에 대한 오류가 발견되었다. (단, 법인세효과는 무시하며 해당 비품의 최초 취득원가는 500,000원이다.)

(1) 만약 20×3년도의 재무제표 마감 전에 위의 오류를 발견하였다면 해야 할 오류수정분개를 하라.

(2) 만약 20×3년도의 재무제표 마감 후에 위의 오류를 발견하였다면 해야 할 오류수정분개를 하라.

| 해답 |

날짜	잘못된 분개	바른 분개
20×1/1/1	(차) 비품 10,000 (대) 현금 10,000	(차) 수선비 10,000 (대) 현금 10,000
20×1/12/31	(차) 감가상각비 2,000 (대) 감가상각누계액 2,000	

20×2/12/31	(차) 감가상각비 2,000 (대) 감가상각누계액 2,000	
20×3/12/31	(차) 감가상각비 2,000 (대) 감가상각누계액 2,000	

따라서 다음과 같은 수정분개가 필요하다.

(차) 수선비	10,000	(대) 비품	10,000
감가상각누계액	6,000	감가상각비	6,000

(1) 20×1년과 20×2년의 장부는 마감되고, 20×3년의 장부는 마감 전이므로 다음과 같은 오류수정을 위한 분개가 필요하다.

(차) 전기오류수정손익(이익잉여금)	10,000	(대) 비품	10,000
감가상각누계액	6,000	전기오류수정손익(이익잉여금)	4,000
		감가상각비	2,000

(2) 20×1년, 20×2년 및 20×3년의 장부가 모두 마감되었으므로 다음과 같은 오류수정을 위한 분개가 필요하다.

(차) 전기오류수정손익(이익잉여금)	10,000	(대) 비품	10,000
감가상각누계액	6,000	전기오류수정손익(이익잉여금)	6,000

연습문제

01 회계정책이나 회계추정의 변경과 관련된 설명으로 옳지 않은 것은? ▶ 2014년, 국가직 7급

① 측정기준의 변경은 회계추정의 변경이 아니라 회계정책의 변경에 해당한다.
② 유형자산에 대한 감가상각방법의 변경은 회계추정의 변경으로 간주한다.
③ '일반적으로 인정되는 회계원칙'이 아닌 회계정책에서 '일반적으로 인정되는 회계원칙'의 회계정책으로의 변경은 오류수정이다.
④ 소급법은 재무제표의 신뢰성은 유지되지만 비교가능성이 상실된다.

02 기업회계기준서 제1008호 '회계정책, 회계추정의 변경 및 오류'에 대한 설명으로 옳은 것은? ▶ 2015년, 국가직 7급

① 회계정책의 변경은 특정 기간에 미치는 영향이나 누적효과를 실무적으로 결정할 수 없는 경우를 제외하고는 소급적용한다.
② 과거에 발생하지 않았거나 발생하였어도 중요하지 않았던 거래, 기타사건 또는 상황에 대하여 새로운 회계정책을 적용하는 경우는 회계정책의 변경에 해당된다.
③ 유형자산이나 무형자산에 대하여 재평가하는 회계정책을 최초로 적용하는 경우의 회계정책 변경은 소급법을 적용한다.
④ 회계정책의 변경과 회계추정의 변경을 구분하기가 어려운 경우에는 이를 회계정책의 변경으로 본다.

03 회계정책의 변경에 해당하지 않는 것은? ▶ 2017년, 국가직 7급

① 유형자산 감가상각방법을 정액법에서 정률법으로 변경
② 투자부동산 평가방법을 원가모형에서 공정가치모형으로 변경
③ 재고자산 측정방법을 선입선출법에서 평균법으로 변경
④ 영업권에 대해 정액법상각에서 손상모형으로 변경

04 회계변경을 회계정책의 변경과 회계추정의 변경으로 분류할 때, 그 분류가 다른 것은? ▶ 2017년, 국가직 9급

① 감가상각자산의 감가상각방법을 정률법에서 정액법으로 변경
② 감가상각자산의 내용연수를 10년에서 15년으로 변경
③ 감가상각자산의 잔존가치를 취득원가의 10%에서 5%로 변경
④ 감가상각자산의 측정모형을 원가모형에서 재평가모형으로 변경

05 (주)한국은 2012년 1월 1일 기계(내용연수 5년, 잔존가치 ₩100,000)를 ₩600,000에 취득하였다. (주)한국은 당해 기계에 대하여 원가모형을 적용하고 있으며, 감가상각방법으로 정액법을 사용한다. (주)한국은 2013년에 정당한 사유에 의하여 감가상각방법을 연수합계법으로 변경하였고, 잔존가치는 없는 것으로 재추정하였다. 당해 기계에 대하여 (주)한국이 2013년 12월 31일에 인식할 감가상각비는? ▶ 2014년, 국가직 7급

① ₩100,000
② ₩125,000
③ ₩200,000
④ ₩250,000

06 (주)한국은 2010년 1월 1일 건물을 ₩1,000,000에 구입하여 2015년 12월 31일까지 정액법(내용연수 10년, 잔존가치 ₩100,000)으로 감가상각하였다. 2016년 1월 1일 동 건물에 대해 감가상각방법을 정액법에서 연수합계법으로 변경하였으며, 잔존가치는 ₩40,000으로 재추정하였고 향후 5년을 더 사용할 수 있을 것으로 예상하였다. 2016년 말에 인식해야 할 동 건물의 감가상각비는? (단, 유형자산에 대해 원가모형을 적용한다) ▶ 2016년, 국가직 7급

① ₩84,000
② ₩90,000
③ ₩96,000
④ ₩140,000

07 (주)한국은 2012년 초에 업무용 차량운반구를 ₩10,000(내용연수 5년, 잔존가치 ₩0)에 취득하여 정액법으로 감가상각하여 오다가 2013년부터 감가상각방법을 연수합계법으로 변경하였다. 다른 사항은 변화가 없고 원가모형을 적용한다고 가정할 경우, 2013년 말 재무상태표에 표시되는 동 차량운반구의 장부금액은? ▶ 2014년, 국가직 9급

① ₩6,000
② ₩5,200
③ ₩4,800
④ ₩4,200

08 (주)한국의 2016년 회계오류 수정 전 법인세비용차감전순이익은 ₩300,000이다. 회계오류가 다음과 같을 때, 회계오류 수정 후 2016년도 법인세비용차감전순이익은?

▶ 2016년, 국가직 7급

회계오류사항	2015년	2016년
기말재고자산 오류	₩8,000 과소계상	₩4,000 과대계상
선급비용을 당기비용으로 처리	₩3,000	₩2,000

① ₩287,000
② ₩288,000
③ ₩289,000
④ ₩290,000

09 (주)한국은 2014년과 2015년에 대손상각 회계처리로 직접상각법을 사용하였다. 그러나 이러한 회계처리가 잘못된 것으로 밝혀져 충당금설정법으로 수정하려고 한다. 직접상각법으로 상각한 금액은 2014년 ₩100,000(전액 2014년 매출과 관련됨)이고, 2015년 ₩150,000(2014년 매출과 관련된 금액 ₩90,000과 2015년 매출과 관련된 금액 ₩60,000)이다. (주)한국은 2014년과 2015년 판매분과 관련하여 이후로도 ₩200,000의 대손이 추가로 발생할 것으로 예상하고 있으며, 이 중에서 ₩40,000은 2014년 매출과 관련된 것이고 나머지 금액은 2015년 매출과 관련된 것이다. 2016년 초에 이러한 오류를 발견했을 때, 수정분개로 옳은 것은? (단, 2014년 이전에는 외상매출금이 없었으며, 2015년 장부는 아직 마감되지 않았다)

▶ 2015년, 국가직 7급

① (차) 대손상각비 ₩160,000 (대) 대손충당금 ₩160,000
② (차) 대손상각비 ₩120,000 (대) 대손충당금 ₩160,000
전기오류수정손실 ₩40,000
③ (차) 대손상각비 ₩160,000 (대) 대손충당금 ₩200,000
전기오류수정손실 ₩40,000
④ (차) 대손상각비 ₩70,000 (대) 대손충당금 ₩200,000
전기오류수정손실 ₩130,000

10 (주)한국의 외부감사인은 (주)한국이 제시한 2017년도 포괄손익계산서에서 다음과 같은 오류가 있음을 발견하였다.

임차료 과대계상액	₩900,000
이자수익 과소계상액	600,000
감가상각비 과소계상액	500,000
기말상품 과대계상액	300,000

오류를 수정한 후의 올바른 당기순이익은? (단, 오류수정 전 당기순이익은 ₩10,000,000이다)

▶ 2018년, 국가직 9급

① ₩9,300,000 ② ₩9,500,000
③ ₩9,800,000 ④ ₩10,700,000

CHAPTER 11

현금흐름표

학습목표

현금흐름표는 기업의 현금흐름에 관한 정보를 요약하여 보고하는 재무제표의 한 구성요소이다. 현금흐름표는 정보이용자를 위하여 현금의 유입과 유출정보를 기업의 영업활동, 투자활동 및 재무활동으로 구분하여 보고한다. 본 장에서는 각 활동을 구분하는 기준과 가장 빈번하게 현금의 유입 및 유출이 일어나는 영업활동 현금흐름을 계산하는 방법에 대해서 학습한다.

1 현금흐름표의 의의와 구성

(1) 현금흐름표의 의의

현금흐름표는 기업의 현금흐름에 관한 정보를 요약한 보고서로, 기업의 현금이 어떤 활동을 통하여 유입되었고 어떤 활동에 사용되었는지, 그리고 그 결과 기말 현재 현금의 잔액은 얼마인지 등의 내용을 보여준다. 포괄손익계산서는 일정기간의 기업의 경영성과를 보여주지만, 포괄손익계산서의 이익은 발생기준에 의한 회계처리의 결과로 감가상각비와 같은 비용의 인위적인 배분이나 회계추정치를 포함하고 있다. 따라서 회계정보이용자에게 포괄손익계산서와 함께 현금흐름표가 주어진다면, 기업의 미래현금흐름에 대한 예측은 보다 심층적으로 이루어질 수 있을 것이다.

현금흐름표의 유용성을 정리하면 다음과 같다.

첫째, 미래현금흐름의 예측과 평가에 유용하다. 현금흐름표는 재무정보이용자들이 기업의 미래현금흐름의 금액, 시기, 그리고 불확실성을 예측하고 평가하는 데 유용한 정보를 제공해 준다. 또한 이익의 질을 평가하는 데에도 유용하게 이용될 수 있다.

둘째, 배당지급능력, 유용성 및 재무탄력성 평가에 유용하다. 유동성이란 자산이 현금으로 전환되거나 부채가 지급되기까지 소요되는 시간에 관한 것이고, 재무탄력성은 기업이 예측하지 못했던 현금수요와 투자기회에 따라 현금흐름의 금액과 시기를 적절히 조절할 수 있는 능력을 말한다. 현금흐름에 관한 정보는 기업의 현재, 나아가 미래의 현금창출능력을 평가하는 데에 유용하게 이용될 수 있다.

셋째, 투자 및 재무활동이 기업의 재무상태에 미치는 영향을 평가하는 데 유용하다. 기업의 투자활동과 재무활동에서 창출되는 현금흐름을 검토함으로써 재무정보이용자들은 기업의 자산과 부채가 어떻게 증감하였는지를 보다 잘 이해할 수 있다.

(2) 현금흐름표의 구성

현금흐름표의 현금은 재무상태표의 '현금및현금성자산'이다. 여기에서 현금은 통화, 타인발행수표 등의 통화대용증권과 당좌예금, 보통예금 등의 요구불예금을 포함하고, 현금성자산은 큰 거래비용 없이 통화, 통화대용증권 또는 요구불예금으로의 전환이 용이한 초단기금융상품으로 이루어진다.

현금흐름표는 현금의 유입과 유출정보를 기업의 영업활동, 투자활동 및 재무활동으로 구분하여 보고한다.

1) 영업활동

기업의 주요 영업활동으로 영업이익에 영향을 미치는 거래나 사건을 말한다. 기업의 주요 수익창출활동으로 제품의 생산과 판매, 상품의 매입과 매출, 용역의 구매와 제공 등이 여기에 포함된다. 또한 투자 또는 재무활동에 속하지 않는 모든 거래를 포함한다.

2) 투자활동

투자자산 및 유·무형자산의 취득과 처분활동을 말한다. 자금의 대여 및 회수, 영업활동과 관련 없는 금융자산과 투자자산의 취득과 처분, 유형 및 무형자산의 취득과 처분 같은 활동이 포함된다. 자산을 취득하면 현금이 유출되고, 자산을 처분하면 현금이 유입된다.

3) 재무활동

기업의 납입자본과 차입금의 크기 및 구성에 변동을 가져오는 활동이다. 여기에는 부채의 차입과 상환, 신주의 발행 등과 같이 자금의 조달과 상환에 관한 활동이 포함된다. 주로 차입금, 사채 및 자본계정과 관련이 있다.

도표 11-1 | 현금흐름표의 양식

현금흐름표

회사명	20×1년 1월 1일부터 20×1년 12월 31일까지	(단위: 원)
Ⅰ. 영업활동으로 인한 현금흐름		×××
Ⅱ. 투자활동으로 인한 현금흐름		×××
유형자산의 취득	(×××)	
유형자산의 처분	×××	
자금의 대여	(×××)	
자금의 회수	×××	
Ⅲ. 재무활동으로 인한 현금흐름		×××
단기차입금	×××	
장기차입금 상환	(×××)	
유상증자	×××	
Ⅳ. 현금의 증감		×××
Ⅴ. 기초의 현금		×××
Ⅵ. 기말의 현금		×××

Question

11-1 재무활동 현금흐름과 관련된 항목을 모두 선택하라.

㉠ 단기매매금융자산의 처분	㉡ 기계장치의 구입
㉢ 유상증자	㉣ 토지의 처분
㉤ 사채의 발행	㉥ 로열티 수익

| 해답 | ㉢, ㉤

각 항목의 활동별 구분은 다음과 같다.

- 영업활동: ㉠ 단기매매금융자산의 처분, ㉥ 로열티수익
- 투자활동: ㉡ 기계장치의 구입, ㉣ 토지의 처분
- 재무활동: ㉢ 유상증자, ㉤ 사채의 발행

2 영업활동으로 인한 현금흐름

영업활동은 현금의 증감을 가져오는 가장 중요한 기업활동이다. 영업활동의 현금흐름은 주로 기업의 주요 수익창출활동에서 발생한다.

영업활동으로 인한 현금흐름을 기재하는 방법에는 직접법과 간접법이 있다. 직접법은 현금의 총유입액과 총유출액을 항목별로 구분하여 표시하는 방법으로, 항목별로 구분된 정보는 재무정보이용자들이 기업의 현금창출능력을 평가하는 데 유용할 것이다. 그러나 계속적으로 반복되는 거래에서 현금의 유입액과 유출액을 일일이 파악하는 것이 번거롭고 비용이 크다는 단점이 있다.

한편, 간접법은 당기순이익에 현금을 수반하지 않는 수익과 비용을 가감한 후, 투자나 재무활동의 현금흐름과 관련된 손익항목의 영향을 조정하고, 영업활동과 관련된 자산과 부채의 영향을 조정하여 영업에서 창출된 현금을 구하는 방법이다. K-IFRS에서는 직접법과 간접법이 모두 허용되지만, 간접법이 작성하기가 쉬워 보편적으로 이용된다.

도표 11-2 | 직접법과 간접법의 비교

직접법		간접법	
Ⅰ. 영업활동으로 인한 현금흐름 1. 매출활동으로부터의 유입액 2. 매입활동으로 인한 유출액 3. 종업원에 대한 현금유출액 등		Ⅰ. 영업활동으로 인한 현금흐름 1. 당기순이익 2. 현금유출이 없는 비용(수익) 등의 가산(차감) 3. 투자/재무활동 관련 손익 가감 4. 영업활동으로 인한 자산·부채의 변동	
영업에서 창출된 현금	×××	영업에서 창출된 현금	×××

간접법은 법인세비용차감전순이익에서 다음의 항목들을 조정하여 영업에서 창출된 현금을 계산한다.

(1) 현금의 유출이나 유입이 없는 비용이나 수익의 가감

현금의 유출이 없는 비용은 당기순이익에서는 차감되었지만, 영업활동 현금흐름에는 영향을 미치지 않기 때문에 이를 당기순이익에 가산한다. 현금의 유입이 없는 수익은 당기순이익에서 차감한다.

(2) 투자와 재무활동과 관련된 손익의 가감

유형자산 처분으로 유입된 현금은 투자활동으로 분류한다. 다만 유형자산처분이익(손실)은 당기순이익에 가산(차감)되어 있기 때문에, 같은 항목이 이중으로 계산되는 것을 방지하기 위하여 영업활동 현금흐름에서는 이를 차감(가산)한다. 이러한 항목들에는 유형자산처분손익 외에도 투자자산처분손익, 사채상환손익 등이 있다.

도표 11-3 | 간접법에 의한 영업활동으로 인한 현금흐름

법인세비용차감전순이익		×××
(1) 현금유출(유입) 없는 비용(수익)의 가감		
감가상각비	×××	×××
(2) 투자/재무활동 관련 손익 가감		
투자/재무활동 관련 비용	×××	
투자/재무활동 관련 수익	(×××)	
이자비용	×××	
이자수익/배당금수익	(×××)	×××
(3) 영업활동 관련 자산/부채 증감		
영업활동 관련 자산의 증가	(×××)	
영업활동 관련 자산의 감소	×××	
영업활동 관련 부채의 증가	×××	
영업활동 관련 부채의 감소	(×××)	×××
영업에서 창출된 현금		×××
이자의 지급		(×××)
이자의 수취		×××
배당금의 수취		×××
배당금의 지급		(×××)
법인세의 납부		(×××)
영업활동으로 인한 현금흐름		×××

(3) 영업활동 관련 자산과 부채의 변동 반영

영업활동 관련 자산과 부채의 변동은 영업활동 현금흐름에는 영향을 미치지만 당기순이익에는 영향을 미치지 않는다. 예를 들면, 당기에 재고자산을 100,000원어치 판매하였지만, 80,000원만큼만 현금으로 회수한 경우의 분개는 다음과 같다.

(차)	현금	80,000	(대) 매출	100,000
	매출채권	20,000		

위의 거래로 수익은 100,000원만큼 증가했지만, 현금은 80,000원만큼만 증가했다. 따라서 매출채권이 증가한 20,000원만큼을 수익(결과적으로 이익)에서 차감해야 한다.

당기의 매입은 100,000원이었지만, 80,000원만큼만 현금으로 지급한 경우의 분개는 다음과 같다.

(차)	매입	100,000	(대) 현금	80,000
			매입채무	20,000

위의 거래로 비용(매출원가)은 100,000원만큼 증가했지만, 현금은 80,000원만큼만 감소했다. 따라서 매입채무가 증가한 20,000원 만큼을 비용에서 차감해야 하고, 이는 이익에서는 가산항목에 해당한다.

이와 같이 영업활동 현금흐름에는 영향을 미치지만 순이익에 반영되지 않은 영업활동 관련 자산과 부채의 변동을 적절히 반영한다.

Question

11-2 다음은 (주)대한의 현금흐름에 관한 자료이다. (주)대한의 당기순이익은 500원이다.

㉠ 재고자산의 증가	₩1,000
㉡ 매출채권의 감소	800
㉢ 단기매매증권평가손실	900
㉣ 유형자산처분이익	600
㉤ 차량운반구의 취득	2,500
㉥ 미지급비용의 증가	700
㉦ 감가상각비	200
㉧ 자기주식처분이익	1,100
㉨ 매입채무의 감소	500
㉩ 단기차입금의 증가	3,000

(1) 영업활동으로 인한 현금흐름을 간접법으로 계산할 때, 고려하지 않아야 할 항목을 모두 선택하라.

(2) 영업활동으로 인한 현금흐름은 얼마인가?

| 해답 |

(1) ㉠, ㉡, ㉢, ㉣, ㉥, ㉦, ㉨

㉤ 차량운반구의 취득은 투자활동에서, ㉧ 자기주식처분이익과 ㉩ 단기차입금의 증가는 재무활동에서 고려한다.

(2) 영업활동으로 인한 현금흐름은 다음과 같다.

당기순이익		₩500
(1) 현금지출(수입) 없는 비용(수익)의 가감		
㉦ 감가상각비	200	
㉢ 단기매매증권평가손실	900	1,100
(2) 투자/재무활동 관련 손익 가감		
㉣ 유형자산처분이익	(600)	(600)
(3) 영업활동 관련 자산/부채 증감		
㉠ 재고자산의 증가	(1,000)	
㉡ 매출채권의 감소	800	
㉥ 미지급비용의 증가	700	
㉨ 매입채무의 감소	(500)	0
영업활동으로 인한 현금흐름		₩1,000

11-3 (주)한국의 발생기준순이익은 48,000원이다. 다음 자료를 토대로 계산한 현금기준순이익은 얼마인가? (단, 법인세효과는 무시한다)

〈재무상태표〉	기초금액	기말금액
매출채권	₩15,000	₩20,000
매입채무	25,000	32,000
미수수익	10,000	8,000

〈포괄손익계산서〉	당기발생금액
감가상각비	₩3,000

| 해답 |

자산·부채의 변동	기초금액	기말금액	증감액
매출채권	₩15,000	₩20,000	₩5,000(+)
매입채무	25,000	32,000	7,000(+)
미수수익	10,000	8,000	2,000(−)

당기순이익		₩48,000
(1) 현금지출(수입) 없는 비용(수익)의 가감		
감가상각비	₩3,000	3,000
(2) 영업활동 관련 자산/부채 증감		
매출채권의 증가	(5,000)	
매입채무의 증가	7,000	
미수수익의 감소	2,000	4,000
영업활동으로 인한 현금흐름		₩55,000

11-4 (주)한국의 20×1년도 영업활동 현금흐름에 영향을 미치는 재무상태표항목의 변동사항은 다음과 같다. 20×1년도에 영업활동 현금흐름이 700,000원 증가한 경우, 매출채권의 증감은 얼마인가?

매출채권의 증가(또는 감소)	₩?
선수수익의 감소	100,000
선급비용의 감소	300,000
이연법인세자산의 증가	200,000
미지급비용의 증가	400,000

| 해답 |

영업활동 관련 자산/부채 증감	
매출채권의 증가(또는 감소)	₩?
선수수익의 감소	(100,000)
선급비용의 감소	300,000
이연법인세자산의 증가	(200,000)
미지급비용의 증가	400,000
영업활동 현금흐름	₩700,000

영업활동 현금흐름 700,000원=?−100,000원+300,000원−200,000원+400,000원으로 산출되었으므로 ?=300,000원이다.

따라서 매출채권은 300,000원만큼 감소하였다.

3 현금흐름 구분의 특수사항

일반적으로 당기순이익에 영향을 미치는 손익거래항목과 영업활동에 관련된 자산 및 부채의 변동은 영업활동 현금흐름으로 분류하고, 비유동자산의 변동과 관련된 경우는 투자활동으로, 부채의 차입이나 상환, 납입자본의 변동과 관련된 경우는 재무활동으로 구분한다. 그러나 몇 가지 항목에 대해서는 서로 다른 활동으로 분류할 수도 있고, 기업의 업종이나 성격에 따라 다르게 분류할 수도 있다. 그러한 특수한 사항에는 다음과 같은 것들이 있다.

(1) 이자와 배당금

금융회사의 경우 이자의 지급과 수취, 배당금 수취는 영업활동 현금흐름이다. 그러나 K-IFRS에 따르면 다른 업종의 경우에는 이들을 영업활동, 투자활동 또는 재무활동 현금흐름으로 구분할 수 있고, 다만 매 기간 일관되게 분류해야 한다. 예를 들어, 차입금 상환을 위하여 이자와 원금을 지급하는 경우, 원금의 상환은 재무활동이지만, 이자 지급은 영업활동으로 분류할 수 있고 재무활동으로도 분류할 수 있다. 이자의 수취 또한 영업활동이나 투자활동으로 분류할 수 있다. 배당금의 지급은 영업활동 혹은 재무활동으로, 배당금의 수취는 영업활동 혹은 투자활동으로 분류가능하다.

(2) 법인세비용

법인세비용은 재무활동과 투자활동에 명백히 관련되지 않는 한 영업활동 현금흐름으로 분류한다. 다만 법인세비용의 원천이 투자활동이나 재무활동으로 식별가능하다면 투자활동 및 재무활동으로 분류가능하다.

(3) 기타

임대나 판매목적으로 보유하는 자산의 제조나 취득 관련 현금지급액은 영업활동으로 분류한다. 자산의 임대나 후속적인 판매로 수취하는 현금은 영업활동으로 분류한다.

단기매매목적으로 보유하는 유가증권의 취득과 처분에 관련된 현금흐름은 영업활동 현금흐름으로 분류한다.

연습문제

01 (주)한국의 2013년도 손익계산서에는 이자비용이 ₩2,000 계상되어 있고, 현금흐름표에는 현금이자지출액이 ₩1,500 계상되어 있다. (주)한국이 자본화한 이자비용은 없으며 2013년 12월 31일의 선급이자비용은 2012년 12월 31일에 비해 ₩200만큼 감소하였다. 2012년 12월 31일의 재무상태표에 미지급이자비용이 ₩300인 경우 2013년 12월 31일의 재무상태표에 표시되는 미지급이자비용은? ▶ 2014년, 국가직 9급

① ₩1,000　② ₩800
③ ₩600　④ ₩300

02 (주)한국의 현금주의에 의한 당기매출액은 ₩10,000이다. 기초매출채권잔액이 ₩5,000이고 기말매출채권잔액이 ₩3,000인 경우, (주)한국의 발생주의에 의한 당기매출액은? ▶ 2015년, 지방직 9급

① ₩5,000　② ₩8,000
③ ₩10,000　④ ₩12,000

03 (주)한국의 20×1년도 미수이자와 선수임대료의 기초잔액과 기말잔액은 다음과 같다. 당기 중 현금으로 수령한 이자는 ₩7,000이고 임대료로 인식한 수익은 ₩10,000이다. (주)한국의 이자수익과 임대수익에 대한 설명으로 옳지 않은 것은? ▶ 2017년, 국가직 7급

항목	기초잔액	기말잔액
미수이자	₩2,000	₩3,200
선수임대료	4,000	3,500

① 수익으로 인식된 이자수익은 ₩8,200이다.
② 현금으로 수령한 임대료는 ₩9,500이다.
③ 이자와 임대료로 인한 수익 증가액은 ₩17,700이다.
④ 이자와 임대료로 인한 현금 증가액은 ₩16,500이다.

04 20×6년 초에 컴퓨터 매매업을 시작한 (주)한국에 대한 회계정보이다. 영업활동으로부터 조달된 현금액은? ▶ 2018년, 지방직 9급

• 포괄손익계산서(20×6년 1월 1일부터 12월 31일까지)

매출액	₩700,000
매출원가	400,000
매출총이익	300,000
이자비용	150,000
감가상각비	35,000
당기순이익	115,000

• 현금을 제외한 유동자산과 유동부채의 20×6년 기말잔액

매출채권	₩20,000
재고자산	12,000
매입채무	15,000

① ₩103,000 ② ₩133,000
③ ₩152,000 ④ ₩173,000

05 (주)한국의 법인세비용차감전순이익은 ₩224,000이다. 다음 사항을 고려할 때 현금흐름표에 영업활동현금흐름으로 표시할 금액은? (단, 이자수익과 이자비용 및 법인세지급은 모두 영업활동으로 분류한다)

▶ 2014년, 국가직 9급

감가상각비	₩40,000	유형자산처분이익	₩20,000
사채상환손실	10,000	이자수익	10,000
단기차입금 증가액	2,000	미수이자수익 감소액	6,000
매출채권 감소액	8,000	재고자산 증가액	14,000
법인세지급액	12,000	매입채무 증가액	5,000
미지급법인세 감소액	3,000		
매도가능금융자산평가이익	4,000		

① ₩237,000 ② ₩247,000
③ ₩249,000 ④ ₩250,000

06 (주)한국은 다음과 같이 1개월 동안의 경영성과에 대해 현금기준 포괄손익계산서를 작성하였다. 발생기준 포괄손익계산서로 작성할 경우 당기순이익은? (단, 법인세는 무시한다)

▶ 2015년, 국가직 9급

• 현금기준 포괄손익계산서(3월 1일~3월 31일)

매출 관련 현금수입	₩1,820,000
급료 및 일반관리비 관련 현금지출	1,220,000
당기순이익	600,000

• 3월 1일과 3월 31일의 매출채권, 매입채무, 미지급비용, 선급비용 내역

	3월 1일	3월 31일
매출채권	₩35,000	₩43,000
매입채무	48,000	54,000
미지급비용	42,000	35,000
선급비용	21,000	26,000

① ₩590,000　② ₩600,000
③ ₩610,000　④ ₩614,000

07 (주)한국은 내부보고목적으로 현금기준에 따라 순이익을 산출한 후 이를 발생기준으로 수정하여 외부에 공시하고 있다. (주)한국의 현금기준순이익이 ₩55,000일 경우, 다음 자료를 토대로 계산한 발생기준순이익은? (단, 법인세효과는 무시한다) ▶ 2015년, 국가직 9급

〈재무상태표〉	기초금액	기말금액
매출채권	₩15,000	₩20,000
매입채무	₩25,000	₩32,000
미수수익	₩10,000	₩8,000
〈포괄손익계산서〉	당기발생금액	
감가상각비	₩3,000	

① ₩48,000　② ₩54,000
③ ₩56,000　④ ₩59,000

08 다음의 자료를 이용하여 20×3년의 현금흐름표를 직접법에 의하여 작성할 경우 공급자에 대한 현금유출액은? ▶ 2014년, 지방직 9급

• 20×3년 보고기간 동안 매출원가는 ₩50,000이다.
• 20×3년 재고자산 및 매입채무 관련 자료

항목	20×3년 1월 1일	20×3년 12월 31일
재고자산	₩5,000	₩7,000
매입채무	2,000	3,000

① ₩49,000　② ₩50,000
③ ₩51,000　④ ₩52,000

09 기술용역과 기술자문을 수행하고 있는 (주)한국의 1개월 동안의 현금주의에 의한 당기순이익(순현금유입액)은 ₩500,000이다. 3월 초와 말의 미수수익, 선수수익, 미지급비용 및 선급비용 내역이 다음과 같을 때 발생기준에 의한 당기순이익은? ▶ 2014년, 국가직 7급

항목	3월 1일	3월 31일
미수수익(기술용역료)	₩53,000	₩48,000
선수수익(기술자문료)	65,000	35,000
미지급비용(일반관리비)	24,000	34,000
선급비용(급여)	21,000	36,000

① ₩530,000
② ₩525,000
③ ₩520,000
④ ₩470,000

10 (주)한국의 20×1년도 당기순이익은 ₩90,000이고 영업활동 현금흐름은 ₩40,000이다. 간접법에 따라 영업활동 현금흐름을 구할 때, 다음 자료에 추가로 필요한 조정사항은? ▶ 2017년, 국가직 7급

- 매출채권 ₩45,000 증가
- 매입채무 ₩10,000 증가
- 선급비용 ₩15,000 감소
- 선수수익 ₩12,000 감소
- 감가상각비 ₩18,000 발생

① 미수임대료수익 ₩36,000 감소
② 미지급급여 ₩36,000 감소
③ 미수임대료수익 ₩100,000 증가
④ 미지급급여 ₩100,000 증가

11 다음은 (주)한국의 2013년 회계자료이다. 2013년 영업활동에 의한 현금흐름(간접법)은? (단, 법인세지급은 영업활동으로 분류한다) ▶ 2014년, 국가직 7급

법인세비용차감전순이익	₩240,000
매출채권(순액)의 감소	40,000
감가상각비	3,000
유형자산처분손실	6,000
장기차입금의 증가	100,000
선수금의 증가	2,000
선급비용의 감소	4,000
매도가능금융자산처분이익	7,000
매입채무의 증가	30,000
자기주식처분이익	5,000
단기매매금융자산평가손실	10,000
법인세지급액	50,000

① ₩278,000
② ₩288,000
③ ₩305,000
④ ₩378,000

12 (주)한국의 2016년도 재무제표 자료는 다음과 같다. 2016년도 영업활동현금흐름이 ₩1,000,000인 경우 당기순이익은? ▶ 2017년, 지방직 9급

대손상각비	₩30,000	매출채권(장부금액)증가액	₩80,000
감가상각비	100,000	재고자산평가손실	20,000
건물처분이익	200,000	재고자산(장부금액)감소액	50,000

① ₩1,130,000
② ₩1,100,000
③ ₩1,080,000
④ ₩870,000

13 (주)한국의 2014년도 포괄손익계산서에 임차료와 이자비용은 각각 ₩150,000과 ₩100,000으로 보고되었고, 재무상태표잔액은 다음과 같다. (주)한국이 2014년도에 현금으로 지출한 임차료와 이자비용은? ▶ 2017년, 지방직 9급

항목	2014년 초	2014년 말
선급임차료	–	₩15,000
미지급이자	₩40,000	–

	임차료	이자비용
①	₩135,000	₩60,000
②	₩135,000	₩100,000
③	₩165,000	₩100,000
④	₩165,000	₩140,000

14 (주)한국의 2016년도 영업활동 현금흐름에 영향을 미치는 재무상태표항목의 변동사항은 다음과 같다. 2016년도에 영업활동 현금흐름이 ₩900,000 증가한 경우, 미지급비용의 증감은? ▶ 2016년, 국가직 7급

매출채권의 감소	₩500,000
선수수익의 감소	100,000
선급비용의 감소	300,000
이연법인세자산의 증가	200,000
미지급비용의 증가(또는 감소)	?

① ₩200,000 감소
② ₩200,000 증가
③ ₩400,000 감소
④ ₩400,000 증가

15 다음은 (주)한국의 유형자산 및 감가상각누계액의 기초잔액, 기말잔액 및 당기 변동과 관련된 자료이다. (주)한국은 당기 중 취득원가 ₩40,000(감가상각누계액 ₩20,000)의 유형자산을 ₩15,000에 처분하였다. 모든 유형자산의 취득 및 처분거래는 현금거래라고 가정할

때, 유형자산과 관련한 투자활동순현금흐름은? (단, (주)한국은 유형자산에 대해 원가모형을 적용한다) ▶ 2015년, 국가직 7급

과목	기초	기말
유형자산 감가상각누계액	₩100,000 (30,000)	₩140,000 (25,000)

① ₩9,000 순유출
② ₩20,000 순유입
③ ₩60,000 순유입
④ ₩65,000 순유출

16 (주)한국은 취득원가 ₩ 70,000의 토지를 2017년 중 현금 ₩100,000을 받고 처분하였다. 또한 2017년 중 새로운 토지를 ₩90,000에 구입하면서 구입대금 중 ₩30,000은 현금으로 지급하고 나머지 ₩60,000은 미지급금으로 계상하였다. (주)한국의 2017년 현금흐름표상 투자활동 순현금흐름은? ▶ 2018년, 국가직 9급

① ₩10,000
② ₩40,000
③ ₩70,000
④ ₩100,000

17 현금흐름표상 재무활동 현금흐름이 발생할 수 없는 거래는? ▶ 2017년, 국가직 9급

① 차입금의 상환
② 유상증자
③ 사채의 발행
④ 주식배당

18 (주)한국의 2016년 토지와 단기차입금 자료가 다음과 같을 때, 2016년의 투자 및 재무현금흐름에 대한 설명으로 옳은 것은? (단, 모든 거래는 현금거래이다) ▶ 2017년, 국가직 9급

과목	기초	기말
토지(유형자산) 단기차입금	₩150,000 100,000	₩250,000 180,000

〈추가자료〉
- 토지는 취득원가로 기록하며, 2016년에 손상차손은 없었다.
- 2016년 중에 토지(장부금액 ₩50,000)를 ₩75,000에 매각하였다.
- 2016년 중에 단기차입금 ₩100,000을 차입하였다.

① 토지 취득으로 인한 현금유출은 ₩100,000이다.
② 토지의 취득과 매각으로 인한 투자활동 순현금유출은 ₩75,000이다.
③ 단기차입금 상환으로 인한 현금유출은 ₩80,000이다.
④ 단기차입금의 상환 및 차입으로 인한 재무활동 순현금유입은 ₩100,000이다.

19 이자와 배당금의 현금흐름표 표시에 대한 설명으로 옳지 않은 것은? ▶ 2015년, 국가직 9급

① 금융기관이 아닌 경우 배당금지급은 재무활동 현금흐름으로 분류할 수 있다.

② 금융기관이 지급이자를 비용으로 인식하는 경우에는 영업활동 현금흐름으로 분류하고, 지급이자를 자본화하는 경우에는 주석으로 공시한다.

③ 금융기관이 아닌 경우 이자수입은 당기순손익의 결정에 영향을 미치므로 영업활동 현금흐름으로 분류할 수 있다.

④ 금융기관의 경우 배당금수입은 일반적으로 영업활동으로 인한 현금흐름으로 분류한다.

Part 02

원가관리회계

CHAPTER

12 원가의 분류

학습목표

제조기업은 생산활동과의 관련여부에 따라 비용을 제조원가와 기간비용으로 구분한다. 본 장에서는 특히 생산활동에 소요되는 제조원가의 계산에 대해서 학습한다. 그리고 당기의 제품을 생산하는 데 소요된 원가를 생산요소별로 집계하여 보여주는 제조원가명세서의 작성법에 대해서도 배운다.

1 원가의 정의와 분류

비용은 수익을 창출하기 위하여 소비된 경제적 가치로 정의된다. 이러한 비용을 제조기업은 생산활동과의 관련여부에 따라 구분하는데, 제품생산활동에 소비된 비용은 제품원가 혹은 제조원가로 분류하고, 그 외의 활동에서 소비된 비용은 기간비용으로 분류한다.

제품원가는 생산요소별로 재료원가, 노무원가 및 제조경비로 다시 구분할 수 있다. 제품원가를 산출하기 위해서 원가를 집계할 때에, 각 생산요소가 소비된 정도를 제품별로 직접 추적할 수 있다면 이는 직접원가로 분류하고, 만약 추적이 불가능하거나 가능하더라도 금액이 중요하지 않다면, 간접원가로 분류한다. 그러므로 제품을 생산하는 데 투입된 제품원가는 최종적으로 직접재료원가, 직접노무원가 및 제조간접원가의 세 가지 요소로 구분할 수 있다.

직접재료원가와 직접노무원가는 완성된 제품에 직접 추적가능한 원가로, 제품원가의 기초가 된다고 하여 이들의 합계액을 기초원가 또는 기본원가라고 한다. 원재료가 제품으로 전환되기 위해서는 직접노무원가와 제조간접원가의 투입이 필수적이므로 이들의 합계액은 가공원가 또는 전환원가라고 한다.

제조기업에서 생산 이외의 활동에서 발생한 비용은 기간비용 혹은 비제조원가로 처리한다. 예를 들어, 건물의 감가상각비의 경우, 공장건물의 감가상각비는 공장건물이 생산시설에 해당되므로 제조원가에 포함시키고, 본사건물의 감가상각비는 기간비용(관리비)으로 처리한다. 인건비의 경우에도 생산을 담당하는 직원의 급여는 제조원가에 포함하지만, 판매를 담당하는 직원의 급여는 기간비용(판매비)으로 분류한다.

도표 12-1 | 원가의 분류

2 제조흐름에 따른 원가

(1) 제조흐름에 따른 원가

제조기업은 제품생산에 필요한 생산요소들을 투입하여 가공과정을 거쳐 제품을 완성한다.

원재료는 제품생산을 위하여 사용되는 주재료나 부분품, 보조재료 등을 말한다. 원재료가 생산에 투입되면 제품의 재료원가가 발생하는데, 원가의 추적가능성에 따라 이를 직접재료원가와 간접재료원가로 구분한다. 직접재료원가는 재공품계정에 직접부가하고, 간접재료원가는 일단 제조간접원가로 집계한다.

도표 12-2 | 제조흐름에 따른 원가

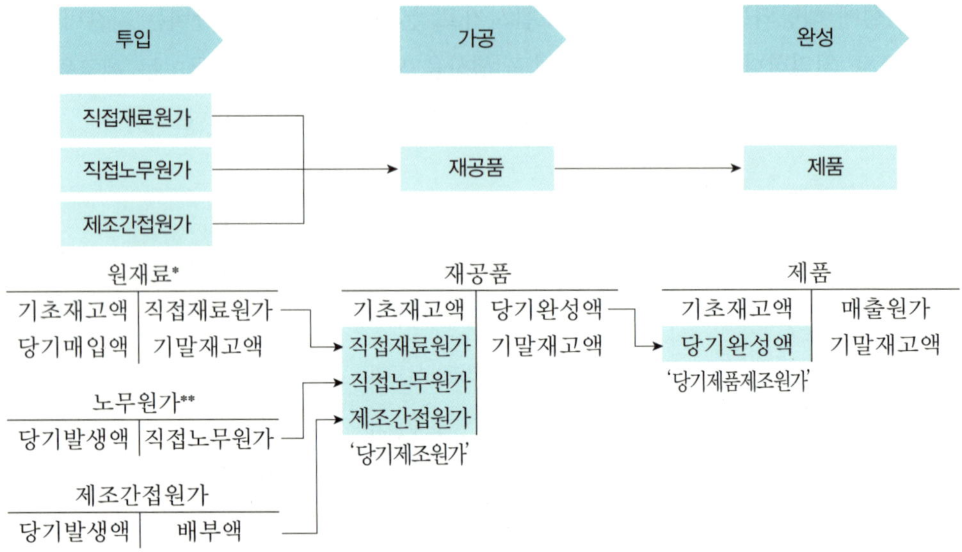

*원재료에서는 간접재료원가도 발생한다. 여기에서는 편의상 생략한다.
**노무원가에서는 간접노무원가도 발생한다. 여기에서는 편의상 생략한다.

노무원가는 제품생산을 위하여 사용된 노동력으로 인하여 발생하는 원가이다. 제품생산에 직접 참여하는 작업자들의 정상근무로부터 발생한 노무원가는 직접노무원가로 분류하고, 재공품계정에 부가한다. 그 외의 간접노무원가는 제조간접원가로 집계한다.

제조간접원가는 제품생산에 소비된 원가 중 직접재료원가와 직접노무원가를 제외한 모든 원가요소들을 포함한다. 간접재료원가와 간접노무원가뿐만 아니라 공장건물 및 기계설비의 감가상각비, 수도광열비, 보험료, 통신비 등이 모두 제조간접원가에 포함된다. 제조간접원가는 일단 발생하면 제조간접원가로 집계한 후 합리적인 배부기준에 따라 제품별로 배부한다.

제품생산을 위해 투입된 모든 원가요소들은 일단 재공품계정의 차변에 집계한다. 집계된 재공품계정의 금액은 가공과정을 거쳐 완성된 원가만큼 제품계정의 차변으로 보낸다. 그리고 제품계정에서 판매가 이루어진 부분만큼은 매출원가의 비용으로, 판매되지 않은 부분은 기말제품재고로 처리한다.

제조흐름에서 발생한 모든 원가는 제품의 가치를 증가시키기 위하여 투입된 것이기 때문에 투입, 가공 및 완성단계까지는 재공품과 제품의 자산으로 처리한다. 이후 제품이 판매되면 매출수익이 창출되기 때문에 판매된 제품원가만큼을 매출원가의 비용으로 인식한다.

(2) 제조원가명세서

제조기업의 매출원가는 기초제품재고액에 당기제품제조원가를 가산하고, 기말제품재고액을 차감하여 계산한다. 제조기업은 손익계산서에 보고한 당기제품제조원가의 산출내역을 나타내기 위하여 제조원가명세서를 [도표 12-3]과 같이 작성하고 재무제표 부속명세서의 일종으로 재무제표 주석에 공시한다.

도표 12-3 | 제조기업의 손익계산서와 제조원가명세서

손익계산서

회사명	20×1년 1월 1일부터 20×1년 12월 31일까지	(단위: 원)
매출액		×××
매출원가		
기초제품재고액	×××	
당기제품제조원가*	×××	
기말제품재고액	(×××)	×××
매출총이익		×××
판매비와 관리비		(×××)
영업이익		×××

제조원가명세서

회사명	20×1년 1월 1일부터 20×1년 12월 31일까지	(단위: 원)
직접재료원가		
기초원재료재고액	×××	
당기원재료매입액	×××	
기말원재료재고액	(×××)	×××
직접노무원가		×××
제조간접원가	×××	
간접재료원가	×××	
간접노무원가	×××	
수도광열비	×××	
감가상각비	×××	
기타제조간접원가	×××	×××
당기제조원가		×××
기초재공품재고액		×××
기말재공품재고액		(×××)
당기제품제조원가		×××

Question

12-1 다음은 (주)한국의 20×1년 중에 발생한 원가 및 비용에 관한 자료이다.

직접재료원가	₩60,000	간접재료원가	₩15,000
직접노무원가	15,000	간접노무원가	7,500
공장건물감가상각비	10,000	영업사원급여	12,000
공장수도광열비	7,000	본사비품감가상각비	10,500
공장소모품비	5,000	본사임차료	15,000

(1) 가공원가는 얼마인가?

(2) 당기제조원가는 얼마인가?

| 해답 |

(1) 가공원가는 직접노무원가와 제조간접원가의 합계액이다. 우선, 직접노무원가는 15,000원이고, 제조간접원가는 간접재료원가, 간접노무원가, 공장건물감가상각비, 공장수도광열비, 공정소모품비의 합계액으로, 15,000원+7,500원+10,000원+7,000원+5,000원=44,500원이다. 따라서 가공원가=15,000원+44,500원=59,500원이다.

(2) 당기제조원가는 직접재료원가, 직접노무원가 및 제조간접원가의 합계액이므로 60,000원+15,000원+44,500원=119,500원이다.

12-2 다음 자료를 이용하여 계산하라.

기초직접재료재고액	₩15,000
당기직접재료매입액	50,000
기말직접재료재고액	10,000
직접노무원가발생액	25,000
제조간접원가발생액	40,000
기초재공품재고액	30,000
기말재공품재고액	21,000
기초제품재고액	15,000
기말제품재고액	30,000

(1) 제조원가명세서를 작성하라.

(2) 매출총이익률이 20%일 때, 매출총이익은 얼마인가?

| 해답 |

(1)

제조원가명세서

직접재료원가		
기초원재료재고액	15,000	
당기원재료매입액	50,000	
기말원재료재고액	(10,000)	₩55,000
직접노무원가		25,000
제조간접원가		40,000
당기총제조원가		120,000
기초재공품재고액		30,000
기말재공품재고액		(21,000)
당기제품제조원가		₩129,000

(2)

매출액		X
매출원가		
기초제품재고액	15,000	
당기제품제조원가	129,000	
기말제품재고액	(30,000)	114,000
매출총이익		X−114,000

매출총이익률이 20%이므로 0.2X=X−114,000원이다.

따라서 X(매출액)=142,500원, 매출총이익=142,500원×20%=28,500원이다.

연습문제

01 다음 자료를 이용하여 직접재료원가를 계산하면? ▶ 2016년, 지방직 9급

영업사원급여	₩35,000	간접재료원가	₩50,000
공장감가상각비	50,000	매출액	700,000
공장냉난방비	60,000	기본(기초)원가	350,000
본사건물임차료	40,000	가공(전환)원가	300,000

① ₩160,000 ② ₩190,000
③ ₩210,000 ④ ₩250,000

02 제조원가 관련 자료가 다음과 같고 직접노무원가발생액이 실제가공원가의 40%일 때, 기본(기초)원가는? (단, 재료소비액은 모두 직접재료원가이다) ▶ 2014년, 지방직 9급

기초재료	₩50,000	기초재공품	₩100,000
당기재료매입액	170,000	기말재료	₩30,000
공장감독자급여	30,000	공장기계감가상각비	₩20,000
수도광열비 (본사 50%, 공장 50% 배부)	20,000		

① ₩200,000 ② ₩230,000
③ ₩260,000 ④ ₩300,000

03 다음은 (주)한국의 2014년 중에 발생한 원가 및 비용에 관한 자료이다. 이 자료를 이용하여 기초원가와 전환원가를 계산하면? ▶ 2015년, 국가직 9급

직접재료원가	₩60,000	간접재료원가	₩15,000
직접노무원가	15,000	간접노무원가	7,500
공장건물감가상각비	10,000	영업사원급여	12,000
공장수도광열비	7,000	본사비품감가상각비	10,500
공장소모품비	5,000	본사임차료	15,000

	기초원가	전환원가
①	₩75,000	₩59,500
②	₩75,000	₩97,000
③	₩97,500	₩44,500
④	₩97,500	₩82,000

04 (주)대한의 20×1년 기초 및 기말재고자산가액은 다음과 같다.

구분	기초	기말
원재료	₩34,000	₩10,000
재공품	37,000	20,000
제품	10,000	48,000

원재료의 제조공정 투입금액은 모두 직접재료원가이고, 20×1년 중 매입한 원재료는 ₩56,000이다. 20×1년의 기본(기초)원가는 ₩320,000이고, 가공(전환)원가의 60%가 제조간접원가이다. (주)대한의 20×1년 매출원가는? ▶ 2018년, 국가직 7급

① ₩659,000 ② ₩695,000
③ ₩899,000 ④ ₩959,000

05 다음 자료를 토대로 계산한 (주)대한의 매출총이익은? ▶ 2016년, 국가직 9급

- 당기 중 직접재료원가는 전환원가의 50%이다.
- 직접노무원가발생액은 매월 말 미지급임금으로 처리되며 다음 달 초에 지급된다. 미지급임금의 기초금액과 기말금액은 동일하며, 당기 중 직접노무원가의 지급액은 ₩450이다.
- 재공품 및 제품의 기초금액과 기말금액은 ₩100으로 동일하다.
- 기타발생비용으로 감가상각비(생산현장) ₩100, 감가상각비(영업점) ₩100, CEO 급여 ₩150, 판매수수료 ₩100이 있다. CEO 급여는 생산현장에 1/3, 영업점에 2/3 배부된다.
- 매출액은 ₩2,000이다.

① ₩1,050 ② ₩1,100
③ ₩1,150 ④ ₩1,200

06 (주)한국은 단일제품을 생산 판매하고 있다. (주)한국의 1월 중 생산활동과 관련된 정보가 다음과 같을 때, 1월의 직접재료원가는? ▶ 2014년, 국가직 9급

- 당월총제조원가는 ₩2,000,000이고 당월제품제조원가는 ₩1,940,000이다.
- 1월 초 재공품은 1월 말 재공품원가의 80%이다.
- 직접노무원가는 1월 말 재공품원가의 60%이며, 제조간접원가는 직접재료원가의 40%이다.

① ₩1,000,000 ② ₩1,100,000
③ ₩1,200,000 ④ ₩1,300,000

07 다음은 (주)한국의 제품제조 및 판매와 관련된 계정과목들이다. ㉠~㉣ 중 옳지 않은 것은?

▶ 2015년, 국가직 9급

직접재료원가	₩900	당기제품제조원가	₩13,000
직접노무원가	700	기초제품재고액	8,000
제조간접원가	(㉠)	기말제품재고액	(㉢)
당기총제조원가	2,000	매출원가	(㉣)
기초재공품재고액	14,000	매출액	25,000
기말재공품재고액	(㉡)	매출총이익	8,000

① ㉠ ₩400 ② ㉡ ₩3,000 ③ ㉢ ₩5,000 ④ ㉣ ₩17,000

08 다음 자료에 의한 당기제품제조원가는?

▶ 2014년, 지방직 9급

직접재료구입액	₩1,000
직접노무원가	3,000
감가상각비(공장설비)	5,000
감가상각비(영업용화물차)	4,000
공장감독자 급여	1,000
기타제조간접원가	2,000

	기초재고액	기말재고액
직접재료	₩3,000	₩1,000
재공품	10,000	8,000

① ₩15,000 ② ₩16,000 ③ ₩17,000 ④ ₩18,000

09 다음 자료를 토대로 계산한 당기총제조원가와 당기제품제조원가는?

▶ 2016년, 국가직 9급

기초직접재료재고액	₩15,000
당기직접재료매입액	50,000
기말직접재료재고액	10,000
직접노무원가발생액	25,000
제조간접원가발생액	40,000
기초재공품재고액	30,000
기말재공품재고액	21,000
기초제품재고액	15,000
기말제품재고액	30,000

	당기총제조원가	당기제품제조원가
①	₩110,000	₩120,000
②	₩120,000	₩111,000
③	₩120,000	₩129,000
④	₩129,000	₩114,000

CHAPTER

13 원가의 배부

학습목표

제조원가는 제품을 생산하는 데 소비된 직접재료원가, 직접노무원가, 그리고 제조간접원가의 합계액으로 계산된다. 직접원가는 해당 제품에 직접 할당하면 되지만, 제조간접원가는 생산활동에 간접적으로 참여한 다양한 부문들에서 발생하므로 합리적인 배부기준에 따라서 제품들에 배부한다. 본 장에서는 제조간접원가의 단계별 배부과정에 대해서 배운다. 또한 제조간접원가를 변동원가와 고정원가로 나누어 배부하는 이중배분율법에 대해서도 배운다.

1 제조간접원가의 배부

(1) 제조간접원가의 배부단계

특정 제품의 제조원가는 그 제품을 생산하는 데 소비된 직접재료원가, 직접노무원가 및 제조간접원가의 합계액으로 계산된다. 직접재료원가와 직접노무원가는 특정 제품을 생산하는 데에만 소비된 것이기 때문에 해당 제품에 직접 할당하면 된다. 하지만 제조간접원가는 특정 제품뿐만 아니라 다른 제품을 생산하는 데에도 소비된 것이기 때문에 합리적인 배부기준에 따라 제품별로 금액을 할당한다. 다만, 제조간접원가는 생산활동에 간접적으로 참여하는 다양한 부문들에서 발생하므로 이를 체계적으로 배부하기 위하여 다음의 세 단계를 거쳐 제품에 배부한다.

1) 부문공통원가의 배부

제품생산에 관여하는 부문은 크게 제품생산에 직접 참여하는 제조부문과 생산에 직접 참여하지는 않지만 제조공정의 원활한 운영과 공장관리를 위하여 보조적인 역할을 하는 보조부문으로 이루어진다. 1단계에서는 제조부문과 보조부문이 공통적으로 사용한 부문공통원가를 제조부문과 보조부문에 배부한다.

2) 보조부문원가의 배부

제품생산에 간접적으로 참여한 보조부문의 원가를 제조부문으로 배부한다.

3) 제조부문원가의 배부

제조부문에 집계된 제조간접원가를 제품에 배부한다. 이때 제조부문에 집계된 제조간접원가는 부문공통원가와 보조부문에서 배부받은 금액, 그리고 제조부문 자체에서 발생한 제조간접원가의 합계액이다.

도표 13-1 | 제조간접원가의 단계별 배부과정

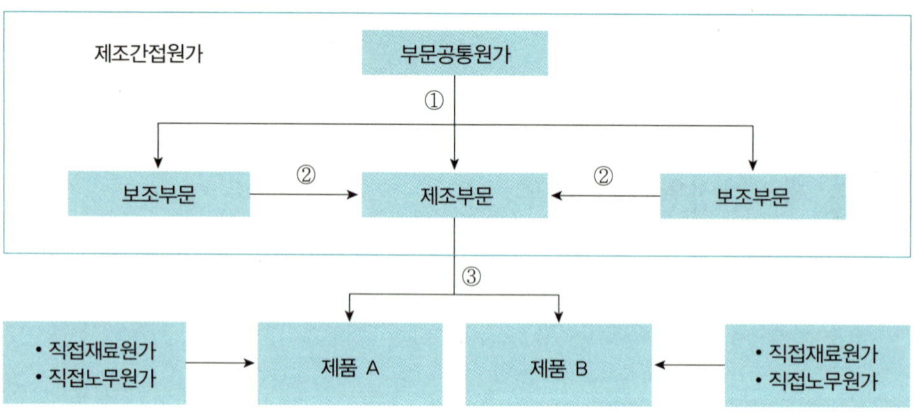

(2) 보조부문원가의 배부

보조부문원가를 제조부문에 배부하는 2단계에서는 보조부문 간의 용역수수관계를 고려하여 다음의 세 가지 방법이 사용된다.

첫째, 직접배부법은 보조부문 상호 간의 용역수수관계를 완전히 무시하고, 보조부문원가를 제조부문에만 배부하는 방법이다.

둘째, 단계배부법은 보조부문 간의 용역수수관계를 일부 고려하는 방법으로, 보조부문 간의 용역수수관계를 검토하여 용역제공 정도가 많은 순서대로 순위를 매긴 다음, 순위에 따라 보조부문원가를 보조부문과 제조부문에 배부하는 방법이다. 주의할 점은 한 번 배부를 끝낸 보조부문은 순위가 낮은 보조부문으로부터의 보조부문원가를 배부받지 못한다는 것이다.

마지막의 상호배부법은 보조부문 간의 용역수수관계를 모두 고려하여 보조부문의 원가를 보조부문과 제조부문에 배부하는 방법이다.

보조부문원가를 제조부문에 배부한 후 제조부문에 집계된 제조간접원가를 제품에 배부하면 제품별 원가를 구할 수 있다.

도표 13-2 | 보조부문원가 배부방법의 비교

배부방법	보조부문 간의 용역수수관계	장·단점 등
직접배부법	고려하지 않음	• 보조부문 간 용역수수관계가 중요할 경우, 원가배부가 정확하지는 않지만 적용이 간편함
단계배부법	일부만 고려함	• 배부순서가 중요함. 순서에 따라 원가가 달라지므로 신중히 선택해야 함 • 용역수수관계의 일부만 고려하므로 원가배부가 부정확할 가능성이 있음
상호배부법	모두 고려함	• 용역수수관계를 모두 고려하기 때문에 정확한 계산이 가능하지만, 많은 시간과 비용이 소비될 수 있음

* 예제 13-1

(주)한국은 제품 C와 D를 생산하고 있다. 제품생산을 위해서는 공통적으로 제조부문 A, B를 거쳐야 한다. 제품생산을 보조하는 부문에는 동력부문과 수선부문이 있다. 부문공통원가는 공장건물의 감가상각비로 60,000원이 발생하였고, 이는 점유면적을 기준으로 각 부문에 배부한다. 각 부문 개별원가는 다음과 같다.

구분	보조부문		제조부문		합계액
	동력부문	수선부문	A	B	
점유면적(㎡)	10	15	40	35	100

구분	보조부문		제조부문		합계액
	동력부문	수선부문	A	B	
부문개별원가(₩)	100,000	100,000	400,000	600,000	1,200,000
부문공통원가(₩)	6,000	9,000	24,000	21,000	60,000
합계액(₩)	106,000	109,000	424,000	621,000	1,260,000

* 예제 13-2

[예제 13-1에서 계속] 보조부문원가를 제조부문으로 배부한다. 보조부문의 서비스제공비율은 다음과 같다.

구분	보조부문		제조부문		합계액
	동력부문	수선부문	A	B	
동력부문	–	20%	30%	50%	100%
수선부문	10%	–	60%	30%	100%

① 직접배부법

구분	보조부문		제조부문		합계액
	동력부문	수선부문	A	B	
부문원가(₩)	106,000	109,000	424,000	621,000	1,260,000
동력부문원가(₩)	(106,000)	–	39,750	66,250	0
수선부문원가(₩)	–	(109,000)	72,667	36,333	0
합계(₩)	0	0	536,417	723,583	1,260,000

② 단계배부법: 동력부문부터 배부한다.

구분	보조부문		제조부문		합계액
	동력부문	수선부문	A	B	
부문원가(₩)	106,000	109,000	424,000	621,000	1,260,000
동력부문원가(₩)	(106,000)	21,200	31,800	53,000	0
수선부문원가(₩)	–	(130,200)	86,800	43,400	0
합계(₩)	0	0	542,600	717,400	1,260,000

③ 상호배부법

총동력부문원가를 X, 총수선부문원가를 Y라고 하면

X=106,000원+0.1Y

Y=109,000원+0.2X

위의 연립방정식을 풀면 X=119,286원, Y=132,857원이 된다.

구분	보조부문		제조부문		합계액
	동력부문	수선부문	A	B	
부문원가(₩)	106,000	109,000	424,000	621,000	1,260,000
동력부문원가(₩)	(119,286)	23,857	35,786	59,643	0
수선부문원가(₩)	13,286	(132,857)	79,714	39,857	0
합계(₩)	0	0	539,500	720,500	1,260,000

* 예제 13-3

[예제 13-2에서 계속] 제조부문의 원가를 제품에 배부한다. 제조부문 A는 기계작업시간을, 제조부문 B는 직접노무원가를 기준으로 원가를 각 제품에 배부한다. 보조부문의 배부방법은 단계배부법을 따른다.

구분	제조부문 A		제조부문 B		합계
	제품C	제품 D	제품 C	제품 D	
기계시간	300시간	500시간	100시간	100시간	1,000시간
직접노무원가	₩200,000	₩100,000	₩400,000	₩500,000	₩1,200,000

제조부문	배부기준	배부근거	배부율
A	기계작업시간	542,600원/800시간	678원/기계작업시간
B	직접노무원가	717,400원/900,000원	0.8원/직접노무원가

제품	제조부문	배부근거	원가
제품 C	A B	542,600원×(300/800) 717,400원×(400,000/900,000)	₩203,475 318,845
	A+B		522,320
제품 D	A B	542,600원×(500/800) 717,400원×(500,000/900,000)	₩339,125 398,555
	A+B		₩737,680
합계액			₩1,260,000

Question

13-1 보조부문원가 배부방법에 대한 설명으로 옳지 않은 것은?

① 상호배부법은 연립방정식을 이용하여 보조부문 간의 용역제공비율을 정확하게 고려해서 배부하는 방법이다.

② 단계배부법은 보조부문원가의 배부순서를 적절하게 결정할 경우 직접배부법보다 정확하게 원가를 배부할 수 있다.

③ 단계배부법은 우선순위가 높은 보조부문의 원가를 우선순위가 낮은 보조부문에 먼저 배부하고, 배부를 끝낸 보조부문에는 다른 보조부문원가를 재배부하지 않는 방법이다.

④ 직접배부법은 보조부문 간의 용역수수관계를 정확하게 고려하면서 적용이 간편하다는 장점이 있어 실무에서 가장 많이 이용되는 방법이다.

⑤ 보조부문원가란 제품제조에 간접적으로 참여하며 발생한 원가를 말한다.

| 해답 | ④

직접배부법은 보조부문 상호 간의 용역수수관계를 완전히 무시하고, 보조부문원가를 제조부문에만 배부하는 방법이다.

2 이중배부율

이제까지의 보조부문원가의 원가배부는 원가를 변동원가와 고정원가로 구분하지 않고 함께 배부하였다. 이를 단일배부율법이라고 한다. 한편, 이중배부율법은 변동제조간접원가와 고정제조간접원가의 배부율을 각각 따로 구하여 사용하는 방법이다. 변동제조간접원가는 실제조업도를 기준으로 배부하고, 고정제조간접원가는 예정한 설비투자를 최대한 활용할 수 있도록 유도하기 위하여 예정조업도(혹은 최대조업도)를 기준으로 배부한다.

Question

13-2 (주)한국은 보조부문인 동력부와 제조부문인 A부문과 B부문이 있다. 동력부는 A부문과 B부문에 전력을 공급하고 있으며, 각 제조부문의 월간 전력 최대사용가능량과 1월의 전력 실제사용량은 다음과 같다.

구분	A부문	B부문	합계
최대사용가능량	600kw	400kw	1,000kw
실제사용량	200kw	300kw	500kw

한편, 1월 중 각 부문에서 발생한 제조간접원가는 다음과 같다.

구분	동력부	A부문	B부문	합계
변동원가	₩50,000	₩80,000	₩70,000	₩200,000
고정원가	₩100,000	₩150,000	₩50,000	₩300,000
합계	₩150,000	₩230,000	₩120,000	₩500,000

이중배부율법을 사용할 경우, A부문과 B부문에 집계되는 제조간접원가의 총액은 얼마인가?

| 해답 |

변동원가의 배부율 $= \frac{\text{동력부 변동원가}}{\text{실제사용량}} = \frac{50,000\text{원}}{500\text{kw}} = 100\text{원/kw}$

고정원가의 배부율 $= \frac{\text{동력부 고정원가}}{\text{최대사용가능량}} = \frac{100,000\text{원}}{1,000\text{kw}} = 100\text{원/kw}$

구분	동력부	A부문	B부문	합계
부문원가	₩150,000	₩230,000	₩120,000	₩500,000
변동원가배부	₩(50,000)	₩20,000	₩30,000	
고정원가배부	₩(100,000)	₩60,000	₩40,000	
합계	₩0	₩310,000	₩190,000	₩500,000

연습문제

01 보조부문원가의 배부에 대한 설명으로 옳은 것은? ▶ 2017년, 지방직 9급

① 보조부문원가는 제조부문에 배부하지 않고 기간비용으로 처리하여야 한다.
② 보조부문원가의 배부순서가 중요한 배부방법은 상호배부법이다.
③ 직접배부법은 보조부문의 배부순서에 관계없이 배부액이 일정하다.
④ 상호배부법은 보조부문 상호 간의 용역수수관계가 중요하지 않을 때 적용하는 것이 타당하다.

02 보조부문원가 배부방법에 대한 설명으로 옳지 않은 것은? ▶ 2015년, 지방직 9급

① 상호배부법은 연립방정식을 이용하여 보조부문 간의 용역제공비율을 정확하게 고려해서 배부하는 방법이다.
② 단계배부법은 보조부문원가의 배부순서를 적절하게 결정할 경우 직접배부법보다 정확하게 원가를 배부할 수 있다.
③ 단계배부법은 우선순위가 높은 보조부문의 원가를 우선순위가 낮은 보조부문에 먼저 배부하고, 배부를 끝낸 보조부문에는 다른 보조부문원가를 재배부하지 않는 방법이다.
④ 직접배부법은 보조부문 간의 용역수수관계를 정확하게 고려하면서 적용이 간편하다는 장점이 있어 실무에서 가장 많이 이용되는 방법이다.

03 보조부문인 수선부와 전력부에서 발생한 원가는 각각 ₩20,000과 ₩12,000이며, 수선부 원가에 이어 전력부 원가를 배부하는 단계배부법으로 제조부문인 A공정과 B공정에 배부한다. 보조부문이 제공한 용역이 다음과 같을 때, 보조부문의 원가 ₩32,000 중에서 A공정에 배부되는 금액은? ▶ 2014년, 지방직 9급

제공 \ 사용	수선부	전력부	A공정	B공정	합계
수선부	–	4,000	4,000	2,000	10,000시간
전력부	8,000	–	4,000	4,000	16,000kWh

① ₩13,000　　② ₩14,000
③ ₩16,000　　④ ₩18,000

04 (주)한국에는 보조부문에 수선부와 전력부가 있고, 제조부문에 A와 B가 있다. 수선부의 변동원가 당기발생액은 ₩10,000이며, 전력부와 두 제조부문에 1,000시간의 수선용역을 제공하였다. 전력부의 변동원가 당기발생액은 ₩7,000이며, 수선부와 두 제조부문에 2,000 kwh의 전력을 제공하였다. (주)한국이 보조부문원가 중 수선부원가를 먼저 배부하는 단계배부법을 사용할 경우, 제조부문 A에 배부되는 보조부문의 원가는? ▶ 2016년, 국가직 9급

제공 \ 사용	수선부	전력부	제조부문 A	제조부문 B
수선부(시간)	–	200	500	300
전력부(kwh)	500	–	1,000	500

① ₩11,000 ② ₩12,000
③ ₩13,000 ④ ₩14,000

05 (주)한국은 보조부문인 동력부와 제조부문인 절단부, 조립부가 있다. 동력부는 절단부와 조립부에 전력을 공급하고 있으며, 각 제조부문의 월간 전력 최대사용가능량과 3월의 전력 실제사용량은 다음과 같다.

구분	절단부	조립부	합계
최대사용가능량	500kw	500kw	1,000kw
실제사용량	300kw	200kw	500kw

한편, 3월 중 각 부문에서 발생한 제조간접원가는 다음과 같다.

구분	동력부	절단부	조립부	합계
변동원가	₩50,000	₩80,000	₩70,000	₩200,000
고정원가	100,000	150,000	50,000	300,000
합계	₩150,000	₩230,000	₩120,000	₩500,000

이중배부율법을 적용할 경우 절단부와 조립부에 배부될 동력부의 원가는?

▶ 2017년, 국가직 9급

	절단부	조립부
①	₩75,000	₩75,000
②	₩80,000	₩70,000
③	₩90,000	₩60,000
④	₩100,000	₩50,000

CHAPTER

14 원가의 계산(Ⅰ)

학습목표

생산방식이나 사용목적에 따라 다양한 원가계산방법이 있다. 본 장에서는 다양한 원가계산방법의 특징에 대해서 살펴보고, 그 중에서 개별원가계산과 종합원가계산을 학습한다. 정상개별원가계산의 배부차이조정방법과 공손이 있는 경우의 종합원가계산에 대해서도 학습한다.

1 원가계산의 종류

원가를 계산하는 방법은 기업의 생산방식이나 목적에 따라 다양하다. 예를 들어, 기업이 다품종 소량생산을 하거나 주문제작을 하는 경우에는 개별제품별로 원가계산을 하는 개별원가계산이 적합하지만, 소품종을 대량으로 생산하는 경우라면 일정기간 동안 발생한 총제조원가를 총생산량으로 나누어 제품원가를 계산하는 종합원가계산이 적합하다.

한편, 제조간접원가를 실제발생액기준으로 배부하는 것을 실제원가계산이라고 하고, 예정배부액을 기준으로 배부하는 것은 정상원가계산이라고 한다. 제조간접원가에 포함되어 있는 고정제조간접원가를 제품원가에 포함하느냐의 여부에 따라 전부원가계산과 변동원가계산으로 구분하기도 한다.

도표 14-1 | 원가계산의 종류

분류기준	원가계산방법	
제품생산방식	개별원가계산	종합원가계산
원가측정방법	실제원가계산	정상원가계산
원가계산범위	전부원가계산	변동원가계산

① **개별원가계산**: 개별제품별로 제품원가를 계산하는 방법
② **종합원가계산**: 총제조원가를 총생산량으로 나누어 제품원가를 계산하는 방법
③ **실제원가계산**: 직접재료원가, 직접노무원가 및 제조간접원가의 실제발생액을 사용하여 제품원가를 계산하는 방법
④ **정상원가계산**: 직접재료원가와 직접노무원가는 실제발생액으로 집계하고, 제조간접원가는 예정배부액을 사용하여 원가를 계산하는 방법
⑤ **전부원가계산**: 변동제조간접원가와 고정제조간접원가 모두를 제품원가에 포함시키는 원가계산방법
⑥ **변동원가계산**: 변동제조간접원가만을 제품원가에 포함시키고, 고정제조간접원가는 기간비용으로 처리하는 원가계산방법

2 개별원가계산

(1) 개별원가계산

개별원가계산은 기업의 생산방식이 다품종 소량생산이거나 주문제작을 하는 경우에 적절한 원가계산방법으로, 개별제품별로 원가계산을 하는 방법이다. 직접재료원가와 직접노무원가는 실제발생액으로 해당 제품에 직접 부가하고, 제조간접원가는 배부기준에 따라 제품별로 배부한다. 이때 실제발생한 제조간접원가를 사용하면 실제개별원가계산이라고 하고, 미리 예정한 금액을 사용하면 정상개별원가계산이라고 한다.

실제개별원가계산에서는 직접재료원가와 직접노무원가의 실제발생액을 각 작업지시서별로 집계하고, 기말에 제조간접원가 발생액을 집계하여 실제배부기준을 이용하여 실제배부율을 구한 후, 각 작업지시서의 실제배부기준 발생 정도에 따라 배부한다.

$$\text{실제배부율} = \frac{\text{제조간접원가 실제발생액}}{\text{실제조업도}}$$

그러나 제조간접원가의 실제발생액은 기말이 되어서야 집계가 되어 원가계산이 지연되기도 하고, 제품원가가 매번 변동되는 등의 문제점들이 있다. 이러한 불편함을 배제하기 위해서 예정배부율을 사용하는 정상개별원가계산이 일반적으로 사용된다. 정상개별원가계산은 직접재료원가와 직접노무원가는 실제발생액으로 집계하고, 제조간접원가는 예정배부율을 사용하여 원가를 계산한다. 정상개별원가계산의 제조간접원가 배부절차는 다음과 같다.

① 연간 제조간접원가 예정액과 배부기준을 설정한다.

② ①을 가지고 예정배부율을 구한다.

$$\text{예정배부율} = \frac{\text{제조간접원가 예산총액}}{\text{예정조업도(혹은 기준조업도)}}$$

③ 제조간접원가를 제품에 배부한다.

제조간접원가의 배부액 = 작업별 실제조업도 × 제조간접원가 예정배부율

(2) 제조간접원가의 차이조정

도표 14-2 | 제조간접원가의 흐름

제조간접원가		재공품		제품	
발생액	**배부액** →	기초재고액	**당기완성액** →	기초재고액	**매출원가**
		→ **제조간접원가**	**기말재고액**	→ **당기완성액**	**기말재고액**

정상개별원가계산에서는 예정배부율을 사용하여 제조간접원가를 배부하였으므로 실제발생액과는 차이가 있다. 외부보고목적의 재무제표에는 실제발생액을 사용해야 하므로 배부액을 실제금액으로 조정하는 절차가 필요하다. 제조간접원가를 배부하면, 이는 재공품을 거쳐 완성되면 제품, 판매되면 매출원가계정으로 옮겨진다. 기말 현재, 제조간접원가 배부액은 기말재공품, 기말제품, 매출원가에 포함되어 있으므로 배부차이는 이 계정들의 잔액에서 조정하면 될 것이다.

배부차이를 조정하는 방법에는 매출원가조정법, 총원가기준법, 원가요소기준법이 있

다. 매출원가조정법은 배부차이를 매출원가에서 모두 조정하는 방법이고, 총원가기준법은 제조간접원가가 영향을 미치는 모든 계정, 즉 기말재공품, 기말제품 그리고 매출원가의 총액을 기준으로 배부차이를 조정하는 방법이다. 원가요소기준법은 제조간접원가가 영향을 미치는 모든 계정, 즉 기말재공품, 기말제품 그리고 매출원가에 포함된 제조간접원가금액을 기준으로 배부차이금액을 조정하는 방법이다.

제조간접원가를 실제발생액보다 과대배부한 경우에는 매출원가(재공품, 제품) 또한 과대계상되어 있다. 따라서 이를 차감하는 수정분개를 하여 금액을 실제발생액으로 조정한다. 만약 제조간접원가를 과소배부하였다면, 매출원가(재공품, 제품) 또한 과소계상되어 있다. 따라서 이 경우에는 과소계상된 금액만큼 이를 가산하는 수정분개를 하여 금액을 조정한다.

Question

14-1 (주)한국은 개별원가계산제도를 사용하고 있으며, 직접노무원가를 기준으로 제조간접원가를 예정배부하고 있다. 20×1년 12월의 제조원가 관련 정보는 다음과 같다.

- 직접노무원가와 제조간접원가에 대한 예산은 각각 200,000원과 250,000원이다.
- 직접재료원가 520,000원과 직접노무원가 180,000원이 발생하였다.
- 실제발생한 총제조간접원가는 220,000원이다.

과소 또는 과대배부된 제조간접원가에 대한 수정분개를 하라. (단, 과소 또는 과대배부된 금액은 매출원가로 조정한다)

| 해답 |

제조간접원가 예정배부율$=\frac{250,000원}{200,000원}=1.25$원/직접노무비이고,
제조간접원가 배부액=180,000원×1.25원/직접노무비=225,000원이다.
따라서 제조간접원가 배부차이=225,000원−220,000원=5,000원(과대배부)이 된다.

(차) 제조간접비	5,000	(대) 매출원가	5,000

14-2 (주)한국은 정상개별원가계산을 채택하고 있으며, 당기에 발생한 제조간접원가의 배부차이는 9,000원(과대배부)이다. 다음의 원가자료를 이용하여 총원가비례법으로 배부차이를 조정하는 경우, 조정 후의 기말제품액은 얼마인가?

기말재공품	₩20,000
기말제품	30,000
매출원가	450,000

| 해답 |

구분	조정 전 원가	조정금액	조정 후 원가
기말재공품	₩20,000	$9,000 \times \frac{20,000}{500,000} = 360$	₩19,640
기말제품	30,000	$9,000 \times \frac{30,000}{500,000} = 540$	29,460
매출원가	450,000	$9,000 \times \frac{450,000}{500,000} = 8,100$	441,900
합계액	₩500,000	₩9,000	₩491,000

(차) 제조간접원가	9,000	(대) 재공품	360
		제품	540
		매출원가	8,100

3 종합원가계산

(1) 종합원가계산과 완성품환산량

기업이 단일 혹은 소품종의 제품을 대량으로 생산한다면, 제품별로 소비된 원가를 누적하는 개별원가계산은 효율적인 원가계산방법이 아니다. 이러한 생산방식에는 일정기간 동안 발생한 총제조원가를 동일한 기간 동안 생산한 제품수량으로 나누어 단위당 제품원가를 구하는 종합원가계산이 원가계산방법으로 적합하다.

$$\text{단위당 제품원가} = \frac{\text{일정기간 동안의 총제조원가}}{\text{일정기간 동안의 제품생산수량}}$$

다만, 기업이 제조원가를 투입하여 일정기간 동안 생산활동을 하게 되면, 그 결과 제품을 완성하기도 하지만, 일부는 미완성된 재공품으로 남아 있게 된다. 이때 종합원가계산에서는 미완성된 재공품을 완성품환산량이라는 개념을 사용하여 원가계산에 활용한다. 완성품환산량은 다음과 같이 구한다.

완성품환산량=재공품수량×완성도

완성품환산량은 재공품 1단위를 완성품 1단위와 비교하였을 때의 원가부담률이다. 즉, 완성된 제품이 원가를 100% 부담한다면, 재공품은 미완성된 제품이므로 완성도에 따라서 원가부담을 해야 한다는 의미이다.

종합원가계산에서 완성품환산량을 구할 때는 다음의 사항들을 주의한다. 첫째, 직접재료원가와 가공원가의 발생시점에는 차이가 있을 수 있다는 점이다. 대개의 경우 원재료는 공정이 시작될 때 모두 투입되지만, 가공원가는 재료를 완성해 가면서 비례적으로 발생한다. 따라서 직접재료원가와 가공원가의 완성도는 다를 수 있고, 이를 반영하여 완성품환산량은 직접재료원가와 가공원가로 구분하여 각각 구한다.

둘째, 기초재공품에 대한 원가흐름의 가정이 필요하다. 여기에는 선입선출법과 가중평균법이 있는데, 선입선출법에서는 기초재공품을 먼저 완성하고, 이후에 당기에 착수한 것을 완성한다고 가정한다. 반면, 가중평균법에서는 기초재공품과 당기에 착수한 것을 구분하지 않고, 모두 당기에 착수한 것으로 간주한다.

(2) 종합원가계산의 절차

＊예제 14-1

(주)한국은 단일제품을 대량생산하고 있다. 재료는 공정 초기에 모두 투입되고, 가공원가는 제품완성도에 따라 비례적으로 발생한다.

구분	수량(개)	완성도
기초재공품	6,000	40%
당기착수	44,000	
당기완성	48,000	
기말재공품	2,000	60%

구분	재료원가	가공원가	합계액
기초재공품원가	₩120,000	₩181,200	₩301,200
당기발생원가	440,000	655,200	1,095,200
합계액	₩560,000	₩836,400	₩1,396,400

〈원가흐름의 가정: 선입선출법〉

① 물량흐름의 파악

재공품 (단위: 개)

기초재공품수량	6,000	기초재공품완성량	6,000
당기착수량	44,000	당기착수완성량	42,000
		기말재공품수량	2,000
총투입량	50,000	총산출량	50,000

② 완성품환산량 산출

(단위: 개)

구분	재료원가	가공원가
기초재공품완성량	0	6,000×(1−0.4)=3,600
당기착수완성량	42,000	42,000
기말재공품수량	2,000	2,000×0.6=1,200
완성품환산량	44,000	46,800

③ 총제조원가 집계

구분	재료원가	가공원가
당기발생원가	₩440,000	₩655,200

④ 완성품환산량 단위당 원가계산

구분	재료원가	가공원가
당기발생원가	₩440,000	₩655,200
(÷) 완성품환산수량	44,000개	46,800개
단위당 원가	₩10/개	₩14/개

⑤ 원가의 배부

구분	재료원가	가공원가	합계액	
완성품원가				
기초재공품원가	₩120,000	₩181,200	₩301,200	
기초재공품완성	0	3,600×14=50,400	50,400	
당기착수완성	42,000×10=420,000	42,000×14=588,000	1,008,000	₩1,359,600
기말재공품원가	2,000×10=20,000	1,200×14=16,800		36,800
총원가	₩560,000	₩836,400		₩1,396,400

〈원가흐름의 가정: 가중평균법〉

① 물량흐름의 파악

재공품 (단위: 개)

기초재공품수량	6,000	당기완성량	48,000
당기착수량	44,000	기말재공품수량	2,000
총투입량	50,000	총산출량	50,000

② 완성품환산량 산출

(단위: 개)

구분	재료원가	가공원가
당기완성량	48,000	48,000
기말재공품수량	2,000	2,000×0.6=1,200
완성품환산량	50,000	49,200

③ 총제조원가 집계

구분	재료원가	가공원가
기초재공품원가	₩120,000	₩181,200
당기발생원가	440,000	655,200
합계	560,000	836,400

④ 완성품환산량 단위당 원가계산

구분	재료원가	가공원가
총제조원가	₩560,000	₩836,400
(÷) 완성품환산량	50,000개	49,200개
단위당 원가	₩11.2/개	₩17/개

⑤ 원가의 배부

구분	재료원가	가공원가	합계액
완성품원가	48,000×11.2=537,600	48,000×17=816,000	₩1,353,600
기말재공품원가	2,000×11.2=22,400	1,200×17=20,400	42,800
총원가	₩560,000	₩836,400	₩1,396,400

선입선출법과 가중평균법을 비교하면 다음과 같다. 우선, 선입선출법은 기초재공품을 먼저 완성하고, 당기에 착수한 것을 완성한다고 가정한다. 당기의 완성량을 기초재공품과 당기착수수량으로 구분하여 완성품환산량과 원가를 계산하기 때문에 이를 구별하지 않는 가중평균법에 비하여 계산이 복잡하다. 그러나 선입선출법은 전기와 당기의 원가를 명확히 구분하여 계산하기 때문에 기간성과를 보다 정확하게 측정할 수 있고, 원가통제에도 보다 유용한 정보를 제공할 수 있다. 한편, 가중평균법은 당기의 완성량을 기초재공품과 당기착수수량으로 구분하지 않고 가중평균하기 때문에 계산이 간편한 반면, 정확한 당기의 원가자료를 산출할 수 없다는 단점이 있다.

Question

14-3 종합원가계산에서 완성품환산량 산출 시 평균법이나 선입선출법 어느 것을 적용하든지 완성품환산량의 단위당 원가가 동일한 경우는 무엇인가?

① 기말재고가 전혀 없는 경우
② 표준원가계산방법을 사용하는 경우
③ 기초재고가 전혀 없는 경우
④ 기초재고와 기말재고의 완성도가 50%로 동일한 경우
⑤ 매출원가가 기말제품재고자산보다 적은 경우

| 해답 | ③
기초재공품의 존재로 인하여 원가흐름의 가정을 필요로 한다. 만약 기초재공품이 없다면 원가흐름의 가정은 필요 없고, 가중평균법과 선입선출법의 결과는 동일하다.

14-4 한국은 종합원가계산방법을 적용하고 있으며, 원가 관련 자료는 다음과 같다.

- 직접재료는 공정의 초기에 전량 투입되고, 전환원가는 공정의 진행에 따라 균일하게 발생된다.
- 기초재공품의 완성도는 50%, 기말재공품의 완성도는 10%이다.
- 기초재공품은 2,000개, 당기착수 13,000개, 기말재공품 3,000개이다.

(1) 선입선출법의 직접재료원가 완성품환산량을 구하라.
(2) 평균법의 직접재료원가 완성품환산량을 구하라.

| 해답 |
(1) 선입선출법
　① 물량흐름의 파악

재공품 (단위: 개)

기초재공품수량	2,000	기초재공품완성량	2,000
당기착수량	13,000	당기착수완성량	10,000
		기말재공품수량	3,000
총투입량	15,000	총산출량	15,000

② 완성품환산량 산출

(단위: 개)

구분	재료원가	가공원가
기초재공품완성량	0	2,000×(1−0.5)=1,000
당기착수완성량	10,000	10,000
기말재공품수량	3,000	3,000×0.1=300
완성품환산량	13,000	11,300

(2) 평균법

① 물량흐름의 파악

재공품 (단위: 개)

기초재공품수량	2,000	당기완성량	12,000
당기착수량	13,000	기말재공품수량	3,000
총투입량	15,000	총산출량	15,000

② 완성품환산량 산출

(단위: 개)

구분	재료원가	가공원가
당기완성량	12,000	12,000
기말재공품수량	3,000	3,000×0.1=300
완성품환산량	15,000	12,300

(3) 공손이 있는 경우의 종합원가계산

제품생산과정에는 제품이 일정한 규격이나 품질수준을 유지하고 있는지를 확인하기 위한 제품검사단계가 있다. 검사를 통과하여 합격한 제품은 정상품으로, 불합격한 제품은 불량품과 공손품으로 분류한다. 여기에서 정상품은 검사를 하자 없이 통과한 완성품으로 정상적인 판매가치를 가진 제품이고, 불량품은 정상품에 비하여 규격이나 품질수준이 미달하지만 재작업을 한다면 정상품으로 만들 수 있는 제품이다. 공손품은 불합격품 중에서 폐기처분되는 제품을 말한다.

원가관리를 위하여 공손은 크게 정상공손과 비정상공손으로 구분한다. 정상공손은 능률적인 생산환경이라 하더라도 불가피하게 발생하는 공손이지만, 비정상공손은 비능률적인 생산환경으로 인해 발생하는 공손이다. 정상공손과 비정상공손을 구분하는 것은 쉽지 않다. 따라서 일반적으로는 공손허용한도를 정해두고 그 한도 내에서 공손이 발생하면 정상공손으로 처리하고, 그 한도를 초과하여 발생하면 비정상공손으로 처리한다.

공손품원가를 계산하기 위한 공손품의 완성도는 검사시점으로 한다. 왜냐하면 공손품은 제품검사 이후 폐기처분되어 더 이상 원가가 투입되지 않기 때문이다.

Question

14-5 (주)한국은 선입선출법에 의한 종합원가계산을 채택하고 있으며, 당기의 생산 관련 자료는 다음과 같다.

구분	물량(개)	가공비 완성도
기초재공품	1,000	30%
당기착수량	4,300	
당기완성량	4,300	
공손품	300	
기말재공품	700	50%

원재료는 공정 초기에 전량 투입되며, 가공원가는 공정 전반에 걸쳐 균등하게 발생한다. 품질검사는 가공원가 완성도 40% 시점에서 이루어지며, 당기 검사를 통과한 정상품의 5%에 해당하는 공손수량을 정상공손으로 간주한다. 당기의 정상공손수량 및 비정상공손수량은 각각 몇 개인가?

| 해답 |

① 물량흐름의 파악

재공품 (단위: 개)

기초재공품수량	1,000	기초재공품완성량	1,000
당기착수량	4,300	당기착수완성량	3,300
		공손수량	300
		기말재공품수량	700
총투입량	5,300	총산출량	5,300

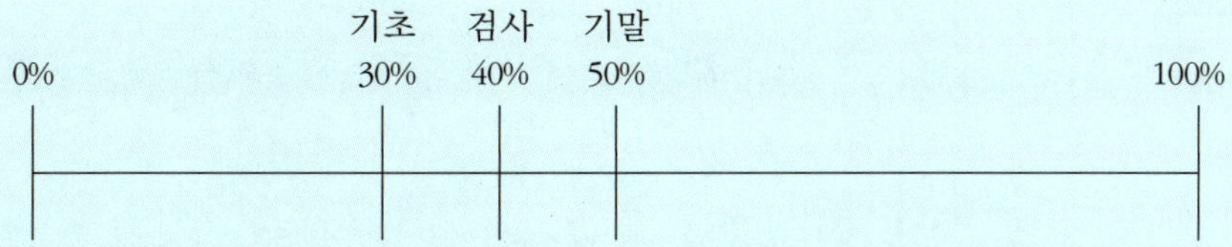

당기의 검사를 통과한 정상품수량=1,000개+3,300개+700개=5,000개,
정상공손수량=5,000개×5%=250개이다.
따라서 비정상공손수량=300개−250개=50개이다.

연습문제

01 (주)한국은 정상개별원가계산을 사용하고 있으며, 제조간접원가는 직접재료원가를 기준으로 배부하고 있다. 2016년 말 (주)한국의 제조간접원가 과대 또는 과소배부액은?

▶ 2016년, 지방직 9급

구분	2016년도 예산	2016년도 실제발생액
직접재료원가	₩2,000,000	₩3,000,000
직접노무원가	₩1,500,000	₩2,200,000
제조간접원가	₩3,000,000	₩4,550,000

① 과대배부액 ₩150,000
② 과대배부액 ₩50,000
③ 과소배부액 ₩150,000
④ 과소배부액 ₩50,000

02 (주)한국은 정상개별원가계산을 채택하고 있으며, 당기에 발생한 제조간접원가의 배부차이는 ₩9,000(과대배부)이다. 다음의 원가자료를 이용하여 총원가비례법으로 배부차이를 조정하는 경우 조정 후의 매출원가는?

▶ 2015년, 지방직 9급

기말재공품	₩20,000
기말제품	30,000
매출원가	450,000

① ₩441,000
② ₩441,900
③ ₩458,100
④ ₩459,000

03 정상개별원가계산을 적용하는 (주)대한은 제조간접원가를 예정배부하며, 예정배부율은 직접노무원가의 50%이다. 제조간접원가의 배부차이는 매기 말 매출원가에서 전액조정한다. 당기에 실제발생한 직접재료원가는 ₩24,000이며, 직접노무원가는 ₩16,000이다. 기초재공품은 ₩5,600이며, 기말재공품에는 직접재료원가 ₩1,200과 제조간접원가 배부액 ₩1,500이 포함되어 있다. 또한 기초제품은 ₩4,700이며 기말제품은 ₩8,000이다. 제조간접원가 배부차이를 조정한 매출원가가 ₩49,400이라면 당기에 발생한 실제제조간접원가는?

▶ 2014년, 지방직 9급

① ₩8,000
② ₩10,140
③ ₩12,800
④ ₩13,140

04 (주)한국은 종합원가계산을 사용하고 있으며, 가중평균법을 적용하여 완성품환산량을 계산하고 있다. 회사의 기초제품수량은 25,000개, 당기판매량은 20,000개, 기말제품수량은 15,000개이다. 기초재공품수량은 1,000개(완성도 70%), 기말재공품수량이 5,000개(완성도 50%)일 때, 회사의 당기가공원가에 대한 완성품환산량은? (단, 가공원가는 공정 전반에 걸쳐 균등하게 발생한다) ▶ 2014년, 지방직 9급

① 10,000개 ② 12,500개
③ 13,500개 ④ 15,000개

05 (주)한국은 종합원가계산방법을 적용하고 있으며, 원가 관련 자료는 다음과 같다. (주)한국의 완성품환산량에 대한 설명으로 옳은 것은? ▶ 2016년, 국가직 9급

- 직접재료는 공정의 초기에 전량 투입되고, 전환원가는 공정의 진행에 따라 균일하게 발생된다.
- 기초재공품의 완성도는 50%, 기말재공품의 완성도는 10%이다.
- 기초재공품은 2,000개, 당기착수 13,000개, 기말재공품 3,000개이다.

① 평균법의 직접재료원가 완성품환산량은 13,000개이다.
② 평균법의 전환원가 완성품환산량은 10,300개이다.
③ 선입선출법의 직접재료원가 완성품환산량은 15,000개이다.
④ 선입선출법의 전환원가 완성품환산량은 11,300개이다.

06 (주)한국은 평균법에 의한 종합원가계산을 채택하고 있다. 기초재공품이 75,000단위이고 당기착수량이 225,000단위이다. 기말재공품이 50,000단위이며 직접재료는 전량 투입되었고, 가공원가 완성도는 70%이다. 기초재공품에 포함된 가공원가가 ₩14,000이고 당기발생 가공원가가 ₩100,000인 경우 기말재공품에 배부되는 가공원가는? ▶ 2015년, 지방직 9급

① ₩12,000 ② ₩14,000 ③ ₩18,000 ④ ₩20,000

07 (주)한국은 종합원가계산제도를 채택하고 있으며, 원가의 흐름으로 선입선출법을 적용하고 있다. 재료는 공정 초기에 50%가 투입되고 나머지는 가공이 50% 진행된 시점부터 공정진행에 따라 비례적으로 투입된다. 다음의 5월 자료를 이용한 재료원가의 완성품환산량은? ▶ 2017년, 지방직 9급

- 기초재공품(공정의 완성도 70%) : 2,000개
- 당기투입: 5,000개
- 완성품: 5,000개
- 기말재공품(공정의 완성도 40%) : 2,000개

① 4,400개 ② 4,600개 ③ 4,800개 ④ 5,000개

08 (주)한국은 종합원가계산을 사용하며 선입선출법을 적용한다. 제품은 제1공정을 거쳐 제2공정에서 최종 완성되며, 제2공정 관련 자료는 다음과 같다.

구분	물량단위(개)	가공비 완성도
기초재공품	500	30%
전공정대체량	5,500	
당기완성량	?	
기말재공품	200	30%

제2공정에서 직접재료가 가공비 완성도 50% 시점에서 투입된다면, 직접재료비와 가공비 당기작업량의 완성품환산량은? (단, 가공비는 공정 전반에 걸쳐서 균일하게 발생하며, 제조공정의 공손·감손은 없다) ▶ 2018년, 국가직 9급

	직접재료비 완성품환산량(개)	가공비 완성품환산량(개)
①	5,300	5,300
②	5,800	5,650
③	5,800	5,710
④	5,800	5,800

09 (주)한국은 단일의 생산공장에서 단일제품을 생산하고 있다. 회계연도 말에 원가를 계산하면서 기말재공품에 대한 완성도를 실제보다 30% 낮게 평가하여 계산하였다. 재공품 완성도의 오류가 결산재무제표에 미치는 영향으로 옳지 않은 것은? (단, 당기생산제품은 모두 판매되었고, 기말제품재고액은 없다) ▶ 2018년, 지방직 9급

① 영업이익의 과소계상
② 매출원가의 과소계상
③ 기말재공품의 과소계상
④ 이익잉여금의 과소계상

10 (주)대한은 종합원가계산방법을 적용하고 있다. 직접재료는 공정 초기에 전량 투입되며, 전환원가는 공정 전반에 걸쳐서 균등하게 발생한다. 당기완성품환산량 단위당 원가는 직접재료원가 ₩60, 전환원가 ₩40이었다. 공정의 50% 시점에서 품질검사를 수행하며, 검사에 합격한 전체수량의 10%를 정상공손으로 처리하고 있다. (주)대한의 물량흐름 자료가 다음과 같을 때, 정상공손원가는? ▶ 2016년, 국가직 9급

기초재공품	1,000개(완성도 30%)	당기완성량	2,600개
당기착수량	3,000개	공손수량	500개
		기말재공품	900개(완성도 60%)

① ₩17,500
② ₩20,800
③ ₩28,000
④ ₩35,000

11 (주)한국의 2013년 11월 생산자료는 다음과 같다. 원재료는 공정 초에 투입되며, 가공비의 경우 월초재공품은 70% 완성되고 월말재공품은 60% 완성되었다. 공손은 공정의 완료시점에서 발견되었다. (주)한국이 평균법에 의한 종합원가계산을 할 때, 가공비의 당월 완성품 환산량은? ▶ 2014년, 국가직 9급

11월 1일 월초재공품	2,500개
11월 착수량	12,000개
11월 30일 월말재공품	4,500개
완성 후 제품계정 대체	9,300개
비정상공손	500개

① 12,500개 ② 12,700개
③ 13,200개 ④ 14,500개

12 (주)한국은 선입선출법에 의한 종합원가계산을 채택하고 있으며, 당기의 생산 관련 자료는 다음과 같다.

구분	물량(개)	가공비 완성도
기초재공품	1,000	(완성도 30%)
당기착수량	4,300	
당기완성량	4,300	
공손품	300	
기말재공품	700	(완성도 50%)

원재료는 공정 초기에 전량 투입되며, 가공비는 공정 전반에 걸쳐 균등하게 발생한다. 품질검사는 가공비 완성도 40% 시점에서 이루어지며, 당기 검사를 통과한 정상품의 5%에 해당하는 공손수량은 정상공손으로 간주한다. 당기의 비정상공손수량은? ▶ 2016년, 지방직 9급

① 50개 ② 85개
③ 215개 ④ 250개

CHAPTER

15 원가의 계산(Ⅱ)

학습목표

본 장에서는 14장에 이어 다양한 원가계산방법에 대해서 공부한다. 결합제품원가계산, 표준원가계산, 그리고 활동기준원가계산에 대해서 학습한다.

1 결합제품원가계산

결합제품이란 원재료를 공유하며 분리점 이전에는 동일한 공정을 거치지만, 분리점 이후에는 서로 다른 공정을 거치면서 서로 다른 가치를 지니게 되는 제품이다. 원유를 기초로 우유, 치즈, 버터 등을 생산하는 우유가공업이나 원유를 정제해서 가솔린, 중유, 윤활유 등을 생산하는 석유정제업 등이 대표적인 결합제품 업종이다.

도표 15-1 | 결합제품원가계산

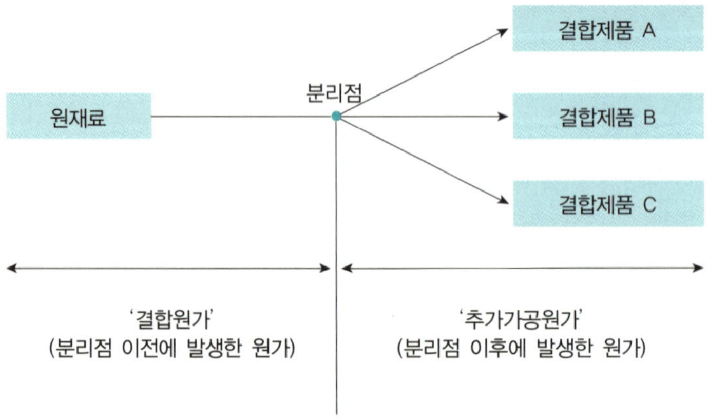

결합제품에서는 결합원가와 추가가공원가가 발생한다. 분리점 이전에 발생한 결합원가는 [도표 15-2]에서 제시된 여러 가지 계산방법 중 하나를 사용하여 배부하고, 추가가공원가는 해당 제품에 직접 할당한다.

도표 15-2 | 결합제품 원가계산방법

방법	내용
물량기준법	분리점에서의 개별제품의 양적 단위를 기준으로 결합원가를 배부하는 방법
상대적 판매가치법	분리점에서의 개별제품의 판매가치를 기준으로 결합원가를 배부하는 방법
순실현가치법	정상적인 경영활동에서 예측된 최종 판매가치에서 분리점 이후의 추가가공원가와 판매비를 차감한 순실현가치를 기준으로 결합원가를 배부하는 방법
균등이익률법	개별 제품의 최종 판매가치를 기준으로 동일한 매출총이익률을 갖도록 결합원가를 배부하는 방법

Question

15-1 (주)한국은 단일의 공정을 거쳐 제품 A와 제품 B의 두 종류의 결합제품을 생산하고 있으며, 사업 첫 해인 당기에 발생한 결합원가는 ₩30,000이다. 다음의 자료를 이용하여 제품 A와 제품 B에 결합원가를 배부하라.

구분	생산량	단위당 최종 판매가치	추가가공원가	판매비용
제품 A	30개	₩900	₩11,000	₩1,000
제품 B	20개	₩3,650	₩25,000	₩3,000

(1) 물량기준법에 따라 제품 A와 제품 B에 결합원가를 배부하라.
(2) 순실현가치법에 따라 제품 A와 제품 B에 결합원가를 배부하라.
(3) 균등이익률법에 따라 제품 A와 제품 B에 결합원가를 배부하라.

| 해답 |

(1) 물량기준법

구분	생산량	상대비율	배부액
제품 A	30개	60%	₩18,000
제품 B	20개	40%	₩12,000
합계	50개	100%	₩30,000

(2) 순실현가치법

(단위: 원)

구분	판매 가격	생산량	최종 판매 가치	추가 가공 원가	판매 비용	순 실현 가치	상대 비율	배부액
제품 A	900	30개	27,000	11,000	1,000	15,000	25%	7,500
제품 B	3,650	20개	73,000	25,000	3,000	45,000	75%	22,500
합계		50개	100,000	36,000	4,000	60,000	100%	30,000

(3) 균등이익률법

매출액		₩100,000
매출원가		
결합원가	30,000	
추가가공원가	36,000	(66,000)
매출총이익		₩34,000

따라서 매출총이익률=34,000÷100,000=0.34, 34%이다.

(단위: 원)

구분	매출액	매출 총이익률	매출 총이익	매출원가	추가 가공원가	결합원가 배부액
제품 A	27,000	34%	9,180	17,820	11,000	6,820
제품 B	73,000	34%	24,820	48,180	25,000	23,180
	100,000		34,000	66,000	36,000	30,000

2 표준원가계산

기업은 표준원가계산을 도입하여 사전에 계획한 표준치와 실제결과를 정기적으로 비교하면서, 각 부문이 조직의 목표에 얼마나 기여하였는지를 파악할 수 있다. 또한 표준원가계산은 원가절감을 위한 노력이나 성과에 대한 평가 혹은 앞으로의 예산편성 등에 활용할 수 있다.

표준원가는 각 원가요소별로 산정하되 원가통제의 책임소재를 명확하게 하기 위하여 가격표준과 수량표준으로 구분하여 사용한다. 실제원가와 표준원가와의 총차이는 직접재료원가에 대해서는 가격차이와 수량차이, 직접노무원가에서는 임률차이와 능률차이, 변동제조간접원가에서는 소비차이와 능률차이, 그리고 고정제조간접원가에서는 예산차이와 조업도차이로 구분한다. 원가절감노력의 관점에서 만약 실제의 가격 또는 수량이 가격표준 또는 수량표준을 초과하면 불리한 차이가 되고, 반대의 경우에는 유리한 차이가 된다.

도표 15-3 | 표준원가계산의 차이분석모형

실제원가 — 실제수량에 의한 표준원가 — 표준원가

AQ×AP — AQ*×SP — SQ**×SP

가격차이 — 수량차이

총차이

* 실제투입량

**실제생산량에 허용된 표준수량

Question

15-2 (주)한국의 표준원가계산자료는 다음과 같다.

실제직접노무원가	₩5,000,000
실제생산량	2,000개
단위당 표준직접노무시간	20시간
직접노무원가 임률차이	₩160,000(유리)
직접노무원가 능률차이	₩360,000(불리)

실제직접노무시간은 몇 시간인가?

| 해답 |

실제원가	실제수량에 의한 표준원가	표준원가
AQ×AP	AQ*×SP	SQ**×SP
	AQ×SP	2,000개×20시간×SP
5,000,000원	5,160,000원(②)	4,800,000원(①)

임률차이 160,000원(유리) — 능률차이 360,000원(불리)

① 2,000개×20시간×SP=4,800,000원이므로 SP=120원/시간이다.

② AQ×SP=5,160,000원, AQ×120원=5,160,000원, 따라서 AQ=43,000시간이다.

3 활동기준원가계산

활동기준원가계산(ABC: Activity-Based Costing)은 기업의 자원을 소비하는 활동을 기본적인 원가대상으로 하여 활동의 원가를 제품, 서비스, 고객 등의 다양한 원가대상에 배부하는 방법이다. 전통적인 원가계산에서는 원가대상이 자원을 직접 소비한다고 보고 원가를 원가대상에 직접 배부하지만, 활동기준원가계산에서는 원가대상이 활동을 소비하므로 소비하는 활동과 원가대상 간의 인과관계를 추적하여 이를 기준으로 자원을 배부한다. 활동기준원가계산은 다음 단계들을 거쳐 원가를 배부한다.

① **활동분석**: 기업의 주요 경영활동을 기술하고 규명한다.

② **활동별 원가집계**: 각 활동들이 어느 정도 자원을 소비하였는지 활동당 총원가를 집계한다.

③ **원가동인의 규명**: 원가동인(cost driver)이란 활동에서 특정 자원을 소비하도록 유발시키는 요인이다. 생산활동원가를 추적하는 데 사용된다.

④ **원가동인 단위당 원가산출과 활동원가계산**: 2단계에서 산출된 활동별 총원가를 3단계에서 규명된 원가동인으로 나누어 활동별 단위당 원가를 산출한다. 활동별 단위당 원가를 제품이 각 활동을 사용한 수만큼 곱하여 제품에 배부한다.

Question

15-3 (주)한국은 제품 A와 제품 B를 생산하고 있으며, 최근 최고경영자는 활동기준원가계산 제도의 도입을 검토하고 있다. 활동기준원가계산 관점에서 분석한 결과가 다음과 같을 때, 제품 A와 제품 B에 배부되는 제조간접원가는 각각 얼마인가?

활동	제조간접원가	원가동인	제품 A	제품 B
제품설계	₩400	부품 수	2개	2개
생산준비	₩600	준비횟수	1회	5회

| 해답 |

단계의 구분		내용
1단계	활동분석	제품설계활동과 생산준비활동으로 주요 활동을 확인한다.
2단계	활동별 원가집계	제품설계활동의 원가는 400원, 생산준비활동의 원가는 600원으로 집계한다.
3단계	원가동인의 규명	제품설계활동의 원가를 발생시키는 동인은 부품 수이고, 생산준비활동의 원가를 발생시키는 동인은 준비횟수이다.
4단계	원가동인 단위당 원가산출과 활동원가계산	제품설계활동의 원가동인 단위당 원가＝400원/4개＝100원/개, 생산준비활동의 원가동인 단위당 원가는 600원/6회＝100원/회이다. 따라서 제품 A에 배부되는 제조간접원가＝100원×2개＋100원×1회＝300원이고, 제품 B에 배부되는 제조간접원가＝100원×2개＋100원×5회＝700원이다.

연습문제

01 (주)한국은 단일의 공정을 거쳐 A, B 두 종류의 결합제품을 생산하고 있으며, 사업 첫 해인 당기에 발생한 결합원가는 ₩200이다. 다음의 자료를 이용하여 결합원가를 균등이익률법으로 배부할 경우 제품 A와 B에 배부될 결합원가로 옳은 것은? ▶ 2017년, 국가직 9급

구분	추가가공 후 최종가치(매출액)	추가가공원가
제품 A	₩100	₩50
제품 B	300	50

	제품 A	제품 B
①	₩25	₩175
②	₩50	₩150
③	₩150	₩50
④	₩175	₩25

02 제품 100개를 생산할 때 총직접노동시간은 500시간이 걸릴 것으로 추정하고 있으며 표준임률은 시간당 ₩200이다. 당기실제생산량은 120개였고 실제작업시간은 600시간이었다. 당기에 ₩15,000의 불리한 임률차이가 발생하였다면, 실제임률은? ▶ 2018년, 지방직 9급

① ₩225 ② ₩205
③ ₩195 ④ ₩175

03 (주)한국은 표준원가계산을 사용하고 있다. 다음 자료를 근거로 한 직접노무원가의 능률차이는? ▶ 2018년, 국가직 9급

- 실제직접노동시간: 7,000시간
- 표준직접노동시간: 8,000시간
- 직접노무원가 임률차이: ₩3,500(불리)
- 실제노무원가 총액: ₩24,500

① ₩3,000(유리) ② ₩3,000(불리)
③ ₩4,000(유리) ④ ₩4,000(불리)

04 (주)한국의 4월 직접재료원가에 대한 자료는 다음과 같다. 4월의 유리한 재료수량차이(능률차이)는?

▶ 2017년, 지방직 9급

- 실제재료구매량: 3,000kg
- 실제생산에 대한 표준재료투입량: 2,400kg
- 실제재료구입단가: ₩310/kg
- 실제재료사용량: 2,200kg
- 불리한 재료가격차이(구입시점기준): ₩30,000

① ₩50,000 ② ₩55,000
③ ₩60,000 ④ ₩65,000

05 (주)한국은 제품 A와 제품 B를 생산하고 있으며, 최근 최고경영자는 활동기준원가계산제도의 도입을 검토하고 있다. 활동기준원가계산 관점에서 분석한 결과가 다음과 같을 때, 옳지 않은 것은?

▶ 2017년, 국가직 9급

활동	제조간접비	원가동인	제품 A	제품 B
제품설계	₩400	부품 수	2개	2개
생산준비	600	준비횟수	1회	5회

① 제품설계활동의 원가동인은 부품 수, 생산준비활동의 원가동인은 준비횟수이다.
② 활동기준원가계산하에서 제품 A에 배부되는 제조간접비는 ₩300, 제품 B에 배부되는 제조간접비는 ₩700이다.
③ 만약 (주)한국의 제품종류가 더 다양해지고 각 제품별 생산수량이 줄어든다면 활동기준원가계산제도를 도입할 실익이 없다.
④ 기존의 제품별 원가와 이익수치가 비현실적이어서 원가계산의 왜곡이 의심되는 상황이면 활동기준원가계산제도의 도입을 적극 고려해 볼 수 있다.

CHAPTER

16 원가행태와 경영의사결정

학습목표

관련 범위 내에서 조업도의 변화에 따라 원가가 변화하는 모양, 즉 원가행태에 따라 원가는 크게 변동원가와 고정원가로 나눌 수 있다. 본 장에서는 원가를 변동원가와 고정원가로 나누어 경영의사결정에 활용할 수 있는 방법에 대해서 배운다. 특히 변동원가계산과 CVP분석을 이용한 활용방안에 대해서 학습한다.

1 원가행태

원가행태(cost behavior)는 관련 범위 내에서 조업도의 변화에 따라 원가가 변화하는 모양을 일컫는다. 조업도(volume)란 생산량, 판매량 혹은 매출액, 기계작업시간, 노무시간 등과 같은 기업 내의 양적(量的) 요소로, 원가는 원가행태에 따라 크게 변동원가와 고정원가로 구분된다. 이외에도 변동원가와 고정원가의 요소를 함께 가지는 준변동원가와 준고정원가가 있다.

(1) 변동원가

변동원가는 조업도가 증가함에 따라서 비례적으로 증가하는 원가이다. 변동원가를 식으로 나타내면 다음과 같다.

$$y = bx$$

(단, y = 총원가, b = 단위당 변동원가, x = 조업도)

조업도가 0이면 원가는 0이고, 조업도가 증가하면 원가는 조업도 x의 변화에 따라 b만큼 증가한다. 변동원가는 조업도가 증가하면 총원가는 증가하는 반면, 단위당 변동원가는 일정하다.

(2) 고정원가

고정원가는 조업도가 증가하더라도 발생금액에는 변화가 없는 원가를 말한다. 고정원가를 식으로 나타내면 다음과 같다.

$$y = a$$

(단, y =총원가, a =고정원가)

a는 조업도 x와 관계없이 일정하게 발생하는 상수항으로 관련 범위 내에서 총원가는 조업도가 증가하더라도 항상 일정한 a값으로 발생한다. 다만, 단위당 고정원가는 조업도가 증가하면 감소한다.

(3) 준변동원가

전화요금은 사용량과 관계없이 발생하는 기본요금과 사용량에 따라 비례적으로 발생하는 사용요금으로 이루어진다. 준변동원가는 전화요금과 같이 조업도가 0일 때에는 고정원가만큼 발생하지만, 조업도가 증가함에 따라 변동원가만큼 증가하는 원가이다. 이를 식으로 나타내면 다음과 같다.

$$y = a + bx$$

(단, y =총원가, a =고정원가, b =단위당 변동원가, x =조업도)

조업도가 0일 때에는 고정원가 a만큼이 발생하고, 조업도가 증가하면 조업도 x의 변화에 따라 b만큼씩 비례하며 늘어난다.

(4) 준고정원가

준고정원가는 일정한 조업도범위 내에서는 일정한 금액의 원가가 발생하지만, 그 조업도를 벗어나게 되면 원가발생액이 일정액씩 변화하는 원가이다. 그래프로 나타내면, 계단처럼 그려진다고 하여 계단원가라고도 한다.

$$y = a1;\ \ x_0 \leq x \leq x_1$$

$$y = a2;\ \ x_1 \leq x \leq x_2$$

$$y = a3;\ \ x_2 \leq x \leq x_3$$

(단, y = 총원가, a = 고정원가, x = 조업도)

도표 16-1 | 원가행태에 따른 분류

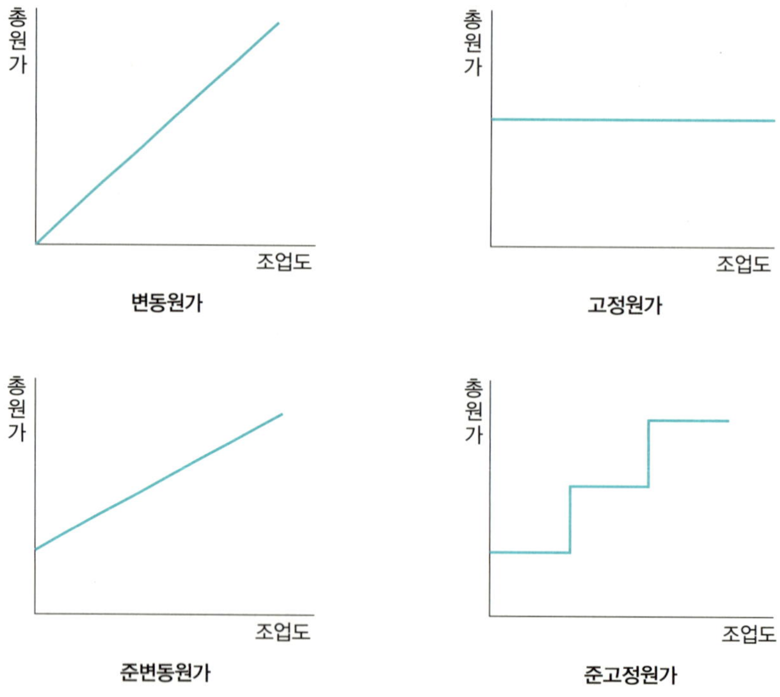

2 변동원가계산

(1) 변동원가계산의 의의

전부원가계산은 생산활동과 관련하여 발생한 직접재료원가, 직접노무원가 및 제조간접원가 모두를 제품원가계산에 포함시키는 원가계산방법으로 외부보고를 위한 재무제표 작성 등에 사용된다.

변동원가계산은 직접재료원가, 직접노무원가 및 변동제조간접원가만을 제품원가에 포함시키고, 고정제조간접원가는 기간비용으로 처리하는 원가계산방법으로 내부관리목적으로 사용되는 방법이다. 변동원가계산에서는 고정제조간접원가를 특정 제품의 제조와는 직접적인 관련 없이 생산설비의 사용이나 기간경과에 의해서 발생되는 원가로 보아 제품원가에 포함시키지 않는다.

(2) 전부원가계산과 변동원가계산의 이익차이 조정

변동원가계산과 전부원가계산은 다음과 같은 이유들로 인하여 영업이익에서 차이가 발생한다.

우선, 제품원가가 서로 다르다. 변동원가계산에서는 변동제조원가만을 제품원가에 포함시키고, 고정제조간접원가는 고정판매관리비와 같이 기간비용으로 처리한다. 둘째, 매출에서 차감되는 항목과 차감 후 산출되는 이익이 다르다. 전부원가계산에서는 매출원가를 차감하여 매출총이익을 구하지만, 변동원가계산에서는 매출액에서 변동원가를 차감하여 공헌이익을 구한다.

[도표 16-2]를 보면 전부원가계산에 의한 영업이익은 350원인 반면, 변동원가계산에 의한 영업이익은 100원이다. 이 차이는 전부원가계산과 변동원가계산의 비용인식의 차이가 그대로 이익계산에 반영된 결과이다. 즉, 전부원가계산에서는 당기에 발생한 고정제조간접원가 1,050원 중 판매된 부분인 800원만을 매출원가의 비용으로 처리하고, 판매되지 않은 부분의 250원은 기말재고로 자산처리하는 반면, 변동원가계산에서는 당기에 발생한 고정제조간접원가 1,050원을 모두 비용처리하기 때문에, 250원만큼의 비용인식의 차이가 결과적으로 250원만큼의 이익의 차이로 나타난다. 만약 두 원가계산

방법으로 인한 이익의 차이를 조정한다면, 전부원가계산하의 영업이익 350원에서 전부원가계산하의 자산화된 고정제조간접원가 250원만큼을 차감하면, 변동원가계산하의 영업이익 100원으로 조정가능하다. 두 원가계산방법의 영업이익의 차이는 자산화되는 고정제조간접원가의 차이로 인하여 발생한 것이며, 이익차이 조정을 일반화하면, [도표 16-3]과 같다.

도표 16-2 | 전부원가계산과 변동원가계산의 손익계산서 비교

전부원가계산 손익계산서

매출액		₩3,000
매출원가		
변동매출원가	1,000	
고정매출원가	**800**	(1,800)
매출총이익		1,200
판매관리비		
변동판매관리비	350	
고정판매관리비	500	(850)
영업이익		₩350

변동원가계산 손익계산서

매출액		₩3,000
변동원가		
변동매출원가	1,000	
변동판매관리비	350	(1,350)
공헌이익		1,650
고정원가		
고정제조간접원가	**1,050**	
고정판매관리비	500	(1,550)
영업이익		₩100

도표 16-3 | 이익차이의 조정

전부원가계산하의 영업이익	×××
기초재고의 고정제조간접원가	(+) ×××
기말재고의 고정제조간접원가	(−) ×××
변동원가계산하의 영업이익	×××

Question

16-1 (주)한국의 기초 및 기말재고자산은 각각 10,000단위와 15,000단위이다. 매 기간 고정제조간접비배부율은 단위당 3원이다. (주)한국이 전부원가계산을 이용하여 120,000원의 순이익을 보고하였다면, 변동원가계산에 의한 순이익은 얼마인가? (단, 법인세는 무시한다)

| 해답 |

전부원가계산하의 영업이익		₩120,000
기초재고의 고정제조간접원가	10,000단위×3원=30,000	30,000
기말재고의 고정제조간접원가	15,000단위×3원=45,000	(45,000)
변동원가계산하의 영업이익		₩105,000

3 CVP분석

(1) CVP분석

원가행태를 이용하여 경영의사결정에 활용하는 방법 중 가장 대표적인 것이 CVP분석이다. CVP분석이란 Cost(원가), Volume(조업도) 및 Profit(이익)을 이용하여, 관련된 경영의사결정에 활용하는 분석기법이다. 특히, 공헌이익을 활용하여 분석하는데, 공헌이익이란 단위당 판매가격에서 단위당 변동원가를 차감한 값으로, 제품 1단위를 판매하면, 고정원가와 이익을 회수하는 데에 어느 정도 공헌할 수 있는지를 나타내는 수치이다. CVP분석은 다음의 식을 적절히 이용하여 의사결정에 활용한다.

이익 = 총수익 − 총원가
= (단위당 판매가격 × 판매량) − (총변동원가 + 총고정원가)
= (단위당 판매가격 × 판매량) − (단위당 변동원가 × 판매량 + 총고정원가)
= (단위당 판매가격 − 단위당 변동원가) × 판매량 − 총고정원가
= 공헌이익 × 판매량 − 총고정원가

CVP분석은 원가를 변동원가와 고정원가로 구분하여 의사결정모형을 단순화시킨 분석기법으로 다음과 같은 많은 가정들을 전제로 한다.

① 모든 원가는 변동원가와 고정원가로 구분할 수 있다.
② 변동원가는 관련 범위 내에서 조업도에 비례한다.
③ 고정원가는 관련 범위 내에서 항상 일정하다.
④ 제품의 판매가격, 원가요소의 가격, 능률과 생산성 등은 일정하다.
⑤ 조업도만이 원가에 영향을 미치는 유일한 요소라고 가정한다.
⑥ 단일제품을 생산한다.
⑦ 복수제품을 생산할 경우 제품의 매출배합은 일정하다.
⑧ 단기적 분석이다.

CVP분석은 이상의 많은 가정을 전제로 하기 때문에 비현실적이라는 비판도 있지만, 비용과 효익 측면을 고려하면 여전히 유용한 모형이라고 할 수 있다.

(2) CVP분석의 활용

원가, 조업도 및 이익을 변수로 하는 CVP분석은 여러 가지 경영의사결정에 활용할 수 있다. 구체적으로는 앞에서 제시한 식을 이용한다.

예를 들어, 손익분기점이란 총공헌이익이 고정비와 일치하여 이익이 '0'이 되는 지점으로, 제품의 판매로 얻은 이익과 지출된 비용이 일치하여 손실도 이익도 발생하지 않는 판매량이나 매출액을 의미한다. 목표이익 또한 이를 활용하여 구할 수 있다. 이 외에도 단위당 판매가격이 변한다면 이익은 어떻게 변할 것인지, 원가가 변한다면 이익은 어떻게 변하는지 등의 민감도분석에도 CVP분석을 활용할 수 있다.[1)]

Question

16-2 단일제품을 생산하는 (주)한국의 20×1년도 10월 중의 원가자료는 다음과 같다. (단, 생산설비는 충분히 크며 법인세율은 40%이다.)

단위당 판매가격	₩200
단위당 변동원가	140
총고정원가	60,000

(1) 손익분기점 판매량은 얼마인가?

(2) 세후순이익 61,200원을 달성하기 위한 판매량은 얼마인가?

| 해답 |

(1) 손익분기점에서의 판매량을 X라고 한다면, 0=(200원−140원)X−60,000원, 따라서 X=1,000단위이다.

(2) 세후순이익=세전순이익×(1−0.4)이므로 세전순이익=61,200/0.6=102,000원이다. 세전순이익 102,000원에서의 판매량을 Y라고 한다면, 102,000원=(200원−140원)Y−60,000원, 따라서 Y=2,700단위이다.

1) 민감도분석(sensitivity analysis)이란 분석모형에서 하나 또는 그 이상의 독립변수가 변화함에 따라 종속변수가 어떻게 반응하는지를 분석하는 것이다.

연습문제

01 원가에 대한 설명으로 옳지 않은 것은? ▶ 2015년, 지방직 9급

① 기회원가는 여러 대안 중 최선안을 선택함으로써 포기된 차선의 대안에서 희생된 잠재적 효익을 의미하며, 실제로 지출되는 원가는 아니다.

② 매몰원가는 과거 의사결정의 결과에 의해 이미 발생한 원가로서 경영자가 더 이상 통제할 수 없는 과거의 원가로 미래 의사결정에 영향을 미치지 못하는 원가이다.

③ 당기총제조원가는 특정기간 동안 완성된 제품의 제조원가를 의미하며, 당기제품제조원가는 특정기간 동안 재공품계정에 가산되는 총금액으로 생산완료와는 상관없이 해당 기간 동안 투입된 제조원가가 모두 포함된다.

④ 관련 범위 내에서 조업도수준이 증가함에 따라 총변동원가는 증가하지만 단위당 변동원가는 일정하다.

02 원가행태에 대한 설명으로 옳지 않은 것은? ▶ 2014년, 국가직 9급

① 고정원가는 조업도가 증감하더라도 전체 범위에서는 고정적이기 때문에, 다른 조건이 동일하다면 제품단위당 고정원가는 조업도의 증가에 따라 감소한다.

② 관련 범위 내에서 조업도수준과 관계없이 고정원가 발생총액은 일정하다.

③ 관련 범위 내에서 조업도가 증가하면 변동원가 발생총액은 비례적으로 증가한다.

④ 변동원가는 조업도의 증감에 따라 관련 범위 내에서 일정하게 변동하기 때문에, 다른 조건이 동일하다면 제품단위당 변동원가는 조업도의 증감에 관계없이 일정하다.

03 준고정(계단)원가에 대한 설명으로 옳은 것은? (단, 조업도 이외의 다른 조건은 일정하다고 가정한다) ▶ 2016년, 지방직 9급

① 조업도와 관계없이 단위당 원가는 항상 일정하다.

② 일정조업도 범위 내에서는 조업도의 변동에 정비례하여 총원가가 변동한다.

③ 일정조업도 범위 내에서는 총원가가 일정하지만, 일정조업도 범위를 초과하면 총원가가 일정액만큼 증가한다.

④ 일정조업도 범위 내에서는 조업도의 변동에 관계없이 총원가가 일정하므로 단위당 원가는 조업도의 증가에 따라 증가한다.

04 원가계산방법과 분석기법에 대한 설명으로 옳은 것은? ▶ 2017년, 국가직 9급

① 고저점법은 원가를 기준으로 최저점과 최고점에 해당하는 과거의 자료를 이용하여 혼합원가 추정식을 구하는 방법이다.

② 변동원가계산과 비교하여 전부원가계산은 회계기간 말에 불필요한 생산을 늘려 이익을 증가시키려는 유인을 방지할 수 있다.
③ 단위당 판매가와 총고정원가가 일정할 경우 단위당 변동원가가 커지면 손익분기점은 높아진다.
④ 차이분석에서 유리한 차이는 실제원가가 예산보다 낮은 경우이므로 추가적인 관리를 할 필요가 전혀 없다.

05 신설법인인 (주)한국의 기말제품재고는 1,000개, 기말재공품재고는 없다. 다음 자료를 근거로 변동원가계산방법에 의한 공헌이익은? ▶ 2018년, 국가직 9급

판매량	4,000개
단위당 판매가격	₩1,000
생산량	5,000개
단위당 직접재료원가	₩300
단위당 직접노무원가	₩200
단위당 변동제조간접원가	₩100
총고정제조간접비	₩1,000,000
단위당 변동판매관리비	₩150
총고정판매관리비	₩800,000

① ₩1,000,000 ② ₩1,250,000
③ ₩1,600,000 ④ ₩2,000,000

06 (주)한국은 변동원가계산을 사용하여 ₩100,000의 순이익을 보고하였다. 기초 및 기말재고자산은 각각 15,000단위와 19,000단위이다. 매 기간 고정제조간접비배부율이 단위당 ₩3이었다면 전부원가계산에 의한 순이익은? (단, 법인세는 무시한다) ▶ 2014년, 국가직 9급

① ₩88,000 ② ₩145,000
③ ₩43,000 ④ ₩112,000

07 (주)한국은 2015년에 영업을 시작하였으며, 당해연도의 생산 및 판매와 관련된 자료는 다음과 같다. (주)한국이 실제원가계산에 의한 전부원가계산방법과 변동원가계산방법을 사용할 경우, 영업이익이 더 높은 방법과 두 방법 간 영업이익의 차이는? ▶ 2016년, 지방직 9급

제품생산량	1,000개	제품판매량	800개
고정제조간접원가	₩1,000,000	고정판매비와관리비	₩1,100,000
기말재공품은 없음			

	영업이익이 더 높은 방법	영업이익의 차이
①	전부원가계산	₩200,000
②	변동원가계산	₩200,000
③	전부원가계산	₩220,000
④	변동원가계산	₩220,000

08 (주)한국의 손익분기점 매출액이 ₩100,000,000, 고정비는 ₩40,000,000, 단위당 변동비는 ₩1,200일 때, 단위당 판매가격은? ▶ 2015년, 국가직 9급

① ₩1,500　② ₩1,600
③ ₩1,800　④ ₩2,000

09 (주)한국의 20×1년도 손익분기점 매출액은 ₩100,000이고 단위당 공헌이익률은 20%, 순이익은 ₩30,000이다. (주)한국의 20×1년도 총고정원가는? ▶ 2017년, 국가직 7급

① ₩250,000　② ₩150,000
③ ₩20,000　④ ₩6,000

10 (주)한국의 6월 제품 판매가격과 원가구조는 다음과 같다. (주)한국이 세전순이익 ₩4,000을 달성하기 위한 6월 매출액은? (단, 판매량은 생산량과 동일하며, 법인세율은 30%이다) ▶ 2017년, 지방직 9급

제품단위당 판매가격	₩5
공헌이익률	20%
고정원가	₩10,000

① ₩60,000　② ₩70,000
③ ₩80,000　④ ₩90,000

11 (주)한국의 20×1년 제품단위당 변동원가는 ₩600, 연간 고정원가는 ₩190,000이다. 국내시장에서 단위당 ₩1,000에 300개를 판매할 계획이며, 남은 제품은 해외시장에서 ₩950에 판매가능하다. 20×1년 손익분기점 판매량은? (단, 해외시장에 판매하더라도 제품단위당 변동원가는 동일하며 해외판매는 국내수요에 영향을 주지 않는다) ▶ 2018년, 국가직 9급

① 500개　② 950개
③ 1,050개　④ 1,100개

12 2013년 1월 1일에 영업을 개시한 (주)대한은 단위당 판매가격 ₩1,000, 단위당 변동원가 ₩700 그리고 총고정원가가 ₩70,000인 연필을 생산하여 판매하고 있다. (주)대한의 당해 연도에 생산된 연필은 당기 중에 모두 판매된다. 한편 (주)대한의 세전이익에 대해 ₩10,000까지는 10%, ₩10,000을 초과하는 금액에 대해서는 20%의 세율이 적용된다. 만일 (주)대한이 2013년도에 ₩17,000의 세후순이익을 보고하였다면 2013년도에 판매한 연필의 수량은? ▶ 2014년, 지방직 9급

① 200개 ② 250개
③ 300개 ④ 350개

13 (주)한국의 최근 2년간 생산량과 총제품제조원가는 다음과 같다. 2년간 고정원가와 단위당 변동원가는 변화가 없었다. 2013년도에 고정원가는 10% 증가하고 단위당 변동원가가 20% 감소하면, 생산량이 500개일 때 총제품제조원가는? ▶ 2014년, 국가직 9급

연도	생산량	총제품제조원가
2011	100개	₩30,000
2012	300개	60,000

① ₩76,500 ② ₩75,500
③ ₩94,500 ④ ₩70,000

14 다음은 단일제품인 곰인형을 생산하고 있는 (주)한국의 판매가격 및 원가와 관련된 자료이다. 법인세율이 20%인 경우, 세후목표이익 ₩200,000을 달성하기 위한 곰인형의 판매수량은? (단, 생산설비는 충분히 크며, 생산량과 판매량은 같다고 가정한다)

▶ 2015년, 지방직 9급

단위당 판매가격	₩1,000
단위당 직접재료원가	450
단위당 직접노무원가	200
단위당 변동제조간접원가	100
단위당 변동판매원가	50
고정원가 총액	300,000

① 2,250단위 ② 2,500단위
③ 2,750단위 ④ 3,000단위

15 제품단위당 변동비가 ₩800이며, 연간 고정비발생액은 ₩3,600,000이다. 공헌이익률은 20%이며 법인세율이 20%인 경우, 법인세차감후순이익 ₩3,600,000을 달성하기 위해서 연간 몇 단위의 제품을 제조·판매해야 하는가? (단, 기초재고는 없다)

▷ 2018년, 지방직 9급

① 34,000단위 ② 40,500단위
③ 44,500단위 ④ 50,625단위

16 (주)한국은 제품 X, Y를 생산하고 있으며 관련 자료는 다음과 같다.

구분	제품 X	제품 Y
단위당 판매가격	₩110	₩550
단위당 변동원가	₩100	₩500
총고정원가	₩180,000	

(주)한국은 제품 X, Y를 하나의 묶음으로 판매하고 있으며, 한 묶음은 X제품 4개, Y제품 1개로 구성된다. 손익분기점에서 각 제품의 판매량은?

▷ 2016년, 지방직 9급

	제품 X	제품 Y
①	1,000개	1,000개
②	2,000개	2,000개
③	2,000개	8,000개
④	8,000개	2,000개

17 (주)대한은 A투자안과 B투자안 중에서 원가구조가 이익에 미치는 영향을 고려하여 하나의 투자안을 선택하고자 한다. 두 투자안의 예상판매량은 각 100단위이고, 매출액 등의 자료가 다음과 같을 때, 두 투자안에 대한 비교 설명으로 옳은 것은?

▷ 2016년, 국가직 9급

구분	A투자안	B투자안
매출액	₩20,000	₩20,000
변동비	12,000	10,000
고정비	4,000	6,000
영업이익	4,000	4,000

① A투자안의 변동비율이 B투자안의 변동비율보다 작다.
② A투자안의 단위당 공헌이익이 B투자안의 단위당 공헌이익보다 크다.
③ A투자안의 손익분기점 판매량이 B투자안의 손익분기점 판매량보다 적다.
④ A투자안의 안전한계는 B투자안의 안전한계보다 작다.

18 서울상사의 가전사업부는 투자중심점으로 운영되고 투자수익률에 근거하여 성과를 평가하는데, 목표투자수익률은 20%이다. 가전사업부의 연간 생산 및 판매에 대한 예상 자료는 다음과 같다.

구분	금액
고정원가	₩60,000,000
생산단위당 변동원가	3,000
생산 및 판매 대수	40,000대
평균총자산	100,000,000

목표투자수익률을 달성하기 위한 가전사업부의 제품단위당 최소판매가격은? (단, 기초재고는 없으며 투자수익률은 평균총자산을 기준으로 한다) ▶ 2018년, 지방직 9급

① ₩3,500 ② ₩4,000
③ ₩4,500 ④ ₩5,000

19 (주)한국은 창원공장에서 두 가지 제품(G엔진, H엔진)을 생산하고 있다. 이 제품들에 대한 정보는 다음과 같다. 엔진의 생산은 조립부문과 검사부문을 거쳐서 완성된다. 하루 최대생산능력은 조립부문 600기계시간, 검사부문 120검사시간이고, 단기적으로 추가적인 생산능력의 확장은 불가능하다. 판매는 생산하는 대로 가능하다. G엔진 한 대를 만들기 위해서는 2기계시간과 1검사시간이 소요되고, H엔진은 5기계시간과 0.5검사시간이 소요된다. H엔진은 재료부족으로 인하여 하루에 110대로 생산이 제한된다. (주)한국이 제한된 생산능력하에서 영업이익을 극대화하기 위해 하루에 생산해야 할 각 제품의 수량은?

▶ 2014년, 국가직 9급

구분	G엔진	H엔진
단위당 판매가격	₩8,000,000	₩10,000,000
단위당 변동원가	5,600,000	6,250,000
단위당 공헌이익	2,400,000	3,750,000
공헌이익률	30%	37.5%

① G엔진 25대, H엔진 110대
② G엔진 75대, H엔진 90대
③ G엔진 90대, H엔진 60대
④ G엔진 90대, H엔진 84대

연습문제 해답

| 1장 | 재무보고와 재무제표

01	④	02	③	03	②	04	③	05	③	06	④	07	①	08	②
09	①	10	④	11	④	12	②	13	④	14	④	15	①	16	③
17	④	18	②	19	①	20	②	21	②	22	①	23	②	24	③
25	①	26	④	27	③	28	④	29	④	30	③	31	④	32	④
33	④	34	③	35	③	36	④								

| 2장 | 회계의 순환과정

01	②	02	④	03	②	04	①	05	①	06	①	07	④	08	②
09	③	10	②	11	②	12	①	13	①	14	②	15	③	16	①
17	③	18	④	19	③	20	①	21	②	22	③	23	③	24	④
25	③	26	③												

| 3장 | 재고자산

01	④	02	②	03	③	04	①	05	①	06	②	07	①	08	②
09	③	10	①	11	④	12	②	13	①	14	②	15	③	16	②
17	④	18	③	19	①	20	③	21	①	22	③	23	②	24	②
25	①	26	④	27	④	28	③								

| 4장 | 유형자산

01	④	02	②	03	③	04	①	05	①	06	④	07	②	08	②
09	③	10	②	11	④	12	①	13	④	14	①	15	③	16	③
17	①	18	②	19	①	20	④	21	②	22	③	23	③	24	④
25	④	26	②	27	③	28	②	29	①						

| 5장 | 무형자산

01	④	02	④	03	④	04	③	05	①	06	②	07	②	08	④
09	③	10	③												

| 6장 | 금융자산

01	②	02	②	03	④	04	③	05	①	06	④	07	②	08	①
09	①	10	③	11	③	12	①	13	④	14	③	15	④	16	②
17	④	18	①	19	④	20	③	21	②	22	③	23	②	24	①
25	③	26	②	27	②										

| 7장 | 부채

01	④	02	②	03	②	04	①	05	②	06	②	07	①	08	④
09	③	10	②	11	①	12	④	13	④	14	③	15	②	16	①
17	①	18	②	19	②	20	①	21	②	22	③				

| 8장 | 자본

01	②	02	③	03	②	04	③	05	③	06	④	07	③	08	④
09	②	10	③	11	②	12	①	13	④	14	③	15	②	16	②
17	④	18	②	19	④	20	③	21	②	22	④	23	③	24	①

| 9장 | 수익인식

01	③	02	①	03	①	04	③	05	④	06	④	07	①	08	②
09	④	10	①	11	②										

| 10장 | 회계변경과 오류수정

01	④	02	①	03	①	04	④	05	③	06	④	07	③	08	①
09	④	10	④												

| 11장 | 현금흐름표

01	③	02	②	03	③	04	②	05	②	06	④	07	①	08	③
09	①	10	②	11	①	12	①	13	④	14	④	15	④	16	③
17	④	18	②	19	②										

| 12장 | 원가의 분류

01	③	02	②	03	①	04	①	05	②	06	④	07	③	08	②
09	③														

| 13장 | 원가의 배부

01	③	02	④	03	④	04	①	05	②

| 14장 | 원가의 계산(Ⅰ)

01	④	02	②	03	③	04	②	05	④	06	②	07	②	08	③
09	②	10	③	11	②	12	①								

| 15장 | 원가의 계산(Ⅱ)

01	①	02	①	03	①	04	③	5	③

| 16장 | 원가행태와 경영의사결정

01	③	02	①	03	③	04	③	05	①	06	④	07	①	08	④
09	③	10	②	11	①	12	③	13	①	14	③	15	②	16	④
17	③	18	④	19	②										

찾아보기

| 저자약력 |

김정민

경북대학교 회계학과 및 대학원(경영학사, 경영학석사)
Kyoto University, Japan(Ph.D.)
현) 계명대학교 회계세무학부 세무학전공 부교수

〈주요 저서 및 논문〉

김정민・도상호, "ADIT를 이용한 회계윤리교육의 효과에 관한 연구," 경영교육연구, 2018년 8월
김정민・도상호 공서, 회계윤리, 도서출판 청람, 2017년
김정민, 회계제도 변화의 이해, 계명대학교 출판부, 2016년 등

회계학실전입문

2019년 6월 25일 1판 1쇄 인쇄
2019년 6월 30일 1판 1쇄 발행

저 자 | 김정민
발행인 | 이수영
발행처 | 도서출판 청람
서울시 마포구 독막로 288(대흥동, 세양상가 109호)
전 화 | 02)3272-2601~2
팩 스 | 02)3272-2603
홈페이지 | www.crbooks.co.kr
이메일 | crbooks@daum.net
등 록 | 2000년 8월 26일 제6-0509호

ISBN 978-89-5972-704-9 93320 [정가 18,000원]